Für
Marile und Thomas

*In der Weise seines philosophischen Lebens
liegt die Zukunft des Menschen.*
Karl Jaspers

Inhalt

Einleitung – Worum es geht 9

Annegret 15
Parmenides – Das Sein ist die Wahrheit 18
Heraklit – In Bewegung bleiben 25
Sokrates – Nichtwissen macht glücklich 30
Platon – Die Sonne und das Sein 37
Aristoteles – Verwirkliche, was in dir steckt 43

Gerhard 51
Epikur – Die Lust und das Glück 54
Plotin – Das Eine ist genug 61
Aurelius Augustinus – Der Zweifel ist gewiss 68
Meister Eckhart – Sein lassen 77

Tobias 87
Nikolaus von Kues – Sein können 90
Blaise Pascal – Das Herz der Wahrheit 100
Baruch de Spinoza – Caute! Vorsicht! 111
Gottfried Wilhelm Leibniz –
   Das Böse ist der Preis der Freiheit 120
Immanuel Kant – Glück und Pflicht 132

Claudia 147
Friedrich Nietzsche – Werde, der du bist 150
Martin Heidegger – Der Ruf des Seins 164
Albert Camus – Stein und Sein 178
Emmanuel Lévinas – Odysseus gegen Abraham 191

Schlussbetrachtung – Erkenne dich selbst! 203

Anhang
Danksagung 209
Anmerkungen 211
Literaturverzeichnis 215

Vorwort zur 2. Auflage

Erfreulicherweise geht ›Termin mit Kant‹ binnen kürzester Zeit in die 2. Auflage, was mir die Gelegenheit bietet, einem Missverständnis in Bezug auf die Titelwahl entgegenzutreten. Obwohl wir Kant im Titel führen, soll damit keinesfalls eine Vorliebe des Autors für den Königsberger Philosophen zum Ausdruck kommen. Alle 18 vorgestellten Philosophen werden im gleichen Umfang angesichts ihrer diagnostischen und therapeutischen Fähigkeiten gewürdigt. Es ist ein erklärtes Anliegen des Buches, dem Leser unbelastet von etwaigen Präferenzen des Autors die Entscheidung selbst zu überlassen, welchem Philosophen er sich eher anvertrauen würde.

Herrn Reinhard Gilster bin ich für den Hinweis zu Heideggers Sohn Hermann dankbar. Tatsächlich wusste Heidegger bereits frühzeitig angesichts der wahren Vaterschaft Bescheid. Dieser Fehler wurde korrigiert. Ansonsten bleibt die 2. Auflage gegenüber der ersten unverändert.

Münster, im April 2010   Andreas Mussenbrock

Einleitung – Worum es geht

Kann Philosophie ein Therapeutikum sein? Ist sie geeignet, den heutigen Menschen in seiner Suche nach Sinn und Orientierung zu unterstützen? Dieses Buch bietet einen Gang durch die Philosophiegeschichte unter diesem Gesichtspunkt. Ausgewählt wurden 18 Philosophen, die gemeinhin als bedeutend gelten. Sie kommen angesichts der (fiktiven) Beispielgeschichten von vier Menschen zu Wort, die so oder ähnlich in einer Philosophischen Praxis Beratung suchen könnten.

Erkenne dich selbst ...

... stand über dem Eingangsportal des Apollon-Tempels in Delphi. Diese Aufforderung haben sich die Philosophen jener Tage zu eigen gemacht, und sie gilt seither als der zentrale Anspruch von Philosophie überhaupt. Alles Denken ist also erst dann wirklich Philosophie, wenn es dem Zweck dient, sich selbst zu erkennen. In diesem Sinne ist jeder Mensch ein Philosoph, sobald er beginnt, über sich selbst und sein »In-der-Welt-Sein« nachzudenken.

Ein solches Nachdenken erfordert Zeit und Mut. Zeit, weil alles Wesentliche und Wichtige in unserem Leben einer langsamen Reifung unterliegt. Einer Langsamkeit, die der zeitfressenden Hektik der alltäglichen Geschäftigkeit widerspricht. Mut, weil alles Nachdenken über uns selbst immer bedeutet, unbekannte Wege zu beschreiten, die ins Ungewisse weisen. Für solche Wege gibt es keine Wegweiser, keine Lehrbücher, die man notfalls zu Rate ziehen könnte. Selbst ein kundiger Führer kann allenfalls ein Begleiter sein, aber niemals die Richtung vorgeben. Wir wären also allein, auf uns selbst gestellt, auf unbekanntem Terrain mit unbekanntem Ziel. Eine echte Zu-Mutung im wahrsten Wortsinn.

Warum aber sollte sich ein Mensch einem solchen Risiko aussetzen und darüber hinaus derart viel Zeit in ein Abenteuer investieren, dessen unmittelbarer Nutzen für ihn nicht nur nicht gleich greifbar, sondern dessen Ausgang selbst bei beherzter Anstrengung völlig ungewiss ist? Und vor allem: Ist es nicht geradezu unverantwortlich, ein Plädoyer für zeitraubende Selbstbespiegelungen zu halten im Hinblick auf die drängenden sozialen und ökonomischen Herausforderungen unserer Zeit, mit denen jeder auf die eine oder andere Weise im Alltag konfrontiert ist? Die Frage könnte aber auch anders lauten: Könnten die Probleme, mit denen wir heute zu kämpfen haben, nicht auch verstanden werden als das Resultat ausbleibender Selbstbesinnung?

Seiner selbst innezuwerden heißt immer, sich in gewisser Weise begrenzen zu können, heißt Räume entdecken und abstecken, in denen man zu Hause ist. Nur wer es mit sich selbst *aufzunehmen* weiß, wird in eine umgrenzende Selbstnähe gelangen, die es gestattet, sich selbst *anzunehmen*. Diese Selbstbejahung ist Grundvoraussetzung für ein Selbstvertrauen, das allein die moderne Tendenz unterbrechen kann, vor dem eigentlichen Leben in vielerlei Ablenkungen zu flüchten. Auch besteht in der Krise oftmals das Bedürfnis, sein Dasein materiell wie ideell sogenannten Fremdversicherern zu überantworten (Staat, Kirchen, Parteien, Vereinen etc.), um von ihnen Antworten auf drängende Lebensfragen zu erhalten. Es bewusst mit dem Dasein aufzunehmen, bedeutet, innezuhalten und so den Ort des Daseins zu erkennen und zu bewohnen. Dieses so *bewohnte* Dasein weiß mäßigend um seine Grenzen und setzt einen markanten Kontrapunkt gegen jede entgrenzende *Verwöhnung*. Selbsterkenntnis tut not. Sie kann eine der Voraussetzungen sein, im Sinne der so viel beschworenen *Eigenverantwortung* die Bedingungen zu schaffen, um auf die eigene Existenz auch wirklich eine *eigene Antwort* zu finden. Sie führt zur Entdeckung des Eigenen und lässt so ein Selbstbewusstsein aufleben, das der verwöhnenden Alimentierung von außen zugunsten einer Selbstermächtigung widersteht. Selbsterkenntnis lehrt uns, maßzuhalten und in der Selbstbejahung unsere Grenzen anzuerkennen, in denen so etwas wie Bescheidenheit erst sinnvoll wird. Diese Bescheidenheit wäre dann wesentlich ein selbst gewähltes Ausscheiden des innehaltenden Menschen aus der oberflächlichen Besinnungslosigkeit, in der genug niemals genug ist. Es liegt auf der Hand: Ein Dasein ohne Besinnung ist sinnlos.

Selbsterkenntnis liefert keine vorhersehbaren, garantierten Resultate. Sie ist lediglich ein neuer Weg, auf dem wir die gängigen Pfade verlassen, die uns vielfach in eine Sackgasse geführt haben. Ein solcher Weg ist ein Wagnis, das einzugehen jedoch außerordentlich gewinnbringend sein kann.

Was kann ich wissen? – Was soll ich tun? –
Was darf ich hoffen? – Was ist der Mensch?

Mit diesen vier Fragen hat der große Königsberger Philosoph Immanuel Kant vor gut 200 Jahren die Grundgegebenheiten der menschlichen Existenz einzukreisen gesucht. Nach zweieinhalbtausend Jahren Philosophie- und »Selbsterkenntnis«geschichte scheinen wir heute von einer befriedigenden Antwort auf diese vier Grundfragen weiter entfernt zu sein denn je. Oder wie ist es sonst zu begreifen, dass heute so viele Menschen an einer umfassenden Sinn- und Orientierungskrise leiden? Es scheint, als würde mit jeder versuchten Antwort eine weitere Lawine von Fragen losgetreten, unter der der suchende und um Orientierung ringende Mensch am Beginn des dritten Jahrtausends zu versinken droht. Wohin sollen wir uns wenden, wenn Wissenschaft, Philosophie und auch die Religion gleich welcher Glaubensrichtung trotz aller Anstrengungen keine befriedigenden Antworten mehr auf die ersten und letzten Fragen des Menschen zu geben vermögen? Gehören die Tage alteuropäischer Weltgewissheit unwiderruflich der Vergangenheit an? Sind wir auf uns selbst gestellt, jeder Einzelne für sich, jenseits von Gut und Böse in einem Niemandsland, in dem nichts mehr dauerhaft gilt, was einst Geltung besaß und dafür sorgte, dass der Mensch über sich hinausblicken konnte auf etwas, das ihn trug und zugleich überstieg?

Der von Nietzsche verkündete Tod Gottes ist ein kategorialer Wendepunkt in der Geschichte der Philosophie mit grundstürzendem Einfluss auf die Zukunft des Menschen. Es geht schlicht darum, dass sich nach dem Tod Gottes der Mensch selbst anschickt, dessen verwaisten Platz einzunehmen. Was vorzeiten noch als Größenwahn gebrandmarkt wurde, ist heute in greifbare Nähe gerückt. Das Schöpfungsprivileg Gottes, eine der letzten Gewissheitsbastionen abendländischen Denkens und Glaubens, steht zur Disposition. Nicht mehr lange womöglich, und es wird fallen. »Hätten Sie Angst, unsterblich zu sein?«, lautet eine der Fragen, mit denen das Internetportal www.1000Fragen.de zum Mitdenken angesichts der Herausforderungen auf dem Gebiet der Bioethik aufruft.

Diese und ähnliche Fragen sind es, die den Menschen heute in eine umgreifende Verunsicherung treiben. Die Naturwissenschaften, insbesondere die Biotechnologie, gewinnen einen immer größeren Einfluss auf unsere globalisierte Welt, vermögen von sich aus aber kaum Orientierungshilfen in dieser Welt zu geben.

Können wir also angesichts der Herausforderungen, vor denen wir heute stehen, noch Antworten aus dem Fundus tradierter abendländischer Ethiken und Philosophien erwarten?

Was kann ich wissen? – Was soll ich tun? – Was darf ich hoffen? – Was ist der Mensch? Wenn wir uns heute, gut 200 Jahre nach Kant, unter radikal veränderten Bedingungen diese Fragen stellen, sollten wir die realistische Möglichkeit in Betracht ziehen, dass letztgültige Antworten ausbleiben. Denn eben auch dies ist ein Ausdruck unserer grundenthobenen Zeit, dass es auf Fragen, die in die Fundamente des Menschen zielen, prinzipiell keine einheitliche letztgültige Antwort gibt. Wenn dem so ist, welche Rolle kann dann die Philosophie heute überhaupt noch spielen? Welche Aufgabe soll sie übernehmen, wenn sie auf ihrem klassischen Betätigungsfeld, dem Formulieren von übergreifenden Sinn- und Wahrheitskategorien, in Verlegenheit geraten ist?

In den letzten Jahren ist bei einigen Philosophen die Tendenz spürbar, die Philosophie aus den Elfenbeintürmen altehrwürdiger Universitäten ins Alltagsleben hinauszuführen. Sie wollen, dass Philosophie praktisch wird. Das Denken soll zu einem gegenwartsoffenen Geschehen werden, das sich wieder in die Belange der Menschen verständlich einmischt.

Wie sollten aber diese Ansprüche in die Tat umgesetzt werden? 1982 kam der Philosoph Gerd Achenbach in Bergisch-Gladbach auf die Idee, eine Philosophische Praxis zu gründen. Sie war die erste ihrer Art überhaupt. Mittlerweile dürfte es im deutschsprachigen Raum gut hundert solcher Praxen geben. In Frankreich gewann diese Idee in Form von Philosophischen Cafés schnell an Boden. Anfang der neunziger Jahre etablierten sich die ersten Philosophischen Praxen in den Vereinigten Staaten. Dort entwickelten sie sich mehr und mehr zu einer Alternative im bunten Spektrum der psychotherapeutischen Angebote.

Alle Praxen verbindet, dass sie sich (mehr oder weniger stark) der sokratischen Methode verpflichtet fühlen. Wir erinnern uns: Sokrates hat auf den Straßen und Plätzen Athens Menschen angesprochen und sie in ein philosophisches Gespräch verwickelt. Er war eine Figur des öffentlichen Lebens, jeder konnte sich jederzeit an ihn wenden. Was der Philosophie und ihren Vertretern im Laufe ihrer Entwicklung zunehmend abhanden gekommen ist, repräsentiert Sokrates in vollendeter Weise. Sein Philosophieren vollzog sich in aller Öffentlichkeit und es fand in Form eines Dialoges statt. Öffentlichkeit und Dialogcharakter sind auch die beiden wesentlichen Merkmale, die Philosophische Praxen heute auszeichnen: Sie präsentieren sich als Institutionen im öffentlichen Raum, die jedem zugänglich sind, und sie vertrauen auf die Wirksamkeit eines philosophischen Gespräches. In diesem Sinne könnte man von einer Resokratisierung der Philosophie sprechen.

Es wäre gewiss interessant zu untersuchen, warum die Philosophie nach Sokrates sich mehr und mehr von den Straßen und

Plätzen zurückgezogen und in Akademien und Universitäten abgeschottet hat. Ohne uns hier mit dieser Frage auseinandersetzen zu können, wollen wir die Philosophiegeschichte so lesen, als habe es diesen Rückzug nicht gegeben. Wir stellen uns die Koryphäen der Zunft als philosophische Berater vor und präsentieren ihnen vier Klienten, wie sie in einer heutigen Philosophischen Praxis auftreten könnten. Dabei sollen die großen Denker ihre diagnostischen und therapeutischen Fähigkeiten unter Beweis stellen. Vorab werden sie kurz vorgestellt, ihr Leben und ihre Lehre knapp umrissen. Sie sollen der Reihe nach zu Wort kommen, das heißt, wir folgen der historischen Chronologie, beginnen also bei den Vorsokratikern und enden im Dschungel der Postmoderne. Apropos: Nur tote Philosophen werden zum Leben erweckt, denn die Lebenden können ja selbst noch zeigen, dass sie und ihre Philosophie offen sind für die Belange der Menschen unserer Zeit.

ANNEGRET

Annegret kam als zweites von vier Kindern in den frühen fünfziger Jahren in einem kleinen Dorf in Westfalen zur Welt. Der Vater arbeitete als Hilfsarbeiter in der Landwirtschaft, während die Mutter sich um Haushalt und Kinder kümmerte. Die Verhältnisse werden von Annegret als äußerst ärmlich beschrieben. Es reichte praktisch immer nur für das Allernötigste. Annegret erfuhr eine streng katholische Erziehung, wie es bis heute insbesondere in vielen ländlichen Gegenden noch üblich ist.

Im Alter von elf Jahren kam ihr älterer Bruder bei einem schweren Verkehrsunfall ums Leben. Die Mutter konnte den Tod ihres Erstgeborenen nicht verwinden und zog sich in der Folgezeit immer mehr aus der Familie zurück. Annegret, die selbst sehr stark unter dem Verlust ihres Bruders litt, musste von einem auf den anderen Tag in die Rolle der Mutter schlüpfen. Es wurde von ihr erwartet, fortan jene Aufgaben zu übernehmen, die die Mutter nicht mehr erfüllen konnte. Dabei war ihr der Vater keine Hilfe. Er hatte schon vor dem Tod seines ältesten Sohnes viel getrunken und griff nun noch häufiger zur Flasche. Der Vater wurde für Annegret lediglich ein Bedürftiger mehr, um den sie sich nun auch noch kümmern musste. Letztlich war er ein »peinlicher Schwächling«, für den sie sich schämte.

In jener Zeit brach Annegret mit dem naiven Glauben aus Kindertagen. Sie fühlte sich buchstäblich von Gott und der Welt im Stich gelassen. Den einzigen Rückzugsort von den bedrängenden häuslichen Verhältnissen bot ihr die Schule. Neben ihren familiären Pflichten konzentrierte sie sich daher ganz auf ihre schulischen Leistungen. Sie entwickelte einen geradezu mörderischen Ehrgeiz und schaffte den Sprung von der Realschule auf das Gymnasium, das sie erfolgreich beendete. Sie begann ein Studium und wurde Lehrerin. Diesen Beruf habe sie jedoch nicht aus Neigung ergriffen, sagt sie, sondern lediglich, um sich von ihrer ländlich-proletarischen Herkunft zu emanzipieren, die sie immer als beschämend empfunden habe.

Während des Studiums lernte sie ihren späteren Mann kennen, mit dem sie sich allerdings nur zusammengetan habe aus Angst, sonst »keinen mehr abzubekommen«. Die folgenden Ehejahre wurden eine einzige Tortur. Ihr Mann erwies sich als Tyrann, der keine Meinung neben der seinen gelten ließ. Gespräche endeten fast immer im Streit. Zu einer Trennung konnte sie sich nicht durchringen, sie wollte bei den Nachbarn nicht ins »Gerede« kommen. In einigen kurzlebigen Affären versuchte sie, heimlich ihren Ehefrust zu kompensieren.

Relativ spät, Annegret war bereits deutlich über vierzig, kam ihr erstes und einziges Kind zur Welt. Innerlich bereits von ihrem Mann geschieden, lenkte sie alle Energien auf diesen Sohn. Das fiel ihr umso leichter, als sie vermutete, dass ihr Mann sehr wahrscheinlich nicht der Vater des Kindes war. Als Vater infrage kam ein Nachbar, mit dem sie eine kurze Affäre hatte. Kurz vor der Volljährigkeit ihres Sohnes starb der Ehemann an einer Krebserkrankung. Bis zu seinem frühen Tod ließ Annegret ihren Mann darüber im Unklaren, was sie zu wissen glaubte. Ihrem Sohn verschweigt sie bis heute ihren Verdacht.

Annegret beschreibt ihre Situation als völlig aussichtslos. Sie blickt auf ein verpfuschtes Leben zurück. Sie meint, immer benachteiligt worden, schlecht weggekommen zu sein. Sie hätte nicht das bekommen, was sie verdient habe, das Leben sei ungerecht. Schließlich habe sie immer nur Opfer gebracht, was ihr aber nie gedankt worden sei. Im Gegenteil, sie fühle sich vom Leben bestraft, ohne zu wissen wofür. Sie hat die vage Hoffnung, dass »endlich etwas passiert«, was ihrem Leben die entscheidende Wende geben könnte. Dabei denkt sie verbissen über Lösungen nach, aber alles Denken dreht sich ergebnislos im Kreis. Sie steht grübelnd am Ufer eines Flusses, der ihr eigener Lebensstrom ist, und beobachtet, wie ihr Leben unwiederbringlich an ihr vorbeirauscht.

Voller Neid blickt sie auf das Leben der »Anderen«, die es anscheinend besser getroffen haben als sie. Freunde hat sie nicht, zumindest nicht solche, mit denen sie über ihre Probleme sprechen könnte. Sie äußert immer wieder ihre Sehnsucht nach einer neuen Partnerschaft, aber den »Richtigen« kann sie eben nicht finden. Hin und wieder besucht sie einen Witwenkreis, aber auch dort bleibt sie eine Außenseiterin. Dabei macht sie sich schwere Vorwürfe, dass sie den Tod ihres Mannes nicht betrauern kann. »Man muss doch trauern, wenn der Mann gestorben ist!« In diesen Augenblicken des Zweifels, der Selbstvorwürfe und des Misstrauens gegen sich und andere sehnt sie sich nach dem einfachen Glauben aus ihren Kindertagen zurück. Jetzt ist alles nur zweifelhaft und brüchig, es gibt schlicht nichts, was ihrem Leben Halt bieten kann. Auch ihr Sohn hat sich in letzter Zeit mehr und mehr von ihr zurückgezogen, was ihr völlig unerklärlich ist, zumal sie immer nur sein »Bestes« gewollt habe, wobei sie als Lehrerin besonders seine schulischen Leistungen zu optimieren versuchte.

Seit dem Tod ihres Mannes hat Annegret angefangen zu trinken. Sie hat ein Flaschenversteck im Keller angelegt. Immer öfter steigt sie heute in den Keller hinab, um heimlich dem Alkohol zuzusprechen. Immer wieder nimmt sie sich vor, alle Vorräte zu entsorgen. Es bleibt jedoch bei der Absicht.

Mit ihrer Frühpensionierung vor einigen Jahren und dem Tod ihres Mannes hat sie praktisch jede Aufgabe verloren. Seit einigen Monaten besucht sie einen Sprachkurs, um eine sehr entlegene Sprache zu erlernen. Zwar versucht sie damit ihre Zeit zu füllen, aber es erfüllt sie nicht. Sie langweilt sich durch ihre öden Tage, deren aufzehrende Gleichförmigkeit nur durch den Gang ins Kellerversteck unterbrochen wird.

Der einzige Lichtblick ist ihr kleiner Garten, in dem sie »ganz gerne« arbeitet, sofern es die Jahreszeit und das Wetter zulassen. Aber echte Befriedigung erwächst auch daraus nicht. Im Garten ist es eben nur weniger trostlos als sonst in ihrem Alltag.

Parmenides
Das Sein ist die Wahrheit

Ein Gemeinsames ist es für mich,
von woher ich anfange; denn ich werde
dorthin wieder zurückkommen.[1]

Leben

Über das Leben des Parmenides (um 515 v.Chr.–um 450 v.Chr.) wissen wir nicht viel. Die Zeit seines Wirkens dürfte um 480 v.Chr. liegen. Das griechische Koloniestädtchen Elea, das heutige Velia in Unteritalien, wird als seine Heimatstadt genannt, wo er in einem vornehmen Haus aufwuchs. Parmenides war vermutlich hauptamtlich als Richter tätig. Von den Gesetzen, die er seiner Heimatstadt gegeben haben soll, finden wir allerdings keine Zeugnisse. Als Philosoph stand er in Verbindung mit den Pythagoreern (den Schülern und Anhängern des Pythagoras). Der aus Kolophon stammende Philosoph Xenophanes gilt als sein Lehrer. Platon zufolge hat Parmenides in seinem 65. Lebensjahr Athen besucht. Philosophiegeschichtlich wird er zu den Vorsokratikern gezählt, also jenen Philosophen, die vor Sokrates wirkten. Mit Blick auf seine Heimatstadt Elea wird er heute auch als Vertreter der eleatischen Schule bezeichnet, deren bedeutendster Philosoph er ist.

Lehre

Die gesamte Philosophie des Parmenides liegt uns in exakt 161 Versen als ein fragmentarisches Gedicht vor. Wie zu jener Zeit üblich, gab auch Parmenides seiner Schrift den Titel ›Über die Natur‹. Das Gedicht startet unvermittelt, indem es den Leser zum Zeugen einer furiosen Wagenfahrt macht. An Bord befindet sich ein Jüngling, dessen Gefährt – von unbändigen Stuten in einer Art Geschwindigkeitsrausch gezogen – den Gefilden der unerbittlichen Göttin des Rechts, Dike, entgegenrast. Die Achse kreischt bereits in den Naben und glüht feuerrot, dass man fürchtet, der Wagen nebst Jüngling müsse jeden Augenblick mit einem gewaltigen Krach auseinanderbrechen. Tatsächlich aber kommt der Wagen im Reich der Göttin unbeschadet zum Stehen. Ruhe kehrt ein, während Dike den Jüngling freundlich empfängt, seine Hand ergreift und ihn willkommen heißt. Im Folgenden offenbart sie ihrem jugendlichen Gast die Wahrheit, die in logischer Strenge geradezu stakkatoartig vorgetragen wird.

Der Dreh- und Angelpunkt des parmenideischen Weltverständnisses ist das Sein. Außer dem Sein – so das Zentrum seiner Lehre – kann es nichts geben. Das hört sich erst einmal recht einfach an. Es scheint ohne allzu große geistige Akrobatik einzuleuchten, dass eben nur das ist, was ist. Aber Parmenides wäre nicht einer der bedeutendsten Denker der antiken Philosophie, wenn er es mit dem Sein auf diesem recht überschaubaren Niveau hätte gut sein lassen. Von der Feststellung aus, dass es außer dem Sein nichts gibt, kommt er zu geradezu atemberaubenden Schlüssen. Er folgert, dass, wenn es nur das Sein gibt, alles aus dem Reich des Seins ausgeschlossen werden muss, was dem Begriff des Seins zuwiderläuft. Dabei hat er es besonders auf den Begriff des Werdens abgesehen. Alles, was sich im Vollzug des Werdens befindet, *wird* eben erst noch und kann deshalb nicht dem Sein zugeordnet werden. Parmenides geht mit glasklarer, messerscharfer Logik vor. Entweder etwas ist, oder es ist nicht. Sein oder Nichts, dazwischen kann es nichts geben. Das Werden fällt in diesem Sinne eindeutig ins Nichts. Parmenides spricht allem Werden jedweden Seinscharakter ab und erklärt es damit für nichtig. Es ist für ihn schlichtweg nicht existent. Mit dieser Position könnte man Parmenides als den Fundamentalisten unter den Ontologen (*on* = Sein; *logos* = Lehre) bezeichnen.

Ausgehend von der Nichtigkeit allen Werdens führt Parmenides seine Seinslogik auf eisige Gipfel. Wenn es das Werden in keiner Weise geben kann, so gilt dies logischerweise nicht nur für die Gegenwart, sondern auch für die Vergangenheit und die Zukunft. Das Sein ist somit weder in der Vergangenheit irgendwie geworden, noch wird es in Zukunft erst noch werden. Das Sein schließt also nicht nur das Werden hier und jetzt, sondern auch alles Gewordensein kategorisch aus. In diesem Sinne hat das Sein keine Vergangenheit und keine Zukunft, ja die Überlegung geht so weit, dass es in Bezug auf das Sein so etwas wie Vergangenheit und Zukunft nicht geben kann. Das Sein ist konsequent aller Zeitlichkeit enthoben, für das Sein als solches gibt es keine Zeit. Das parmenideische Sein ist somit unvergänglich, unbeweglich, unveränderlich, es ist weder entstanden noch kann es vergehen. Wenn es außerhalb des Seins nichts gibt, so kann es auch keinen Anfang und kein Ende haben, denn dann müsste vor diesem Anfang und nach diesem Ende etwas liegen, was nicht das Sein ist, und das kann es, wie wir bereits wissen, nach Parmenides nicht geben.

In diesem Sinne ist das Sein auch nicht teilbar. Denn geteilt werden kann nur, was sich entweder von sich aus teilt oder von außen geteilt wird. Da es aber außerhalb des Seins nichts gibt, kann es nicht geteilt werden, und von sich aus kann es sich nicht teilen, weil es dazu in irgendeine Form der Bewegung übergehen müsste. So muss das Sein als ein unveränderliches, unteilbares Ganzes angesehen werden. Seine Einheit duldet keine Zweiheit. Das Sein ist nicht zählbar, es ist zahllos und zwar so, dass es im Bereich der Zahlen und des Zählbaren nicht vorkommt. Damit verbannt Parmenides alles, was irgend gezählt und damit geteilt werden könnte, ins reine Nichts. Daraus folgt, dass alle Wahrnehmungen wie Geschmack, Gerüche, Farben, Töne, Dinge als nichtig anzusehen sind. Denn sie alle sind veränderlich, teilbar und vergänglich. Wahrnehmungen sind bloße Meinungen der Menschen, denen keine Wahrheit innewohnt. Ausschließlich das Sein ist wahr, es ist mit der Wahrheit identisch.

Wie aber soll es dem Menschen gelingen, dieses Sein zu erkennen, wenn er sich auf seine Wahrnehmungen nicht verlassen darf? Gegen alle Wahrnehmung setzt Parmenides das reine Denken, denn alles Denken ist immer schon Denken des Seins. Nach Parmenides ist es uns zwar möglich, nicht zu denken, wir können aber nicht das Nichts denken. Da es in seiner Ausschlusslogik gegenüber dem Nichts nur das Sein gibt, folgt sonnenklar, dass Denken immer Denken des Seins ist. Alles Denken ist Seinsdenken. Es erübrigt sich die Frage, was zuerst da war, das Denken oder das Sein, oder die Frage, was was voraussetzt. Da es außerhalb des Seins nichts geben kann, ist das Denken mit dem Sein identisch, was in dem berühmten Satz des Parmenides gipfelt: »Ein und dasselbe ist Denken und Sein.«

Dike, die Göttin des Rechts, schwört ihren Adepten auf diesen Weg des Denkens ein. Das, und nur das, ist der Weg der wahren Erkenntnis. Alle anderen Wege sind Irrwege, sie führen zwangsläufig zu heilloser Verwirrung.

Diagnose

Annegret wartet auf das Ereignis, das ihrem Dasein die erlösende Wende gibt. Dabei macht sie sich stark von den Meinungen anderer abhängig. Sie dreht sich im Kreise, indem sie immer und immer wieder über die traumatische Vergangenheit und ihre trostlose Gegenwart grübelt. Im ständigen Grübeln zersplittert sie das Sein und produziert auf diese Weise ihre eigene Scheinwelt. Sie ist so gezwungen, getrennt wahrzunehmen, was ursprünglich ein Ganzes ist. Sie kann nur noch in Gegensätzen wahrnehmen: besser – schlechter, Opfer – Täter, Recht – Unrecht, Glaube – Zweifel, Enttäuschung – Erfüllung, Vergangenheit – Gegenwart. Zwischen diesen Polen irrt ihre Wahrnehmung hin und her. Je mehr sie sich dabei an den jeweiligen Pol der Gegensätze bindet, desto mehr gerät ihr Leben bis zur fundamentalen Erschütterung ins Schwanken. Alles wird dann zweifelhaft, unsicher, haltlos, sinnlos. Gefangen in der Dualität ihrer Wahrnehmung kann sie letztlich nur alle Wirklichkeit verneinen, sodass eine Identifizierung mit sich selbst und mit ihrer Realität notwendig ausbleiben muss. Das Resultat ist, dass sie sich als Außenseiterin, als eine Fremde in ihrem eigenen Leben fühlt. Sie lebt, aber sie *ist* nicht.

Ein solches Leben kann nur als Strafe empfunden werden, bei gleichzeitiger Unmöglichkeit, als Gefangene einer strikt polaren Welt die tiefer liegenden Gründe dieser Ungerechtigkeit zu entlarven. Denn ungerecht ist nicht die Wirklichkeit, sondern ungerecht ist ihre Wahrnehmung der Wirklichkeit, weil sie der Wirklichkeit nicht gerecht wird.

Im Leben von Annegret regiert die Angst. Sie wagt keinen Schritt auf unerkundetes Terrain. Ihr Leben im Kreise ist eine einzige Wiederholung. Obwohl sie dieses Leben anödet, ist die Angst, die eingefahrenen Bahnen ins Unbekannte zu verlassen, größer als das Leiden an einem unerfüllten Leben. In dieser Mechanik ständiger Negation wird die Zeit so zu einer einzigen Belastung, die Annegret weder länger tragen noch abschütteln kann. Hin und her gerissen zwischen Vergangenheit (Sehnsucht nach dem Glauben aus Kindertagen) und Zukunft (Erwartung einer erlösenden Wende) hat sie keine Gegenwart. Das ist der Grund, warum Annegret mit ihrer Zeit nichts anzufangen weiß. Denn alles Anfangen setzt nicht nur Gegenwart voraus, sondern ist im eigentlichen Sinne allererst Gegenwart.

Ohne das einigende Band der Gegenwart liegen die Themen sinnlos ausgestreut in Raum und Zeit. Alle Mannigfaltigkeit des Lebens erscheint als eine einzige Überforderung. Die Aufgehobenheit in der vergegenwärtigenden Einheit des Seins ist gebrochen.

Therapie

Gegen die Enthobenheit aus dem Sein hilft nur die Verortung des Menschen in der allumfassenden Einheit des Seins. Ziel muss es daher sein, die unheilvollen Zerstückelungen des Seins wieder in eine heilende Ganzheit zusammenzufügen.

Parmenides lässt sein Lehrgedicht mit einer gefahrvollen Wagenfahrt beginnen, an deren Ende ein Jüngling ins Reich der Wahrheit einkehrt. Der Erfolg einer Therapie nach Parmenides wird sich daran messen, ob es gelingt, Annegret gegen alle Angst für eine solche Fahrt zu begeistern. Parmenides muss in diesem Sinne zu einem euphorischen Fürsprecher waghalsiger Ausfahrten werden. Nur durch die eindringliche Schilderung solcher Fahrten kann es gelingen, die meterdicken Mauern der Angst zu durchbrechen. Parmenides wird dabei sein ganzes dichterisches Genie in die Waagschale werfen und hoffen, dass seine poetische Sprache eine mitreißende Wucht entfaltet, die Annegret aus dem ewigen Kreis der Angst heraussprengt.

Ausgangspunkt einer solchen Fahrt kann die Hoffnung auf eine Wende im Leben sein. Parmenides wird demonstrieren, dass es eine solche Wende tatsächlich gibt und ihr Vollzug möglich ist. Diese Wende kann aber nur erreichen, wer bereit ist, sich auf einen Weg zu machen voller Risiken und Gefahren, die wesentlich darin bestehen, Altes zu verlassen, während sich das Neue noch nicht zeigt.

Die Wahrheit will erstritten werden! Sie fällt einem nicht in den Schoß, findet sich nicht durch bloßes Warten ein, sondern Annegret muss sich auf den gefahrvollen Weg zu ihr machen. Wahrheit muss riskiert werden. Nur wer die Wahrheit riskiert, kann auch von ihr ergriffen werden. In dieser Ergriffenheit liegt die Chance, der Trübsal der Verlassenheit zu entfliehen.

Parmenides muss also vor allem Mut machen. Die Therapie beginnt mit der Erzeugung eines wachsenden Vertrauens in den Erfolg dieses riskanten Unternehmens. Erst dieses Vertrauen wird es Annegret ermöglichen, sich dem Geleit des Parmenides anzuvertrauen. Gelingt dies, kann das Heilsame der Wahrheit dargelegt werden.

Die Wahrheit ist immer ganz, sie ist immer heil, nicht gespalten in Polaritäten. Dies zu erkennen bedeutet eine fundamentale Veränderung der Wahrnehmung. Mit ihr setzt die Heilung eines heillos fragmentarischen Lebens ein. Die Wende in der Wahrnehmungsweise ermöglicht es, im ehemals Getrennten seine Einheit zu erfassen. Die Nacht ist jetzt nicht mehr bloß Nacht, sondern wohnt gleichzeitig dem Tag inne. Dieses gleichzeitige Enthaltensein des einen im anderen ist die Vergegenwärtigung des Seins. Das wahrzunehmen ist der heilende Schritt in das Ganze der Wahrheit. So erweist sich Wahrheit als das Wahrende, Bleibende. Denken ist jetzt Denken, das währt und so vor den Abstürzen ins Nichts bewahrt. Es erlaubt Gegenwart, in der begriffen werden kann, dass alles Leben immer schon getragen ist von der wahrenden Einheit des Seins.

Heraklit
In Bewegung bleiben

Alle Menschen haben die Fähigkeit, sich selbst zu erkennen und vernünftig zu denken.[2]

Leben

Schon zu Lebzeiten brachte es Heraklit (um 544 v. Chr. – um 483 v. Chr.) zu einiger Berühmtheit. Er galt als verschlossener Sonderling voll aristokratischer Arroganz, der die Menschen und deren Geschwätz mied, wann und wo immer er konnte. Sprössling eines uradligen Hauses, erblickte er im ionischen Ephesos, unweit der massentouristischen Tummelplätze an der Westküste der heutigen Türkei, das Licht der Welt. Er hätte König seines Landes werden sollen, verzichtete aber zugunsten seines Bruders. Jede Einmischung ins politische Tagesgeschäft widerte ihn an. Lieber widmete er sich dem Würfelspiel und seiner Philosophie, was im gewissen Sinne, wie wir noch sehen werden, so ziemlich dasselbe ist. Mit seiner herrisch hochfahrenden Art machte er sich wenig Freunde; diejenigen, die ihm blieben, verehrten ihn jedoch wie einen Heiligen. Im Alter wurde er von einer schweren Wassersucht heimgesucht, die er auf abenteuerliche Weise zu kurieren versuchte. Diogenes Laertius berichtet, dass Heraklit sich mit Kuhmist einreiben ließ, da er ihn aber nicht wieder habe abwerfen können, hätten ihn die Hunde gefressen. Boshaft könnte man meinen, er sei in seinen letzten Tagen auf den Hund gekommen.

Lehre

Wer hier erwartet, ein auch nur annähernd geschlossenes Bild der heraklitischen Lehre präsentiert zu bekommen, muss gleich eingangs enttäuscht werden. Sein Werk ›Über die Natur‹ liegt uns lediglich als ein Fragment von 130 Sprüchen vor, die bis heute ganz unterschiedlich ausgelegt werden. Bereits im Altertum galt seine Philosophie als schwer verständlich, was ihm den Beinamen »der Dunkle« eintrug. Zu den größten Missverständnissen allerdings dürfte das berühmte *panta rhei – alles fließt* geführt haben. Obwohl dieses Fragment nicht von Heraklit selbst stammt, wurde es stets als Kernaussage der gesamten heraklitischen Philosophie interpretiert. Diese Auslegung stilisiert Heraklit zum großen Gegenspieler des Parmenides. Erst in jüngerer Zeit ist die Forschung von dieser Deutung abgewichen und zeichnet fortan ein differenzierteres Bild des Philosophen.

Dreh- und Angelpunkt im Gedankengebäude Heraklits ist das komplexe Verhältnis von Werden und Sein. Heraklits Blick in die Welt registriert die Dinge als in widerstreitenden Gegensätzen auf sich selbst und aufeinander bezogen. Diese prinzipielle Gegensätzlichkeit ist das treibende Moment in allen Prozessen. Im Widerstreit der Dinge herrscht allerdings kein immerwährendes Chaos, sondern der Streit wird dort harmonisiert, wo die Gegensätze einander die Waage halten. Heraklit versucht diese Harmonie im Bild der Leier zu veranschaulichen: »Sie verstehen nicht, wie es auseinandergetragen mit sich selbst im Sinn zusammengeht: gegenstrebige Vereinigung wie des Bogens und der Leier« (frg. 51). Heraklits Aufmerksamkeit richtet sich also vornehmlich nicht auf die Gegensätze, sondern darauf, was an ihnen das Gemeinsame ist. Was soll man sich aber unter dem Gemeinsamen in der Verschiedenheit vorstellen? Nehmen wir das einfachste aller Gegensatzpaare: Ja – Nein. Ein Ja scheint auf den ersten Blick das Nein auszuschließen wie das Nein das Ja. Denkt man allerdings genauer darüber nach, so wird man feststellen, dass jede Bejahung gleichzeitig die Verneinung all dessen ist, was ich nicht bejahe. Und umgekehrt: Verneine ich etwas, so bejahe ich gleichzeitig etwas anderes. Selbst die totale Verneinung wäre logisch zumindest die Bejahung dieser Verneinung. Diese gleichzeitige Anwesenheit des einen im anderen ist als das Gemeinsame der Gegensätze zu verstehen. Ja und Nein, Tag und Nacht, jung und alt ist für Heraklit im Grunde genommen dasselbe, gleichsam Vorder- und Rückseite einer Medaille, die doch dieselbe Medaille bleibt, so verschieden sie sich auch von ihren jeweiligen Seiten präsentieren mag. »Dasselbe ist Lebendiges und Totes, und Wachendes und Schlafendes, und Junges und Altes in den Dingen. Denn dieses ist im Umschlagen jenes, und jenes wieder im Umschlagen dieses« (frg. 88). Die Gegensätzlichkeit ist das Wesen der Wirklichkeit, alle Gegensätze bedingen einander und gehen fortwährend ineinander über. Es gilt, diese Dynamik zu erfahren und ausgehend von dieser Erfahrung die verborgene Einheit aller Gegensätze zu erkennen. Diese Einheit wie auch deren Erkenntnis bezeichnet Heraklit als den Logos. In ihm ordnet sich das Verhältnis von Werden und Sein. Er ist das Feuer, in dessen Glanz die Ordnung der Dinge in ihrer gesetzmäßigen Dynamik aufscheint.

Heraklit fordert den Menschen auf, den Logos zu erkennen und dieser Erkenntnis gemäß zu handeln. »Das Denken ist der größte Vorzug, und die Weisheit besteht darin, die Wahrheit zu sagen und nach dem Wesen der Dinge zu handeln, auf dieses hinhörend.« Also nicht bloß Denken als einsames weltabgewandtes Geschäft, sondern Denken fordert neben Wort und Tat vor allem eins: Ohren spitzen!

Diagnose

Annegret sucht zwar nach dem Bleibenden im Wechsel, verschließt sich aber allen Veränderungen. Sie glaubt, Wechsel und Bleiben schließen einander aus. Sie lässt sich nicht ein auf das Spiel der Kräfte, weil sie fürchtet, darin unterzugehen. Durch bloßes Verharren versucht sie, die Gegensätze dauerhaft zu beruhigen. Sie beobachtet ihren eigenen Lebensfluss und schaut dabei lediglich in die Richtung des wegströmenden Wassers. Je stärker sie dieser Perspektive verhaftet bleibt, desto mächtiger zielen ihre Sehnsüchte in die Vergangenheit, in der Hoffnung auf einen Zustand, der alle Zweifel in ihr zum Schweigen bringt. Durch die Ausrichtung auf Vergangenes verschließt sich Annegret den Herausforderungen und Fährnissen des Lebens. Ein sprechendes Bild dafür ist das Kellerversteck, wo sie nicht nur den Alkohol, sondern letztlich sich selbst verbirgt. Dabei symbolisiert der Keller als Ort der Dunkelheit die Nacht und den Schlaf. Der regelmäßige Abstieg in den Keller ist Ausdruck ihrer Sehnsucht nach den widerspruchsfreien Zeiten in der Obhut der Mutter. Mit dem Tod ihres Bruders ist diese geschlossene Kinderwelt zerrissen. Mit voller Wucht offenbart sich das Leben in seinem radikalsten Gegensatz. Das Kind sieht sich mit einem Widerspruch konfrontiert, den es weder begreifen noch verarbeiten kann. Annegret hat fortan ihr Leben in zwei nicht kompatible Teile gespalten. Diese Spaltung als Ausdruck einer kindlichen Hilflosigkeit hält bis heute an. Sie grübelt ständig über ihr Leben nach, ohne sich je mit allen Sinnen auf die Dynamik ihres Lebens eingelassen zu haben. Das Leben ist ihr zur Last geworden.

Sie beklagt, dass das Leben ihr unrecht täte, dabei hat sie selbst erheblichen Anteil an diesem Unrecht. Indem Sie ihrem Sohn und ehemals ihrem Mann die wahre Vaterschaft verschweigt, setzt sie sich und andere in ein unrechtes Verhältnis. Sie fühlt sich als Opfer und kann sich nicht zu ihrer Täterrolle bekennen. Die Wechselseitigkeit von Opfer und Täter bleibt ihr verborgen.

Abgekoppelt von der Dynamik des Lebens, wartet sie auf die entscheidende Wende in ihrem Leben. Da jede Wende aber selbst nur Produkt einer Dynamik sein kann, wartet sie vergeblich darauf.

Therapie

Das Lebensfeuer entfachen! Alles liegt daran, das Denken dafür empfänglich zu machen, dass die Widersprüche nicht nur zum Leben dazugehören, sondern dass das Leben selbst eine einzige immerwährende Abfolge von Widersprüchen ist. Die Beratung beginnt daher mit einem Plädoyer für eine ungewöhnliche Anstrengung. Sie besteht im Wesentlichen darin, sich von den vielfältigen Meinungen der anderen zurückzuziehen, um alle Sinne frei zu haben, den Weg der Selbsterforschung zu beschreiten. Heraklit lässt keinen Zweifel, dass sich das wahre Wesen der

Wirklichkeit nur dem erschließt, der bereit ist, es mit sich selbst aufzunehmen. Selbsterforschung ist Auseinandersetzung in dem Sinne, dass die vergrübelte Geschlossenheit des Daseins im wahrsten Wortsinn auseinandergesetzt wird. Dieses auseinandersetzende Denken lässt den Denkenden in eine Dynamik eintauchen, die ihn offen macht für die bunte Mannigfaltigkeit des Lebens. Die so gewonnene Offenheit ist die wesentliche Voraussetzung dafür, mit immer neuen Antworten auf die brennenden Lebensfragen überrascht zu werden.

Selbsterforschung wird so ein abenteuerliches Unternehmen voller Spannungen, das die Fesseln einer erzwungenen Erstarrung löst. Die Dynamik des Lebens wird spürbar und die Erkenntnis kann reifen, dass alles Geschehen nur insofern geschieht, als es aus seinem Gegenteil erwächst. Da das Denken selbst Teil dieser Dynamik ist, wird es allmählich tiefer in das Geheimnis des immerwährenden Wandels eindringen und endlich begreifen, dass die Frage nach dem Bleibenden von der Bewegung selbst beantwortet wird. Wenn auch alles einem permanenten Werden und Vergehen unterliegt, alles ständig und unaufhaltsam in Bewegung ist und in dieser Bewegung nichts dauerhaften Bestand haben kann, so ist doch die Bewegung selbst in allen Prozessen das Bleibende. Der Philosoph könnte diese Paradoxie in folgendes Bild umsetzen: »Bleiben Sie in Bewegung! Stehen Sie nicht länger am Ufer ihres Lebensstromes, sondern steigen Sie in den Fluss, und Sie werden spüren, wie Sie getragen werden von den Gegensätzen des heranströmenden und wegfließenden Wassers. Ruhen Sie auch aus in diesem Fluss, und Sie werden an sich selbst den Wendepunkt heran- und wegstrebenden Wassers erfahren.« In diesen Wendepunkten liegt eine eigentümliche Ruhe, die bereit macht, das Geheimnis von Sein und Werden zu entziffern. So kann die rückwärtsgewandte Sehnsucht nach der behüteten Kindheit überwunden werden.

Sokrates
Nichtwissen macht glücklich

> *Wie zahlreich sind doch die Dinge,*
> *deren ich nicht bedarf.*[3]

Leben

Sokrates, so wie wir ihn heute kennen, hat es niemals gegeben. Diese Auffassung wird von einigen sehr ernst zu nehmenden Sachkennern (vgl. Olof Gigon: Sokrates. Bern 1947) mit großer Entschiedenheit vertreten. Zwar wird nicht bestritten, dass es einen Mann namens Sokrates in Athen gegeben habe, aber wir haben keine sichere Kunde davon, was und wer dieser Mann gewesen ist. Der Sokrates, den wir uns vorstellen, ist eine dichterische Fiktion.

Wenn wir dennoch versuchen, das Leben und die Lehre des Sokrates darzustellen, sind wir auf die Dialoge seines Schülers Platon sowie die Überlieferungen des Komödiendichters Aristophanes, des Historikers Xenophon und des Philosophen Aristoteles angewiesen. Ob sich aus diesen Quellen, die einander zum Teil erheblich widersprechen, ein historisch zuverlässiges Bild des Sokrates entwerfen lässt, muss beim gegenwärtigen Stand der Forschung offenbleiben.

Selbst wenn man jedoch den Quellen glaubt, liefern sie nur sehr spärliche Informationen über das Leben des Sokrates. Um das Jahr 470 v. Chr. erblickte Sokrates als Sohn des Bildhauers Sophroniskos und der Hebamme Phainarete in Athen das Licht der Welt. Er ergriff den Beruf seines Vaters, den er aber, wenn überhaupt, nur sehr nachlässig ausübte. Früh widmete er sein ganzes Interesse der Philosophie. Er begann auf den Plätzen seiner Heimatstadt seine ahnungslosen Mitbürger in ein philosophisches Gespräch zu verwickeln. Sokrates nahm an drei Kriegszügen teil und erwarb sich schnell den Ruf großer Tapferkeit. Mit seiner Frau Xanthippe, die bis heute als Prototyp des zänkischen Weibes gilt, hatte er drei Söhne. Im Jahr 399 v. Chr.

wurde Sokrates vor Gericht gestellt. Die Anklage warf ihm vor, die Jugend zu verderben und anstelle der altehrwürdigen Stadtgötter Athens neue Götter einzuführen. Der Prozess endete mit dem Todesurteil. Sokrates fügte sich dem Urteil, obgleich er hätte mühelos fliehen können. Im Gefängnis trank er das Gift in Anwesenheit seiner vertrautesten Schüler, mit denen er bis zum letzten Atemzug sprach.

Lehre

Wir besitzen von Sokrates keine einzige Zeile. Auch gibt es keine Mitschriften von Lehrvorträgen, die als Grundlage für eine Darstellung seiner Philosophie dienen könnten. Wir müssen uns hier im Wesentlichen auf die frühen Dialoge seines engsten Schülers Platon verlassen. Dabei muss ungewiss bleiben, ob darin tatsächlich die Anschauungen des Sokrates zum Ausdruck kommen oder ob Platon seine eigene Philosophie lediglich Sokrates in den Mund legt. Immerhin spricht einiges dafür, dass Platon in den frühen Dialogen seinen Lehrer authentisch zu Wort kommen lässt, während die mittleren und späteren Dialoge mehr und mehr die philosophische Weiterentwicklung Platons zu dokumentieren scheinen. Zumindest deckt sich die dort entwickelte Lehre nicht mehr mit den Anschauungen des Sokrates wie sie von Xenophon bezeugt werden.

Wenn wir heute an Sokrates denken, so kommt uns sogleich sein wohl berühmtester Ausspruch »ich weiß, dass ich nicht weiß« in den Sinn. Nicht zu Unrecht ist dieser Ausspruch seit jeher als das Zentrum der sokratischen Philosophie interpretiert worden. Dieses Wissen um das eigene Nichtwissen ist die zentrale Basis, von der aus Sokrates seine Mitbürger in ein philosophisches Gespräch zieht, in dessen Verlauf kein Stein auf dem anderen bleibt. Sokrates lässt erst von seinem Gesprächspartner ab, wenn dieser wie er überzeugt ist, nicht zu wissen. Denn erst diese Erkenntnis befreit von den Fesseln irriger Anschauungen und macht so bereit, sich auf die Suche nach dem wahren Wissen zu begeben. Sokrates geht es in den Gesprächen also nicht vornehmlich darum, gesicherte Antworten auf Fragen etwa nach dem Glück, der Tugend oder dem Guten zu erarbeiten, sondern es kommt ihm darauf an, vorgefertigte oder lediglich übernommene Meinungen in ihren Grundfesten zu erschüttern. Ziel dieser Erschütterung ist die Bescheidenheit. Denn nur wer sich zu bescheiden weiß, ist gegen die Verführungen intellektueller Anmaßung und Arroganz gefeit.

Sokrates setzt dabei auf das persönliche Gespräch von Mensch zu Mensch. Alles Dozieren von oben herab über die Köpfe der Menschen hinweg gilt ihm als eine zutiefst unphilosophische Haltung. Cicero wird später sagen, Sokrates »rief die Philosophie aus dem Himmel zurück und verpflanzte sie in die Städte und Häuser der Menschen«. Im Mittelpunkt steht immer der Mensch. Er allein ist Ort und Ziel aller philosophischen Fragen. Folgerichtig ist der Ort der Philosophie da, wo Menschen vornehmlich zusammenkommen, nämlich auf den Straßen und Plätzen der Stadt. Dort finden wir unseren Sokrates meist barfüßig herumstreunend auf der Suche nach Gesprächspartnern, die er in ein irritierendes Frage- und Antwortabenteuer verwickeln kann. Dabei geht es letztlich immer um dieselbe Frage: Wie kann ein glückliches Leben gelingen?

Auf der Suche nach einer Antwort geht Sokrates von der konkreten Erfahrungswelt aus. Dies ist nicht nur eine philosophische Methode, die von den Einzeldingen zum Allgemeinen schreitet, sondern birgt den rein praktischen Vorteil, dass jeder sogleich weiß, worum es geht, und sich so überhaupt erst traut, mit Sokrates in eine Unterhaltung einzusteigen. Wer mit Menschen ins Gespräch kommen möchte, muss mit ihnen von Dingen reden, die sie kennen. Stellen Sie sich vor, jemand träte auf der Straße mit der Frage auf Sie zu: »Denken Sie, dass das in seienderweise Seiende die prima causa alles mehr oder weniger Seienden ist?« Man muss kein Hellseher sein, um zu wissen, dass mit dieser Frage das Gespräch beendet ist, bevor es überhaupt begonnen hat. Sokrates geht anders vor. Er fragt beispielsweise nach einer schönen Rose, einem Gegenstand also, der auf den ersten Blick philosophisch ganz unverdächtig ist. Im Laufe des Gespräches wird er, um es salopp zu sagen, vom Hölzchen aufs Stöckchen kommen. Wenn es eine schöne Rose gibt, so gibt es doch auch andere Dinge, die schön sind. Die Rose und all die anderen schönen Dinge, so unterschiedlich sie auch sind, müssen also irgendwie an etwas teilhaben, was ihnen trotz aller Differenz gemeinsam ist: in unserem Falle an dem Schönen. Dieses Gemeinsame ist das sokratische Frageziel. Ganz gleich, ob er die Tugend, das rechte Handeln, die Glückseligkeit unter die Lupe nimmt, immer geht es darum, herauszufinden, was das Wesen dessen ist, was wir in Einzelerscheinungen wahrnehmen. Erst wenn wir beispielsweise wissen, was das Wesen der Tugend ist, werden wir auch tugendhaft handeln. Niemand nämlich, so Sokrates, fügt wissentlich sich oder anderen Schaden zu. So verstanden ist unrechtes Handeln Folge eines mangelhaften Wissens. Das Gute wissen und es tun sind eins. Die Einsicht in das Wesen der Dinge wird so zum Garant eines glücklichen Lebens.

Diagnose

Annegret führt ein Leben in Unwissenheit. Sie glaubt zwar zu wissen, was man tun muss, z.B. trauern, wenn der Mann gestorben ist, kann aber diesem »Wissen« keine Taten folgen lassen. Es handelt sich hier wie auch sonst in ihrem Leben um ein bloßes Scheinwissen. Annegret übernimmt ungeprüft die Meinungen anderer und macht sie zum Handlungsmaßstab ihres eigenen Lebens. Sie hofft angesichts der zahllosen Opfer, die sie in ihrem Leben gebracht hat, endlich angemessen belohnt zu werden. Diese Hoffnung muss enttäuscht werden, weil alles Opferbringen selbst schon Ausdruck eines verfehlten Lebens ist. So konnte sie sich nicht von ihrem Mann trennen, weil ihr das befürchtete Gerede der Leute wichtiger war als ihre eigene Wahrheit. Das Opfer, das sie in all den Ehejahren gebracht hat, war daher sinnlos und kann so auch nicht belohnt werden. Die falsche Entscheidung begann bereits mit der Eheschließung. Da sie lediglich aus Furcht vor dem Alleinsein geheiratet hat, muss ihre falsche Wahl notwendig zu weiteren falschen Entscheidungen führen. Sie beginnt ein Doppelleben: Auf der einen Seite das scheinbar intakte Familienleben, auf der anderen Seite Abneigung gegen den Ehemann, Affären, ein Kind, das mit an Sicherheit grenzender Wahrscheinlichkeit nicht von ihrem Mann stammt, Alkoholismus. Dieses Doppelleben zwingt sie, sich und andere ständig zu belügen. Sie verschleiert die Wahrheit und kommt so den Dingen nicht auf den Grund. Dies muss als wesentliche Ursache für ihr Gefühl angesehen werden, dass alles im Leben zweifelhaft ist und nichts festen Bestand hat.

Die mangelnde Ehrlichkeit im Umgang mit sich und anderen hat zur Folge, dass sie keine echten Freundschaften schließen kann. Der fehlende innere Dialog als kritisch-prüfendes Instrument der Selbsterkenntnis macht es unmöglich, mit anderen wirklich in ein Gespräch zu kommen. Das wäre aber die Grundbedingung dafür, überhaupt befriedigende Kontakte knüpfen zu können, gerade auch im Hinblick auf eine neue Partnerschaft.

Ihre große Sehnsucht, von anderen anerkannt zu werden, läuft ins Leere, weil sie sich selbst nicht anerkennen kann. Anerkennung setzt Kenntnis voraus. Alle Kenntnis nimmt aber ihren Ausgang von der Selbsterkenntnis. Da sich Annegret jedoch dem echten Wissen um ihr Leben verschließt, muss die ersehnte Anerkennung ausbleiben. So steht auch ihr Handeln in Relation zu ihrem mangelhaften Wissen. Je weniger dies gegründet ist, umso verfehlter müssen konsequenterweise ihre Handlungen sein.

Sie beklagt den Rückzug ihres Sohnes. Dabei ist offensichtlich, dass sie niemals im Gespräch mit ihm geklärt hat, was denn seiner Auffassung nach »das Beste« für ihn ist. Sie ist schweigend davon ausgegangen, dass ihre Meinung vom Besten auch die ihres Sohnes sein müsse. Eine kritische Prüfung dieses Besten hat weder bei ihr selbst noch im Dialog mit ihrem Sohn stattgefunden.

Durch bloßes Anhäufen von Wissen hat sie versucht, sich von ihrer als peinlich empfundenen Herkunft zu emanzipieren. Dieser Versuch muss als gescheitert angesehen werden. Noch heute nagt an ihr der Makel einer ärmlichen, bäuerlich-bildungsfernen Herkunft, was sich auch in ihren starken Neidgefühlen anderen gegenüber bemerkbar macht. Das in Schule, Studium und Beruf erworbene Wissen hat eben nicht zu einem echten Wissen geführt, vielmehr dieses vereitelt. Wissen ist bei ihr Erkenntnis ohne Selbsterkenntnis.

Annegret fühlt sich innerlich grenzenlos leer. Es kann kein Zweifel darüber bestehen, dass diese Grenzenlosigkeit Ausdruck mangelnder Bescheidenheit ist, denn bloßes Vielwissen verstellt den Blick auf das eigentliche Nichtwissen, angesichts dessen sie erst ihre Grenzen spüren könnte.

Therapie

Ziel ist die heilsame Erschütterung. Das philosophische Gespräch mit Annegret soll ein Wissen provozieren, das mit ihrem Sein im Einklang steht.

Alles vermeintliche Wissen, alle vorgefassten Meinungen, alle bloß übernommenen Anschauungen müssen Schritt für Schritt erschüttert werden, bis Annegret ein Wissen entwickeln kann, das über sein generelles Nichtwissen unterrichtet ist. Dies ist der erste und bei Weitem wichtigste Schritt, weil er Annegret das erste Mal in ihrem Leben zu einem gesicherten Wissen führen kann. Dabei klärt dieses Wissen Annegret nicht nur über das Nichtwissen, sondern gleichzeitig über sich selbst auf. Erkenntnis des Nichtwissens ist zugleich Selbsterkenntnis. Auch wenn der Gegenstand dieses Wissens paradoxerweise das Nichtwissen ist, so liegt die therapeutische Wirkung gerade darin begründet, dass es sich bei diesem Nichtwissen um etwas handelt, das der Verfügbarkeit im Tagesgeschäft unterschiedlichster Meinungen entzogen bleibt. Das Nichtwissen hat nichts zum Inhalt, was im Hin und Her des Meinens und Sagens verschlissen werden könnte. Die Begrenzung des Wissens durch das Nichtwissen erzeugt einen immunen Bereich. Es ist in diesem Sinne eine Form der Erlösung aus der leeren Grenzenlosigkeit des zweifelnden Meinens. Wissen des Nichtwissens zieht Grenzen, die einen Ort markieren, an dem der so Wissende zur Selbsterkenntnis kommt und sich vorbehaltlos anerkennen kann.

Von dort aus hat es Annegret dann nicht mehr nötig, sich in kräfteraubenden Kämpfen um die Anerkennung der anderen zu zermürben. Sie hat einen sicheren Ort in sich selbst gefunden, der ihr fortan als Ausgangsbasis für weitere Expeditionen ins Reich des echten Wissens dienen kann. Es ist ein Ort der Bescheidenheit, der vor aller Selbstüberschätzung, Selbstüberhebung und damit aller Selbstüberforderung nachhaltigen Schutz bietet. Nichts muss mehr um eines anderen willen gewusst oder nicht gewusst werden, keine Wahrheit muss versteckt und keine Lüge weitergelebt werden, wenn dieser Ort der einfriedenden Bescheidenheit als daseinssichernder Ort erfahren wird. Von hier aus kann Annegret anfangen, die Wahrheit zu ergründen und sie auch zu sagen. Erst so hat sie eine Ausgangsbasis, mit ihrem Sohn in ein Gespräch zu kommen über das, was beide wirklich angeht. Erst so wird sie sich selbst die Möglichkeit schaffen, echte Beziehungen aufzubauen, von denen die eine oder andere auch eine reale Chance hat, in eine erfüllende Partnerschaft zu münden.

Platon
Die Sonne und das Sein

> *Hat er sich nun dem wahrhaft Seienden genähert*
> *und mit ihm sich verbunden und hat er so Vernunft*
> *und Wahrheit gezeugt, dann ist er zur Erkenntnis*
> *gelangt. Dann lebt er wahrhaftig und wächst und*
> *wird so seines Schmerzes ledig.*[4]

Leben

Platon (um 427 v. Chr. – um 347 v. Chr.) entstammte der Athener High Society. Seine Eltern blickten voll Stolz auf ihre Ahnen zurück, leiteten sie doch ihre Herkunft väterlicherseits von dem attischen König Kodros und vonseiten der Mutter gar von Solon, einem der Sieben Weisen, ab. Auch bei der Namensgebung ihres Sprösslings ließen sie keinen Zweifel, für was sie sich und ihr Geschlecht hielten. Sie nannten ihn ganz standesgemäß Aristokles (*aristos* = der Vornehmste, *kles/-kleitos* = berühmt). Platon, was wörtlich »der Breite« bedeutet, wurde er erst später genannt, wohl in Anspielung auf seine enormen Kräfte, die er in zahlreichen Ringkämpfen unter Beweis stellte.

Seine Erziehung und wissenschaftliche Ausbildung ließen keine Wünsche offen, wobei ihm noch das Glück zuteil wurde, dass seine Jugend in die kulturelle Blütezeit Athens fiel. Da seine Familie an exponierter Stelle die Politik des Staates mitbestimmte, hoffte auch Platon, in der Politik Karriere zu machen. Doch diese Pläne zerschlugen sich, und er wandte sich der Dichtkunst zu. Als knapp Zwanzigjähriger traf er mit Sokrates zusammen und diese Begegnung veränderte sein Leben von Grund auf. Fortan galt sein einziges Interesse der Philosophie und deren Verbreitung.

Bei drei Auslandsreisen nach Unteritalien und Syrakus kam Platon mit der Philosophie der Pythagoreer sowie mit dem Tyrannen Dionysios in Berührung. In echter Philosophenmanier versuchte er, dem Gewaltherrscher sein Staatsideal schmackhaft zu machen. Der zeigte sich von Platons Mahnungen derart begeistert, dass er ihn gleich in die Sklaverei verschleppen ließ, aus der ihn erst ein gewisser Annikeris loskaufen konnte. Aus diesem Schaden nicht klug geworden, kehrte Platon noch dreimal an den Hof des jüngeren Dionysios zurück. Aber auch das endete schließlich damit, dass nur die überstürzte Flucht dem Unverbesserlichen das Leben rettete.

Nach diesem Desaster zog sich Platon endgültig nach Athen in seine bereits berühmte Akademie zurück (die erst gut tausend Jahre später von Kaiser Justinian geschlossen wurde). Hier war er in seinem Element. Als Lehrer und Meister seiner eigenen Lehre unterwies er die Jünglinge der Athener Elite und des ganzen Landes. Einer seiner Schüler war Aristoteles, der wie Platon später Weltruhm erlangte.

Lehre

Im siebten Buch seiner ›Politeia‹ (›Der Staat‹) lässt Platon Sokrates das berühmte Höhlengleichnis erzählen: In einer unterirdischen Behausung sitzen Menschen, die seit ihrer Geburt an Beinen und Hals gefesselt sind. Jeglicher Bewegungsmöglichkeit beraubt, sind sie gezwungen, starr geradeaus auf die ihnen gegenüberliegende Höhlenwand zu blicken. Im Rücken der Gefesselten verläuft eine niedrige Mauer, oberhalb derer ein Feuer brennt, das die Höhle in ein schwaches Licht taucht. Hinter dieser Mauer werden allerlei Gegenstände vorbeigetragen, die über die Mauer ragen und deren Schatten sich auf der Höhlenwand abzeichnen. Zuweilen unterhalten sich die Träger dieser Gegenstände miteinander, wobei Fetzen ihrer Gespräche für die Gefesselten hörbar in der Höhle widerhallen. Die Höhlenbewohner registrieren also lediglich Schatten von Gegenständen und Gesprächsfetzen. Die Fesselung macht es ihnen im Übrigen auch unmöglich, sich selbst oder ihre Mitbewohner zu sehen, auch sie bilden sich nur als Schatten auf der Höhlenwand ab. Die Höhle besitzt einen Ausgang, der über einen steilen unwegsamen Pfad zu erreichen ist. Was würde passieren, wenn jemand käme und einen Gefesselten befreite, um ihn den Pfad hinauf zum Ausgang, an der Mauer, den Trägern mit ihren Gegenständen, dem Feuer vorbei ans Tageslicht zu führen? Platon spekuliert, dass er sich wohl wehren würde, denn seine Beine sind nie gelaufen und seine Augen haben das Licht nie gesehen. Er will zurück in die Höhle, dort standen ihm die Dinge klar konturiert vor Augen, außerhalb der Höhle vermag er, geblendet vom Licht, kaum etwas wahrzunehmen. Erst nach einer langen Gewöhnungsphase erschließen sich ihm die Dinge immer deutlicher, bis er schließlich wagt, ins Licht der Sonne zu schauen.

Platon versucht mit diesem Gleichnis die zentralen Gedanken seiner Philosophie, die sogenannte Ideenlehre, zu veranschaulichen. Der Aufstieg aus der Höhle ans Licht ist dabei ein Sinnbild für den Aufstieg des Denkens aus der Welt der Erscheinungen ins Reich des wahrhaft Seienden. Hatte Parmenides noch behauptet, außerhalb des Seins könne es nichts geben, beginnt Platon zu differenzieren. Die Schatten an der Höhlenwand sind zwar Trugbilder, aber sie sind doch irgendwie da. Ihr Sein hängt allerdings unmittelbar von den echten Gegenständen ab, die hinter der Mauer vorbeigetragen werden. Die Trugbilder sind also seiend, aber in ihrer Abhängigkeit von den echten Gegenständen weniger seiend als diese. Platon folgert daraus: Je geringer die Abhängigkeit eines jeweils Seienden von einem anderen, umso seiender ist es. Das Seiende aber, das von gar keinem anderen mehr abhängt, bezeichnet Platon als die höchste Idee, die im Höhlengleichnis von der Sonne verkörpert wird.

Platon sucht nach dem unwandelbaren Urgrund alles Seienden. Was also kann als das angesehen werden, das alles irgendwie Seiende erst ins Sein setzt? Platon fragt gleichsam immer höher hinauf, aus der Welt der materiellen Dinge in ihrer Wandelbarkeit in die Welt der Ideen, die gegen jede Veränderung immun sind. Die Idee der Idee, sozusagen der Boss der Bosse, ist dabei die Idee des Guten und Schönen. Dem Menschen obliegt es, in mühseligen Denkoperationen letztlich diese lichte

Idee des Guten und Schönen zu schauen. Das versetzt ihn in einen Zustand der Glückseligkeit. Platon geht davon aus, dass jeder vor seiner Geburt bereits den Glanz der Ideen geschaut hat. Die mühseligen Denkoperationen sind im Grunde nichts anderes als ein Akt des Sich-Wiedererinnerns an jenen Zustand, der mit der Geburt des Körpers und dessen Wahrnehmungswelt zunehmend undeutlich wird, in Vergessenheit gerät.

Diagnose

Annegret lebt in einer Scheinwelt. Obwohl sie an allem zweifelt, kommt sie von selbst nicht auf den Gedanken, dass die Welt, in der sie sich eingerichtet hat, lediglich das trügerische Abbild der wahren Welt sein könnte. Sie ist dermaßen gefangen in einer Welt des bloßen Scheinens und Meinens, dass alles um sie herum zur Lüge werden muss. Dabei misst sie insbesondere dem Gerede der anderen große Bedeutung zu. Sie kann nicht erkennen, dass es sich dabei nur um die Meinungen von Menschen handelt, die Gefangene sind wie sie selbst. Sie nimmt ihr Leben schattenhaft wahr und hält diesen Schatten für die einzige Wirklichkeit, aus der es kein Entrinnen gibt. Die Suche nach einem festen Fundament in ihrem Leben muss scheitern, da sie glaubt, im Reich der schwankenden Schatten eine verbindliche Antwort auf ihre Lebensfragen zu erhalten. Ihre Urteile über sich und andere geraten so zu Fehlurteilen. Die Schwäche der Teilhabe an der Idee des Guten und Schönen schwächt ihr eigenes Leben bis zur Erschöpfung. In diesem Erschöpfungszustand erscheint ihr alles öde und leer. Ihr schattenweltliches Gefangenendasein kommt in besonderer Weise durch ihre rituellen Abstiege ins Kellerversteck zum Ausdruck. Hier ist sie gleichsam im dunkelsten Teil der Höhle angekommen, in dem die Abhängigkeit alles Seienden am größten ist. In diesem Sinne kann es nicht wundernehmen, dass wir Annegret selbst als eine Abhängige antreffen.

Annegret hat die Höhle niemals verlassen. Nur durch ihre Kindheitserfahrung, vor dem Tod ihres Bruders, als sie noch fähig war, ganz ungebrochen in kindlicher Einfalt zu glauben, scheint es einen Hinweis darauf zu geben, dass Annegret eine diffuse Ahnung hat, dass die so sehnlich erwartete Wende in ihrem Leben in einer Rückkehr besteht.

Therapie

Mehr Licht! Annegret muss aus ihrer unterirdischen Schattenwelt herausfinden. Da Wille und Kraft zu schwach sind, einen solchen Ausstieg aus eigenem Antrieb zu vollbringen, braucht Annegret einen ständigen Begleiter, der sie den steilen Weg hinaufführt und weiterzieht, wenn die Schmerzen in den wackeligen Beinen und ungeübten Augen zu groß werden. Jemand muss dabei sein, wenn das Licht derart gleißend wird, dass Annegret nichts mehr zu erkennen vermag und nach den vertrauten, für sie klar konturierten Höhlenbildern zurückstrebt. Der Erfolg hängt wesentlich von der Konsequenz dieses Begleiters ab, versagt er, indem er dem Rückwärtsdrang nachgibt, scheitert das Unternehmen. Bleibt er fest in seinem Vorsatz, Annegret ins Licht zu führen, kann es gelingen. Wichtig ist, Annegret nicht zu überfordern und das erträgliche Maß an Schmerzen und Trauer um den Verlust des Vertrauten nicht zu überschreiten.

Die Therapie setzt auf die zunehmende Lichtgewöhnung der Augen. Das Licht der Wahrheit wird in jedem Falle letzthin stark genug sein, allen Schmerz in Glückseligkeit zu verwandeln. Dieser Zustand ist die Rückkehr der unsterblichen Seele in ihre vorgeburtliche Heimat.

Die Schau des Lichtes ist der Höhepunkt, aber nicht das Ende des Unterfangens. Die Heilung bleibt unvollständig, wenn Annegret vom lichten Gipfel der Erkenntnis nicht wieder hinabsteigt. Sie muss sich die Gegenstände, die sie auf dem Hinweg wegen der Überblendung nur ganz undeutlich hat wahrnehmen können, nunmehr im Glanz ihres neuen Wissens ganz genau anschauen. Erst jetzt ist sie in der Lage, deren Scheincharakter zu entlarven. Nur wenn sie in die Höhle zurückkehrt, kann sie die Trugbilder ihres ehemaligen Lebens klar und deutlich erkennen. Erst dieser Abstieg vollendet das Wissen um Schein und Sein der Dinge.

Mit diesem neuen Wissen hat Annegret nicht nur etwas gefunden, zu dem sie uneingeschränkt Ja sagen kann, sondern ihr ist gleichzeitig eine erfüllende Lebensaufgabe zuteil geworden: Alle Kraft wird sie jetzt darauf verwenden, der Wahrheit zum Durchbruch zu verhelfen. Das erste Mal in ihrem Leben stellt sie sich so einer echten Verantwortung. Sie trägt im Lichte ihres Wissens dafür Sorge, ihre ehemaligen Höhlenmitbewohner von ihren Fesseln zu befreien, um sie ebenfalls auf steinig-steilen Pfaden ins Licht der Sonne zu führen, jener Sonne, die ihr Leben hat neu beginnen lassen.

Aristoteles
Verwirkliche, was in dir steckt

*Der Mensch ist ein Wesen mit der
Möglichkeit zu neuen Wirklichkeiten.*

Leben

Stageira wäre heute selbst Experten auf dem Gebiet der antiken Geographie völlig unbekannt, wäre es nicht die Geburtsstadt des Aristoteles (384 v. Chr.–322 v. Chr.). Später wird man ihn den Stagiriten nennen und damit einem an sich gänzlich unbedeutenden Städtchen in der makedonischen Provinz zu Weltruhm verhelfen. Wäre Aristoteles dem Wunsch seines Vaters gefolgt, so wäre er in Stageira geblieben und Arzt geworden. Immerhin war sein Vater Leibarzt des makedonischen Königs. Aristoteles jedoch dachte nicht daran, sein Leben in der Provinz im Dienst eines noch recht unbedeutenden Königs zu fristen, und beschloss als 17-Jähriger, Philosophie zu studieren. Das hieß zu dieser Zeit nichts anderes, als nach Athen aufzubrechen und in die Platonische Akademie einzutreten. Zwanzig Jahre, bis zum Tode Platons, war Aristoteles als Schüler und Lehrer Mitglied der Akademie. Erst als nicht er, sondern ein gewisser Speusippos zum Nachfolger Platons bestimmt wurde, verließ Aristoteles tief gekränkt die Akademie.

Er ging nach Makedonien zurück und wurde für zwei Jahre Lehrer und Erzieher des 13-jährigen Prinzen Alexander, der später in seinen gewaltigen Eroberungszügen bis an die Grenzen Indiens vorstieß. Intrigen am Hof des jungen Prinzen veranlassten Aristoteles zur Flucht. Er kehrte nach Athen zurück und sammelte eine eigene Schülerschar um sich. Schüler und Meister wandelten, vertieft in philosophische Gespräche, in den Säulenhallen der Stadt umher, was ihnen schnell den Namen Peripatetiker (Herumwandler) einbrachte. Aber auch dieses Idyll währte nicht sehr lange. Nach dem Tod Alexanders des Großen änderte sich das politische Klima in Athen radikal.

Verfolgt wurden besonders jene, die im Verdacht standen, mit den Makedoniern gemeinsame Sache gemacht zu haben. Als ehemaliger Erzieher Alexanders musste Aristoteles befürchten, angeklagt zu werden. Er verließ Athen und zog sich auf sein Landgut zurück, wo er den Rest seines Lebens verbrachte.

Lehre

Aristoteles ist neben Platon der mit Abstand bedeutendste Philosoph des klassischen Altertums und einer der wichtigsten Denker der westlichen Welt überhaupt. Mit Aristoteles beginnt die Aufteilung der Philosophie in Einzeldisziplinen, was als Geburtsstunde der abendländischen Wissenschaft betrachtet werden muss. Es gibt kein Wissensgebiet der damaligen Zeit, das Aristoteles in seinen umfangreichen Schriften nicht bearbeitet hätte. Seine Werke dokumentieren ein stupendes Wissen, das sich auf so unterschiedliche Gebiete wie Philosophie, Geschichte, Politik, Kosmologie, Biologie, Medizin, Philologie, Psychologie, Grammatik und Logik erstreckt. Das alles kann hier nicht dargestellt werden. Wir beschränken uns auf die zentralen Aussagen seines philosophischen Denkens, also seiner Logik, Metaphysik und Ethik.

Aristoteles hat Platon vom Himmel auf die Erde geholt. Erblickte Platon das Wesen alles Seienden in einer unwandelbaren Idee, so geht Aristoteles davon aus, dass allem Seienden bereits eine Form innewohne, die im Kontakt mit dem Stoff danach strebe, sich mehr und mehr zu verwirklichen. War es bei Platon noch schwierig, die Verbindung zwischen der Welt der Ideen und der Welt der Erscheinungen zu klären, so schafft Aristoteles diese seiner Auffassung nach unnötige Verdoppelung der Welt einfach ab, indem er die in unantastbaren Höhen weilenden Ideen in die Dinge selbst verlegt. Anstelle der platonischen Ideen spricht Aristoteles von Form, die jeder Stoff bereits in sich trägt. Der Eichel (Stoff) wohnt die Eiche (Form) immer schon inne. Die realisierte Form kann dann wieder als Stoff dienen, aus dem sich eine neue Form verwirklicht. Damit ist auch die klare Trennung von materieller (Stoff) und immaterieller (Form) Welt aufgehoben. Alle Bewegung ist im Grunde nichts anderes als das Unterwegssein von der Möglichkeit zur Wirklichkeit. Was einem Ding seiner Möglichkeit nach innewohnt, strebt nach Verwirklichung.

Als Logiker ist Aristoteles bemüht, eine erste Ursache für diese immerwährende Bewegung auszumachen. Da diese Ursache selbst nicht wieder in Bewegung sein kann, denn dann müsste man fragen, was sie denn in Bewegung versetzt hat, sieht Aristoteles die Erstursache aller Bewegung in einem unbewegten Beweger. Während sich die in den Einzeldingen liegenden Möglichkeiten immer erst noch realisieren, sind in dem unbewegten Beweger alle Möglichkeiten bereits verwirklicht. In ihm sind Möglichkeit und Wirklichkeit identisch. Aristoteles nennt diesen unbewegten Beweger auch Gott. Er meint allerdings keinen persönlichen Schöpfergott. Denn der unbewegte Beweger hat die Welt der Einzeldinge nicht erschaffen, auch interessiert er sich nicht für diese Welt. Er ist im Grunde nur an sich selbst interessiert, da er sich in der Identität von Möglichkeit und Wirklichkeit praktisch auf nichts anderes mehr beziehen kann als auf sich selbst. Denn bezöge er sich auf etwas, was außerhalb seiner selbst liegt, so müsste er sich auf etwas beziehen, was seine Möglichkeiten noch nicht zur Wirklichkeit gebracht hat, das widerspricht aber der Feststellung, dass der unbewegte Beweger alle Möglichkeiten bereits verwirklicht hat. Anders gesagt: Das Vollkommene kann nicht weniger Vollkommenes hervorbringen, ohne dabei selbst durch den Kontakt mit dem weniger Vollkommenen an Vollkommenheit einzubüßen. Der unbewegte Beweger denkt nur das Höchste, also sich selbst. Gott ist reines Denken. Seine Wirkung auf die Einzeldinge besteht lediglich darin, dass er sie gleichsam anzieht. Ziel jeder Bewegung und Veränderung ist die Nachahmung der Vollkommenheit Gottes. In dieser Nachahmung befindet sich die Welt in einem ewigen Selbstschöpfungsprozess. Nur der Mensch kann sich dieses Zieles im vollen Maße bewusst werden und so in seinem intellektuellen Streben eine Vereinigung mit dem göttlichen Geist erreichen.

Auch in der Ethik geht es bei Aristoteles erheblich bodenständiger zu als bei seinem großen Lehrer Platon. Wie dieser glaubt Aristoteles zwar, dass das Ziel des Lebens die Glückseligkeit ist, denkt aber nicht wie Platon, dass wir erst dann richtig handeln, wenn wir die Idee des Guten und Schönen geschaut haben. Richtiges Handeln ist eine Frage der Übung und Gewöhnung. Tugenden werden im Menschen durch wiederholt tugendhaftes Handeln realisiert. Auch hier spielt die Dynamik von Möglichkeit und Wirklichkeit eine entscheidende Rolle. Der Mensch ist potenziell tugendhaft, aber sein Potenzial gelangt erst in der tugendhaften Handlung zur Entfaltung. Was eine tugendhafte Handlung ist und wie wir eine solche erkennen können, davon hat Aristoteles klare Vorstellungen: Tugendhaftes Handeln besteht wesentlich in der Mäßigung. Alles Extreme, alle Übertreibungen sind zu meiden. Die Tugend liegt immer in der Mitte zweier Extreme. Dieser Mittelweg erschließt sich aber nur der reifen Vernunft, die zu klaren Urteilen in Selbstbeherrschung und im Gleichgewicht der Begierden fähig ist. Die Glückseligkeit liegt in dem, was den Menschen gegenüber allen übrigen Lebewesen und Dingen in besonderer Weise auszeichnet, nämlich in seiner Denkfähigkeit. So ist es auch die permanente Steigerung dieser Fähigkeit, die zur erfüllenden Glückseligkeit führt.

Diagnose

Annegret lebt unterhalb ihrer Möglichkeiten. Zwar sehnt sie sich nach dem Glück, gibt sich allerdings keine Mühe, dieses Glück auch zu erreichen. Sie lässt sich passiv von äußeren Umständen beherrschen, ohne selbst aktiv ihre Möglichkeiten zu verwirklichen. Es ist ihr nicht klar, dass sich Glückseligkeit nicht automatisch einstellt. Der fehlerhafte Umgang mit ihrem Leben führt zu zahlreichen Fehlschlüssen. Einer der gravierendsten ist dabei, dass Annegret immer glaubt, um eines anderen willen handeln zu müssen. »Man muss doch trauern, wenn der Mann gestorben ist.« Hier wird die Möglichkeit zu trauern durch die angenommene Forderung, trauern zu müssen, vereitelt. Getrauert wird nur, um einer Haltung zu entsprechen, von der Annegret glaubt, dass sie von ihr erwartet wird. Trauern ist für sie ein von außen diktierter Zwang. So kann sie nie erfahren, was der Verlust ihres Mannes tatsächlich für sie bedeutet.

In Bezug auf ihren Sohn gilt Ähnliches. Auch hier handelt sie nicht um des »Besten« selbst willen, sondern zum vermeintlichen Nutzen ihres Sohnes. Sie lässt sich von ihrer eigenen isolierten Meinung leiten, die sie an ihrem Sohn zu verwirklichen versucht. So wie sie sich selbst dem Zwang von Fremdforderungen aussetzt (»man muss doch trauern«), lässt sie auch umgekehrt andere diesen Zwang spüren (»ich will doch nur sein Bestes«). In beiden Fällen gelingt es ihr nicht, Fremd- oder Eigenansprüche durch Reflexion zu relativieren. Ansprüche werden absolut gesetzt und so zu einem Extrem, was an der Wahrheit notwendig vorbeizielen muss.

Diese extreme Haltung findet beredten Ausdruck in ihrem permanenten Neid. Was andere haben und sind, wird überbewertet, wobei sie zugleich sich selbst abwertet. Auch hier kann sie keine Mitte finden. In Ermangelung der maßvollen Mitte als Konsequenz ausbleibender Reflexion ist ihr die Welt aus den Fugen geraten und muss ihr notwendig als eine Ödnis ohne Struktur und Ordnung erscheinen. In der Pointierung des Extrems übersieht Annegret die ihr innewohnenden Möglichkeiten, die sich vollständig nur in der Mitte der Extreme realisieren lassen.

Therapie

Maßhalten. Ordnung schaffen. Für Annegret geht es darum, alte Gewohnheiten im Umgang mit sich und anderen durch neue zu ersetzen. Das ist einem Training nicht unähnlich. In kleinen Schritten wird sie lernen, den Blick auf die Realität zu schärfen, um ein besseres Verständnis für die eigene Situation zu entwickeln. Im Vordergrund steht dabei die Verankerung des Lebens in der Normalität. Ausgehend von der praktischen Erfahrung im tagtäglichen Handeln soll eine Basis geschaffen werden, von der aus Annegret sich mehr und mehr auf die Realität ihres Lebens einlassen kann. Das bedeutet, sich von radikalen und extremen Positionen zurückzuziehen. Das kann nur gelingen, wenn Annegret prinzipiell bereit ist, alte Denkmuster zu durchschauen und aufzulösen.

Eine philosophische Beratung im aristotelischen Sinne leistet Aufklärungsarbeit, indem Annegret die Ursachen für ihre Misere klar vor Augen gestellt werden. Dabei setzt der Philosoph auf die Steigerung der Denkfähigkeit. Im Zuge dieser Steigerung kann Annegret erkennen, dass die Ursachen für ihr unerfülltes Leben nicht in einem übergreifenden ungerechten Schicksal, sondern allein in ihrem Umgang mit sich und anderen begründet liegen. In diesem Lernprozess kann Annegret langsam Verantwortung für sich und ihr Leben übernehmen, die sie bislang immer an äußere Umstände delegiert hat. Steigerung der Denkfähigkeit meint nicht den Erwerb eines abstrakten Wissens, sondern die konkrete Dynamisierung aller ihrer Möglichkeiten in Bezug auf ihre tatsächliche Erfahrungswelt. Eine solche Dynamisierung schließt dann die Hoffnung auf ein externes Ereignis in ihrem Leben, das ihr Schicksal wie von selbst zum Besseren wendet, aus. Annegret wird so dem Zwang enthoben, ein gelingendes Leben an ein außergewöhnliches Ereignis zu knüpfen. Sie erkennt, dass alles Außergewöhnliche eine Form der Vereinseitigung ist, die ihr Leben hemmt.

Dynamisierung der Möglichkeiten heißt, in der Mitte des Lebens ankommen. Diese Mitte muss immer aufs Neue gefunden und eingeübt werden. Keine übergreifende Idee kann die Mitte lehren, sondern sie wird stets neu definiert angesichts der konkreten Situation, in der Annegret sich befindet. Das setzt voraus, dass sie sich auf die Erlebniswelt ihrer täglichen Erfahrung wirklich einlässt, sie bewusst und wach wahrnimmt und aufhört, aus ihrem Leben zu fliehen. Kein höheres Geschick, kein Gott und kein wie auch immer gearteter externer Wendepunkt werden ihr Leben verändern. Im Gegenteil, sie sind in ihrer extremen Veräußerlichung lediglich Ausdruck einer substanziellen Möglichkeitsbeschneidung und Ursache eines innerlich verarmten Lebens. Nur aus der Mitte heraus entfaltet sich die bunte Vielfalt an Möglichkeiten zu neuen Wirklichkeiten. Erfüllung ist nur in Maßen möglich, in der Maßlosigkeit verliert sich das Leben in eine quälende Leere. Die Mitte ist ein begrenzendes Maß. Die Einübung des Maßhaltens schafft Ordnung und führt zu einem erfüllten Leben.

GERHARD

Gerhard ist 48 Jahre alt. Er hat eine ältere Schwester und zwei jüngere Brüder. Sein Vater war einfacher Angestellter in einem Baumarkt, seine Mutter arbeitete halbtags als Sekretärin für ein Steuerbüro. Gerhard beschreibt die Verhältnisse zu Hause als sehr geordnet, regelmäßig und arm an Abwechslung. Seine Mutter hätte zu Hause »die Hosen angehabt«, während der Vater »nichts zu melden« hatte. Mit 14 Jahren erlitt Gerhard einen schweren Unfall mit dem Fahrrad, in dessen Folge er einen großen Teil der oberen Zahnreihe verlor. Es folgten zahlreiche sehr schmerzhafte Behandlungen. Trotz aller kosmetischen Bemühungen sei es immer sofort jedem aufgefallen, dass seine Vorderzähne nicht echt sind. Seine Klassenkameraden hätten ihn deswegen oft gehänselt, was ihn sehr verletzt habe. Das sei so weit gegangen, dass er sich kaum noch getraut habe, den Mund aufzumachen. Die Schule bereitete ihm sonst keine Schwierigkeiten, er machte ein gutes Abitur und studierte Biologie. An der Universität lernte er seine Frau kennen, die er nach seiner Promotion heiratete. Er fand eine recht gut bezahlte Stellung in einem privaten Forschungslabor. Obwohl er eigentlich keine Kinder wollte, seine Frau ihm aber »ständig damit in den Ohren« gelegen habe, gab er schließlich, nachdem er ein »ziemlich großes« Haus gekauft hatte, ihrem Wunsch nach. Kurz hintereinander wurde Gerhard Vater von zwei Mädchen, die heute zwölf und vierzehn Jahre alt sind.

Gerhard schildert seine derzeitige Situation als »ziemlich verfahren«. Seiner Frau habe er eigentlich nicht mehr viel zu sagen. Zudem seien ihre Interessen sehr verschieden, auch wäre sie prinzipiell immer anderer Meinung als er. In der Kindererziehung habe er anfänglich durchaus versucht, »ein Wörtchen mitzureden«, tatsächlich habe es seine Frau aber immer besser gewusst und seine Meinung eigentlich nie ernst genommen. Heute seien die Mädchen »derart auf die Mutter fixiert«, dass er manchmal schon den Eindruck habe, alle drei würden sich gegen ihn verschwören. Er habe es irgendwann aufgegeben, überhaupt noch etwas zu sagen und lasse alles einfach über sich ergehen. »Gegen drei hat man sowieso keine Chance.« Gerhard fühlt sich von seiner Familie ziemlich alleingelassen und letztendlich unverstanden. Am liebsten würde er »alles hinschmeißen« und irgendwo »ganz neu anfangen«.

Er verbringt viel Zeit an seinem Arbeitsplatz und bleibt dort häufig noch bis spät in die Nacht, nur um nicht nach Hause zu müssen. Seine Mitarbeiter brächten ihm nicht den »nötigen Respekt« entgegen, doch in den letzten Wochen habe er eine Kollegin aus einer anderen Abteilung näher kennengelernt, der er sich »seelenverwandt« fühle. Zwar sei es nicht möglich, sich mit ihr außerhalb der Arbeitszeit zu treffen, weil sie auch verheiratet ist, aber sie würden hin und wieder heimlich miteinander telefonieren.

Auf einer Fachtagung, die vor einigen Monaten in Amsterdam stattfand, ist ihm ein »schrecklicher Fauxpas« unterlaufen. Abends war er mit ein paar Kollegen in einem Bordell, wo man ihm seine Kreditkarte gestohlen hat. Obwohl er die Karte sofort hat sperren lassen, ist sie mit zehntausend Euro belastet worden. Die Bank besteht auf Tilgung der Summe, er weiß aber nicht, wie er neben den Raten für das Haus dieses Geld überhaupt noch aufbringen soll. »Ich müsste es irgendwie meiner Frau beichten, aber dann kommt sicher ein Haufen peinlicher Fragen: ›Wo hast du denn die Kreditkarte verloren, wer hat denn die Karte belastet, kann man den Betrug nicht irgendwie anzeigen?‹ Dann müsste ich ja mit der ganzen Wahrheit rausrücken. Das kann ich nicht. Ich muss zusehen, dass ich das Geld irgendwie beschaffe.« Leider hätte er aber keine Freunde, schon gar nicht solche, die ihm Geld leihen würden.

Ansonsten verlaufe sein Leben »eigentlich ziemlich lethargisch«, in den letzten Jahren habe er auch angefangen, immer mehr zu essen, was mittlerweile zu einem »echten Problem« geworden sei. Wenn er mal Zeit für sich habe, wisse er eigentlich nichts damit anzufangen. Überhaupt würde die vor ihm liegende Zeit ihn irgendwie überfordern und stehe vor ihm wie ein Berg, von dem er nicht wisse, wie er ihn bezwingen solle. Obwohl er sich als Naturwissenschaftler die Lebensprozesse erklären könne, wisse er auch ganz genau, dass die Wissenschaft Grenzen habe. Er sei eigentlich auf der Suche nach etwas, aus dem er irgendwie einen höheren Sinn für sein Leben ziehen könnte. Da er als Kind von seinen Eltern überhaupt keine religiöse Prägung erfahren hätte, habe er gerade in letzter Zeit versucht, sich mit unterschiedlichen religiösen Glaubensvorstellungen auseinanderzusetzen. Allerdings habe er dabei den Eindruck gewonnen, dass er, je mehr er in diesem Bereich liest und kennenlernt, umso weniger weiß, was das Richtige für ihn ist. Besonders attraktiv erscheint ihm neuerdings der Gedanke, sich für einige Wochen in ein Kloster zu begeben. »Vielleicht erfahre ich dort, woran ich glauben kann.« Gerhard setzt aber gleich einschränkend hinzu, dass »letztlich eben doch alles unsicher ist und man eben nicht wissen kann, woran man sich halten soll«.

Epikur
Die Lust und das Glück

*Ich spucke auf die Vollkommenheit
und jene, die sie sinnlos anstaunen,
wenn sie keine Lust erzeugt.*[5]

Leben

Epikur (341 v. Chr. – 271 v. Chr.) wurde als zweiter von vier Brüdern auf der Insel Samos geboren. Seine Eltern waren Auswanderer, die von der Stadt Athen das Recht erhalten hatten, auf Samos eine Kolonie zu gründen. Durch geschickte Landwirtschaft brachte es der Vater dort zu einigem Wohlstand. Bereits als 12-Jähriger kam Epikur mit der Philosophie in Berührung. Er wurde von Pamphilos, der zu jener Zeit auf Samos die Lehre Platons verbreitete, unterrichtet. Mit 18 Jahren trat Epikur seinen zweijährigen Militärdienst in Athen an, was ihm hinreichend Gelegenheit bot, die Hauptströmungen der Philosophie kennenzulernen. Nach dem Tod Alexanders des Großen fiel die Insel Samos an ihre ursprünglichen Bewohner, die Ionier, zurück. Epikurs Familie floh nach Kolophon an der kleinasiatischen Küste. Um seiner Familie beizustehen, verließ Epikur Athen und eilte nach Kolophon. Dort gründete er mit seinen Brüdern und dem Sklaven Mys einen ersten Gesprächszirkel, die Keimzelle seiner späteren Gartengesellschaft.

Im Jahre 307 v. Chr. kehrte Epikur nach Athen zurück und erwarb dort ein Wohnhaus mit angrenzendem Garten. Dieser wurde fortan Treffpunkt von Schülern und Freunden, die Epikur in seine Philosophie einwies. Im Laufe der Jahre bildeten sich feste Freundschaftsbünde, die von der Lehre und dem Charisma des Meisters zusammengehalten wurden. Abweichungen von der epikureischen Lehre wurden nicht geduldet, es galt der Grundsatz, dass jeder stets so handeln müsse, als sei der Meister persönlich anwesend. Diese Einschwörung hat zu einer Treue gegenüber dem Gartenchef geführt, die an Verehrung grenzt.

Im Kreise seiner Freunde starb Epikur im Alter von 71 Jahren an einer Nierenerkrankung.

Lehre

Zentrum der epikureischen Philosophie ist die Überwindung von Furcht, Begierde und Schmerz.

Zwei wesentliche Ängste treiben den Menschen um: Die Angst vor den Göttern und die Angst vor dem Tod. Erstere wird bewältigt durch die Erkenntnis des wahren Wesens der Götter. Sie sind nicht furchterregend, weil sie sich um das Geschick der Menschen nicht kümmern, sondern in reiner Glückseligkeit nur auf sich selbst bezogen sind. Die Einsicht in das Wesen der Seele überwindet die Angst vor dem Tod, denn die Seele besteht, wie alles andere auch, nur aus Atomen, die mit dem Tod zerfallen. Es gibt also kein Weiterleben der Seele nach dem Tod und so kann sie auch nicht irgendeinem göttlichen Strafgericht anheimfallen.

Begierden sind beherrschbar durch die Einsicht in ihre Begrenztheit und leichte Erfüllbarkeit. Um die Erkenntnis der Begierden zu erleichtern, unterteilt Epikur sie in drei Arten: natürliche und notwendige, natürliche und nicht notwendige, nicht natürliche und nicht notwendige. Die ersten garantieren das Überleben (essen, trinken, schlafen, sich kleiden), die zweiten sind eine Verfeinerung der ersten, und die dritten sind jene Begierden, die durch bloßes Meinen hervorgerufen werden (heute zum Beispiel: Markenfetischismus).

Schmerzen werden durch den Gedanken erträglich, dass starke Schmerzen kurz, lang andauernde aber nicht stark sind.

Lust und Schmerz werden so zum Maßstab dessen, was zu wählen und was zu meiden ist. Damit ist die Grundlage aller Erkenntnis die sinnliche Wahrnehmung. Was also nicht zuvor in den Sinnen ist, kann auch nicht erkannt werden. Wenn es aber in den Sinnen angekommen ist, so wird es von diesen auch richtig erkannt. Wenn ich einen Apfel als rund, rot, fest und süß sinnlich wahrgenommen habe, so ist der Apfel auch in

Wirklichkeit rund, rot, fest und süß. Nur die sinnliche Wahrnehmung zeigt an, wie die Dinge wirklich sind. Dieser radikale Sensualismus geht davon aus, dass alles Seiende, auch Farbe, Geschmack, Geruch etc., aus Atomen besteht. Sie fallen Regentropfen gleich in einer bestimmten Falllinie nach unten. Durch minimale Abweichungen in ihrer Bahn stoßen sie zusammen und verdichten sich zu den Dingen der uns umgebenden Wirklichkeit. Diese Abweichungen ereignen sich rein zufällig. Damit führt Epikur einen grundlegend neuen Gedanken in die Philosophie ein. Während seine Vorgänger noch bemüht waren, eine erste Ursache für alles Seiende auszumachen, geht Epikur davon aus, dass es eine solche Ursache nicht gibt, sondern alles Geschehen einer grundlosen Zufälligkeit unterliegt. Der Mensch ist nicht länger eingebunden in ein übergeordnetes Schicksal oder lediglich Wirkung einer ihn übersteigenden Erstursache. Wenn sich zufällige, grundlose Abweichungen aus den Falllinien der Atome ergeben, so ist der Mensch prinzipiell durch seinen Willen in der Lage, Einfluss auf die Bewegung der Atome zu nehmen und ihnen jene wirklichkeitskonstituierende Richtung zu verleihen, in der Schmerz gemieden und Lust gemehrt werden können. Der Gedanke der Selbstbestimmung des Menschen hält damit erstmalig Einzug in das philosophische Denken des Abendlandes.

Epikur will sicher keine exakt ausgearbeitete theoretische Philosophie liefern, sondern seine Lehre zielt eher auf die Darstellung einer praktischen Lebensweisheit. Das sittlich Gute besteht in der Lust, Schmerz ist Ausdruck des Übels. Glück bedeutet das Freisein von Sorgen und Leiden. Der vorzügliche Ort dafür ist der Garten als Treffpunkt der Freunde und Gleichgesinnten. Im epikureischen Garten wird die Hinwendung zum Mitmenschen praktiziert. Philosophiert wird gemeinsam in heiterer Gelassenheit allein um des guten Lebens willen, das in der Fähigkeit gipfelt, mit sich und anderen befreundet zu sein.

Diagnose

Gerhard führt ein Leben ohne Freunde. Er hat sich mehr und mehr gegen die Außenwelt abgeschottet und geht immer den Weg des geringsten Widerstandes. Tauchen Schwierigkeiten auf, verschwindet er in der Versenkung. Derzeit sind die Schwierigkeiten offenbar so gravierend, dass er aus der Versenkung eigentlich gar nicht mehr auftaucht. Er hat sich vor dem Leben und dessen Anforderungen versteckt und wartet darauf, dass der Sturm vorüberzieht. Die Schuld für diesen Rückzug gibt er anderen, insbesondere seiner Frau. Nach seiner Meinung nimmt sie ihn nicht ernst und hetzt die Töchter gegen ihn auf. Überhaupt scheint sich alles gegen ihn verschworen zu haben. Er hat zwar eine »Seelenverwandte« gefunden, kann aber den Kontakt zu ihr nicht ausbauen; ein Bordellbesuch endet mit einem bösen Erwachen; die Arbeitskollegen begegnen ihm ohne Respekt. Überall zieht er den Kürzeren, nirgendwo kann er sich durchsetzen. Gerhard fühlt sich also völlig im Recht, wenn er sich aus den Konflikten zurückzieht. Die vermeintliche Übermacht der anderen liefert ihm die Rechtfertigung dafür, jede Eigenverantwortung für sein Leben abzulehnen. Seinen Satz, dass man »gegen drei eben keine Chance« hätte, hat er auf sein ganzes Leben übertragen. Das hat dazu geführt, dass er seine Mitmenschen eigentlich nur noch als überlegene Gegner sieht. Um sich dem Kampf mit ihnen nicht stellen zu müssen, den er ja sowieso verlieren muss, ist es seiner Auffassung nach legitim, sich gleichsam tot zu stellen. Nichts hören, nichts sehen, nichts sagen – und auch nichts denken. Er empfindet sich als Opfer, dem die Hände gebunden sind; die anderen oder die Umstände sind derart mächtig, dass sein Geschick in deren Händen liegt. In dieser Opferrolle sieht Gerhard das ihm zugedachte Schicksal, das sich mit erbarmungsloser Notwendigkeit an ihm vollzieht.

Gerhard beschreibt seine Situation als »verfahren«. Sie ist allerdings nicht verfahren in dem Sinne, dass er sich einfach nur verirrt hat, sondern sie ist eigentlich festgefahren. Nichts geht mehr. Kein Vorwärts, kein Rückwärts. Gerhard hockt lethargisch auf der Stelle und entfernt sich so immer weiter von den Bewegungen des Lebens. Aus dieser Erstarrung heraus ist es schlechterdings unmöglich, Freunde zu gewinnen. Sein Leben ist isoliert und lässt keine echten Außenkontakte mehr zu. Die einzige Bindung ist die zu der Arbeitskollegin, mit der er sich »seelenverwandt« fühlt und mit der er hin und wieder heimlich telefoniert. Aber auch hier kann man nicht von einer Freundschaft sprechen, weil diese Beziehung nur in exakt jenen Grauzonen und Verstecken besteht, in denen sich bereits das ganze Leben von Gerhard abspielt. Ebenso wenig wie sein Leben sich in Bewegung befindet wird diese Beziehung eine Dynamik entfalten können, die notwendig wäre, um zu einer Freundschaft zu reifen.

Therapie

Gut ist, was guttut. Der Weg zur Erlangung der Seelenruhe ist bei Epikur recht klar vorgezeichnet. Die wesentlichen Bestandteile seines psychagogischen Betreuungssystems sind die Einübung (*askesis*) und die Seelsorge (*therapeia*). Zur Einübung gehört die geistige und seelische Aneignung der epikureischen Philosophie. Gerhard muss die Lehre Epikurs in ihren Grundzügen gedanklich beherrschen und ethische Leitsätze durch praktisches Training beherzigen lernen. Bei diesem Training begleitet ihn der Philosoph als aufmerksamer Seelenführer. Er hat dafür Sorge zu tragen, dass die Wandlung der Seele in den Bahnen verläuft, die zur Seelenruhe führen. In einer Art Beichte muss sich Gerhard zunächst seinem Lehrer anvertrauen, erst so kann er sich aus seiner erstarrten Isolation lösen und sich einer echten Aussprache Zug um Zug öffnen. Im rechten Augenblick wird der Philosoph Gerhard dann behutsam zur Einsicht in die eigenen Schwächen führen. Dieser Erkenntnisprozess soll in einer selbstverurteilenden Zerknirschung gipfeln. An diesem kritischen Punkt hängt es entscheidend vom Talent des Seelenführers ab, inwiefern es ihm gelingt, Gerhard wieder aufzurichten. Denn nur diese Wiederaufrichtung lässt ein

Selbstbewusstsein erstarken, das Gerhard dazu befähigt, sich anderen offen zuzuwenden.

Die Schwächen von Gerhard treten recht deutlich zutage. Im Wesentlichen handelt es sich um Schicksalsergebenheit, Heimlichtuerei, überhöhte Ansprüche, Misstrauen, Bequemlichkeit und Selbstbezogenheit. Indem Gerhard seine Schwächen dem Seelenführer anvertraut, öffnet er sich für dessen Zuspruch. Belastendes muss ausgesprochen werden, nicht nur um die Last loszuwerden, sondern um die Voraussetzung zu schaffen, für die heilenden Worte des Philosophen empfänglich zu sein. Sich einem anderen anzuvertrauen ist ein erster öffnender Schritt aus dem versperrenden Misstrauen gegen sich und die Welt. In diesem Sinne ist die erste Aussprache der Schwächen an sich selbst schon ein Therapeutikum: Wer einem anderen gegenüber sagen kann, dass sein Leben eine Lüge ist, ist in diesem Sagen ehrlich. Wer sagen kann, dass er voller Misstrauen ist, vertraut sich im Augenblick des Aussprechens dem anderen an. Wer sagen kann, dass er ausschließlich in Selbstbezogenheit dahinlebt, bezieht sich in diesem Moment auf einen anderen und durchbricht dabei die Fesseln seiner Egozentrik. Wer Schwächen offenbaren kann, ist in dieser Offenbarung stark. Die Wiederaufrichtung setzt genau an dem Punkt an, wo das Sagen im Gegensatz steht zu dem, was es offenbart. In diesem Sinne ist die Aussprache selbst eine substanzielle Erfahrung des Gegenteils dessen, was ausgesprochen wird.

Auf der Grundlage dieser wesentlich neuen Erfahrung geleitet der epikureische Seelenführer Gerhard durch die Wiederaufrichtung in die Vertiefung dieser Erfahrung. Durch das wachsende Vertrauen kann sich Gerhard aus den selbst gebauten Fallen lebensbehindernder Vorstellungen befreien. Dabei spielt die fixe Idee, Opfer einer Verschwörung zu sein, eine zentrale Rolle. An dieser Stelle beginnt der Kampf gegen das Fatum. Ausgehend von der Überzeugung, dass nichts dem Schicksal unterliegt, sondern alles bloßer Zufall ist, geleitet der Philosoph Gerhard Schritt für Schritt aus den Zwängen eines lähmenden

Schicksals in die freie Selbstermächtigung. Die Erkenntnis der Zufälligkeit allen Seins befreit Gerhard von der Last seines vermeintlich unabänderlichen Schicksals und er kann jetzt anfangen, in Eigenregie Einfluss auf die Wirklichkeit zu nehmen. Er wird damit wieder Herr seines eigenen Lebens und kann es gestalten, wie er es will. Die Stärkung des freien Willens ist der Schlüssel, mit dem sich Gerhard Zug um Zug die Welt neu erschließt. Dabei stimmt die Erfahrung, dass der Wille in der Welt eine lebensverändernde Wirkung entfaltet, optimistisch. Der Wille löst Gerhard aus der isolierenden Selbstbezogenheit und öffnet das Tor zur Welt. Der Kampf gegen die Vorstellung von einem vermeintlich feststehenden Schicksal gipfelt in der Erfahrung der Freiheit, deren höchste Manifestation die Schmerzlosigkeit ist. In dieser Freiheit kann Gerhard seine Opferrolle, in der er immer nur der Erleidende ist, ablegen. Das Gemüt kommt aus der bloßen Passivität zur echten Ruhe, in der Lust und Sinn des Lebens begründet liegen.

Plotin
Das Eine ist genug

> *Alles Seiende ist durch das Eine ein Seiendes.*[6]

Leben

Die Selbstlosigkeit Plotins (um 205–270) geht so weit, dass er sich über seine Herkunft ausschweigt. Auch hat er es strikt abgelehnt, sich porträtieren zu lassen, »damit nicht das Schattenbild eines Schattenbildes entstehe«. Durch die Biographie seines engsten Schülers Porphyrius sind wir allerdings dennoch in der Lage, ein recht genaues Bild seines Lebens zu zeichnen. Sein Geburtsort Lykopolis liegt im heutigen Ägypten. Seine philosophische Ausbildung erhielt Plotin in Alexandria. Enttäuscht vom offiziellen Lehrbetrieb, wandte er sich mit 28 Jahren dem Philosophen Ammonios Sakkas zu, von dem wir allerdings nicht viel mehr als seinen Namen wissen. Elf Jahre ging Plotin bei ihm in die Lehre.

Im Jahre 242 nahm er unter Kaiser Gordian an einem Feldzug gegen die Perser teil, um die indische und persische Philosophie aus erster Hand kennenzulernen. Der Feldzug endete in einem Desaster, entscheidende Schlachten gingen verloren, und Kaiser Gordian wurde schließlich von seinen eigenen Soldaten ermordet. Plotin floh nach Antiochien und übersiedelte von dort aus nach Rom, wo er mit seiner Lehrtätigkeit begann. Er erwarb sich hohes Ansehen in der römischen Gesellschaft und lehrte in den Häusern der Senatoren, deren Familien Plotin geradezu grenzenloses Vertrauen entgegenbrachten. Ihm wurde die Vormundschaft für verwaiste Kinder angetragen, und die Sorgfalt, mit der er das ihm anvertraute Vermögen seiner Mündel verwaltete, erregte weithin Staunen.

Plotin erlangte den Ruf eines völlig bedürfnislosen Mannes von großer Sittenstrenge und edelster Gesinnung. Ein Mann, der seine Philosophie nicht nur lehrte, sondern auch lebte. Für ihn gipfelte alles Streben in der ekstatisch mystischen Vereinigung mit dem Ursprung allen Seins. Plotin machte diese Erfahrung nach eigenem Bekunden viermal in seinem Leben. Das Erreichen dieser Ekstase gewann für den Philosophen eine derart zentrale Bedeutung, dass er mehr und mehr jede Sorge um sein leibliches Dasein aufgab. Porphyrius berichtet, Plotin habe in seinen letzten Lebensjahren derart gestunken, dass es große Überwindung gekostet habe, sich in seiner Nähe aufzuhalten. Von Krankheit geschwächt und von seinen Schülern gemieden, starb Plotin einsam auf seinem Landgut in Kampanien.

Lehre

Plotin zählt neben Platon und Aristoteles zu den bedeutendsten Denkern der antiken Philosophie. Obwohl er selbst lediglich als Interpret der Philosophie seines großen Vorbildes Platon gelten wollte, finden sich in seinem Denken durchaus zahlreiche neue Ansätze, die über die bloße Auslegung der platonischen Lehre hinausreichen.

Dreh- und Angelpunkt aller Spekulation ist die Frage nach dem Grund und Urgrund allen Seins. Plotins Denken geht im wahrsten Wortsinn aufs Ganze, und zwar aufs Ganze dessen, was überhaupt ist und gedacht werden kann. Seine Philosophie erweist sich als lupenreine Metaphysik, indem sie hinter der unendlichen Vielheit aller Dinge eine den Sinnen verborgene Dimension wähnt, die allein die Kompetenz besitzt, alles Seiende mit dem Sein zu versorgen.

Aristoteles hatte als den Urgrund allen Seins den unbewegten Beweger ausgemacht, der im reinen Denken nur sich selbst denkt. Plotin glaubt allerdings nicht, dass mit diesem unbewegten Beweger die Frage nach dem Urgrund allen Seins geklärt wäre. Denn auch in Bezug auf das reine Denken als unbewegter Beweger bleibt die Frage akut, woher denn das reine Denken sein Sein hat. Oder anders gefragt, selbst wenn Denken und Sein als identisch gesetzt werden, woher kommt dann das Sein des Seins? Um diesem prinzipiell unendlichen Fragen ein Ende zu setzen, verlegt Plotin die Ursache allen Seins auf eine Ebene, die selbst keine Dimension des Seins mehr ist. Diese Dimension bezeichnet Plotin als das Eine (*to hen*). Als was soll aber dieses Eine verstanden werden, wenn es selbst nicht mehr im Bereich des Seins angesiedelt ist? Rein logisch müsste es ja dann das reine Nichts sein. An diesem Punkt verlässt Plotin die Gefilde der reinen Logik und nennt das Eine das Überseiende. Es ist das, wodurch alles Seiende sein Sein hat, übertrifft selbst allerdings alles Seiende und muss so als über allem Sein stehend betrachtet werden.

Plotin ist sich durchaus der Schwierigkeit bewusst, dieses Überseiende oder Eine irgendwie zu definieren. Denn im Grunde genommen verbietet sich jede Bezeichnung des Einen, weil es ja dann nicht mehr das Eine wäre, sondern das Eine plus der Bezeichnung dessen, was es sein soll. Das Eine plus Bezeichnung ist aber nicht mehr das Eine, sondern eine Zweiheit, was dem Gedanken der Einheit des Einen widerspricht. Eigentlich, so Plotin, müssten wir von diesem Einen schweigen, und so verlegt er die Erkenntnis des Einen in den Bereich der schweigenden Schau. In Augenblicken äußerster Konzentration gerät der Mensch in einen Zustand der Ekstase, in dem er eins wird mit dem Urgrund aller Dinge. Alle Vielheit ist in diesen Zuständen in einer unverbrüchlichen Einheit aufgehoben, alles Werden und Vergehen kommt in der geheimnisvollen Punktualität des reinen Jetzt zum Erliegen, alle Zerrissenheit und Spaltung ist in der ungeteilten Einheit des Einen aufgehoben.

Der Mensch ist aufgefordert, auf diese ekstatischen Zustände hinzuarbeiten. Sie ereignen sich nicht zufällig, sondern sind das Resultat langer und mühevoller Denk- und Erkenntnisprozesse. Medium dieses Prozesses ist die Seele. Sie entscheidet, ob sie lieber den Niederungen des materiellen Seins verhaftet bleiben möchte oder ob sie bereit ist, den beschwerlichen, nur über das Denken zu gehenden Weg auf sich zu nehmen, um letzthin in ekstatischer Verzückung das Eine zu schauen. Erlösung von allem Leiden, sowohl körperlicher wie seelischer Art, ist nach Plotin nur in diesem Aufwärts der Seele vorstellbar.

Diagnose

Gerhards Seele hat sich in dem vielgestaltigen Wirrwarr des materiellen Seins verloren. Gerhard hat sich in eine große Ferne von der seinsspendenden Quelle manövriert. Er führt ein schattenhaftes Leben, in dem alles ungewiss ist. Je tiefer er der Vielheit der Dinge verfällt, desto tiefer gerät seine Seele in eine qualvolle Zersplitterung. Ausdruck dieser Zersplitterung ist der allumgreifende Zweifel. Alles verliert seine Wertigkeit, nichts bleibt gültig, nichts hat Bestand, nichts einen Sinn. Der Zweifel regiert sein Leben und führt ihn in die Verzweiflung. Versuche, über irgendetwas Gewissheit zu erlangen, sind gescheitert, weil Gerhard niemals die Ebene des bloß materiellen Seins überschritten hat. Er kann nicht erkennen, dass sein Leiden wesentlich von dem Verhaftetsein in der Vielheit der Dinge und Meinungen herrührt. Er versucht Antworten auf einer Ebene zu finden, auf der die Probleme erst entstehen. Auf dieser Ebene findet sich die Ursache allen Leidens, nicht aber der Zugang zu dessen Heilung. Auch scheint ihm eine Differenzierung zwischen geistiger und materieller Existenz völlig unbekannt zu sein. Zwar spürt er den Impuls zu einer höheren Form des Seins, wie in der Frage nach dem Sinn seines Lebens und in der Suche nach einer höheren Orientierung deutlich wird, ist aber nicht bereit, die eingefahrenen Bahnen seiner materiell orientierten, geistfremden Existenz zu verlassen. Er führt gleichsam ein Leben ausschließlich in der Horizontalen, dem jede vertikale Tiefen- und Höhendimension mangelt. Eine flächige Existenz in gleichförmiger Linearität, die letztlich nur zum Überdruss führen kann. Eine Welt, in der bloß das Quantum wächst, nicht aber die Qualität. Da qualitative Veränderungen ausbleiben, wächst das Quantum ungebremst und nimmt so zerstörerische Dimensionen an: wachsende Schulden, Zeit als unüberwindbarer Berg, Betäubung des Hungers nach Sinn durch immer mehr essen. Der Zwang zum Immer-Mehr löst keine Probleme, sondern schafft sie allererst. Bloße Vielheit erfüllt das Leben nicht, sondern macht es immer ärmer.

Besonders tragisch erweist sich dies Immer-Mehr in Bezug auf seine Unfähigkeit, sich seiner »Seelenverwandten« zu öffnen. Hier wächst nur die Verheimlichung. Gerhards Bemühen um diese Verbindung kreist im Wesentlichen nur darum, was er tun muss, damit sie unentdeckt bleibt. Wie viel an Gefühlen darf ich investieren, wie viel an Gedanken äußern, dass ich kein Risiko eingehe. Mit dieser quantifizierenden Verdinglichung von Gefühlen und Gedanken raubt Gerhard ihnen jede Tiefe und vereitelt die Möglichkeit, eine Beziehung aufzubauen, die dem Anspruch einer »Seelenverwandtschaft« gerecht wird. Zugleich verhindert er damit die Entdeckung dessen, warum er sich denn überhaupt zu einer verwandten Seele hingezogen fühlt. In der bloßen Risikoabwägung profanisiert Gerhard den Zauber, der einer solchen Bindung innewohnen kann.

Therapie

Auf den Punkt kommen! Therapie im plotinschen Sinne bedeutet Vergänzlichung. In einem ersten Schritt sollte Gerhard bewusst werden, was der eigentliche Gegenstand seiner Sehnsucht ist. Dazu sollte die Beziehung zu seiner Arbeitskollegin, der er sich seelenverwandt fühlt, intensiver besprochen werden: »Gerhard, offensichtlich haben Sie die Verbindung zu Ihrer Kollegin sehr stark abgeschottet. Wenn Sie daraus ein derartiges Geheimnis machen, so ist sie für Sie doch offenbar sehr wichtig und schützenswert. Was ist das, was Ihnen so wichtig und wertvoll ist? Gewiss doch, dass Sie einen Menschen gefunden haben, dem Sie sich seelenverwandt fühlen. Die Seelenverwandtschaft ist es also, die diesen Menschen für Sie in besonderer Weise auszeichnet. Ihre Seele sehnt sich also nach etwas, was ihr gleicht. Warum aber besteht eine solche Sehnsucht? Doch offenbar deswegen, weil Ihre Seele nicht allein bleiben möchte, weil sie sich nach einer Vervollständigung sehnt. Ihre Seele strebt nach Höherem, nach etwas, was Sie in den Niederungen Ihres Daseins nicht finden können und von dem Sie sich erhoffen, es möge Ihrer Seele einen Schwung verleihen, der

Ihrem verfahrenen Leben zum Umschwung verhilft.« Wenn es Gerhard gelingt zu erkennen, dass es sich bei dem Ziel seiner Sehnsucht um diesen Umschwung handelt, kann dies zum Ausgangspunkt genommen und dargelegt werden, dass der erhoffte Umschwung genau das ist, was der Seele in ihrem ewigen Auf und Ab zwischen geistiger und leiblicher Welt immer schon innewohnt, da sie ein Mittleres ist, das gleichermaßen an beiden Welten teilhat.

Heilung kann nur gelingen, wenn die Seele ihre aufsplitternde Talfahrt in die Welt des materiellen Seins stoppt. Der erste Schritt dahin ist eine prinzipielle Entscheidung: Entweder weiter in sinnferner Vielheit leben oder umkehren in die Regionen des höheren Seins, der Ganzheit. Jeder ist zu einer solchen Entscheidung fähig, da keine Seele so weit absteigen kann, dass sie den Kontakt zu der Welt des Geistes völlig verliert. Entscheidet sich Gerhard für den Weg der Umkehr, beginnt der Prozess einer stufenweisen Rückführung der Seele, dessen Ziel die kontemplative Schau des Einen ist. In diesem Prozess wird er sich mehr und mehr seiner Freiheit bewusst werden, die ihm bisher nicht klar gewesen ist. Denn Aufstieg der Seele bedeutet wesentlich, Zug um Zug aus den nötigenden Kausalketten der sinnlichen Welt auszusteigen, um eigene und selbstbestimmte Lebensgründe neu zu setzen. Die Erkenntnis der eigenen Freiheit verleiht der Seele den nötigen Aufwind, um sich den Regionen reiner Selbstbestimmung, der Autarkie, zu nähern. In der Rückführung emanzipiert sich die Seele Schritt für Schritt von den Fremdbestimmungen hin zu einer freien Bestimmung ihrer selbst. Autarkie ist das Ergebnis eines Prozesses, an dessen Ende das Selbst hinreichend mächtig ist, sich selbst zu genügen. Dieses Genug ist die Antwort auf das Immer-Mehr. Sie bringt auf den Punkt, was auf der Ebene der äußeren Zwänge aus dem Blick geraten ist. Erst im Status des Sichgenügens gelingt es Gerhard, selbstständig und unabhängig zu sein. Er muss keine Anleihen mehr bei etwas anderem machen. Autarkie stiftet so Einheit und Identität.

Auf dieser Stufe des Selbstseins kann es Gerhard gelingen, das Eine zu schauen und damit die Bruchstücke seiner aufgesplitterten Seele in ihrer Gänze zu betrachten. Diese vergänzlichende Schau fügt das Zerbrochene wieder zusammen. In diesem Moment wird die Monotonie des sinnfernen Lebensvollzuges durchbrochen. Auf den Punkt kommen heißt, diesen Richtungswechsel zu vollziehen, um eine fundamental neue Daseinsdimension zu erschließen, die das Sein aus den bindenden Bezügen in die undifferenzierte Ganzheit des Überseienden führt. Wer momenthaft in solch einer ekstatischen Schau aufgegangen ist, für den ist alles Leiden, an die materielle Welt dennoch gebunden zu sein, ohne Mühe zu ertragen.

Aurelius Augustinus
Der Zweifel ist gewiss

Suche nicht draußen! Kehre in dich selbst zurück!
Im Innern des Menschen wohnt die Wahrheit.[7]

Leben

In Souk-Ahras, dem antiken Thagaste in Nordafrika, kam Aurelius Augustinus (354–430) als Sohn eines heidnischen Vaters und einer christlichen Mutter zur Welt. Es war eine Zeit gewaltiger Umbrüche: Das Imperium Romanum lag in seinen letzten Zügen, der Epochenwechsel von der Antike zum Mittelalter stand unmittelbar bevor. Das noch junge Christentum musste sich gegen sektiererische Angriffe auch aus den eigenen Reihen zur Wehr setzen, während die großen Metropolen des Reiches wahre Schmelztiegel konkurrierender philosophischer und religiöser Vorstellungen waren. Eine ernste Gefahr erwuchs dem Christentum durch den Manichäismus, eine auf den persischen Religionsstifter Mani zurückgehende orientalische Religion, die einen extremen Dualismus von Licht und Finsternis verkündete. In Zeiten radikaler Umbrüche suchen die Menschen nach klarer Orientierung und so nimmt es wenig wunder, dass der Manichäismus in seiner deutlichen Bezeichnung dessen, was gut und was böse ist, innerhalb kürzester Zeit eine massenhafte Gefolgschaft zu rekrutieren wusste. Auch Augustinus, der mit 16 Jahren nach Karthago kam, um Rhetorik zu studieren, geriet in den Bann dieser Religion und zählte über Jahre zu ihren Anhängern.

Mehr noch als aller religiösen Sogkraft erlag Augustinus allerdings den mannigfachen Verführungen der Hafenmetropole Karthago, in deren Bordellen er sich bald besser auskannte als in den Hörsälen der Universität. Sehr zum Verdruss seiner sittenstrengen frommen Mutter Monnica kostete er das Leben in all seinen Niederungen leidenschaftlich aus. Wenn später in seinen Werken viel von der Sünde und dem Bösen die Rede ist, merkt man sogleich, dass dahinter ein Wissen steht, das nicht in abstrakten Spekulationen erworben wurde, sondern Frucht jahrelanger hautnaher Lebenserfahrung ist. Von Karthago zog es Augustinus mit seiner Geliebten und dem gemeinsamen Sohn nach Rom, wo es zu einer intellektuell eher enttäuschenden Begegnung mit dem manichäischen Bischof kam. Der Glaube an die Worte und Prophetien des persischen Religionsstifters Mani zeigte die ersten Risse. Augustinus wurde an die Universität von Mailand auf den Lehrstuhl für Rhetorik berufen und begegnete dem Mailänder Bischof Ambrosius, der einen entscheidenden Einfluss auf seine weitere Entwicklung hatte. Augustinus wandte sich mehr und mehr vom Manichäismus ab, studierte die Bibel und die Neuplatoniker, vor allem Plotin. Er trennte sich von seiner Geliebten, der Sohn blieb bei ihm. Nach schweren inneren Kämpfen und nach einer Art Erweckungserlebnis konvertierte Augustinus – sehr zur Freude seiner frommen Mutter – schließlich zum katholischen Glauben und ließ sich Ostern 387 taufen. Der Geläuterte kehrte über Ostia in seine Heimatstadt Thagaste zurück, um dort ein Leben in frommer Kontemplation zu führen.

Mit der kontemplativen Ruhe war es jedoch bald schon vorbei, als er ins nahe Hippo ging, um dort ein Kloster zu gründen, übrigens das erste auf afrikanischem Boden. Auf Drängen der dortigen Gemeinde wurde Augustinus zum Priester und schließlich zum Bischof geweiht. Fortan musste er sich mit Rechtsfragen auseinandersetzen, die Verwaltung seines Episkopats organisieren und regelmäßig predigen. Dennoch blieb ihm genug Zeit, um weitere bedeutende Schriften zu verfassen. Augustinus starb 76-jährig als Bischof von Hippo. Er war nicht nur wegen seines gewaltigen literarischen Werkes, sondern auch und gerade wegen seines von glaubhaften inneren und äußeren Kämpfen gezeichneten Lebenswandels einer der bedeutendsten Philosophen und Theologen der abendländischen Welt. Seine Wirkung ist bis heute nicht erloschen, zahlreiche Theologen berufen sich auf ihn; als deren prominentester Vertreter dürfte

Papst Benedikt XVI. gelten, der sich ausdrücklich als Augustineaner bezeichnet.

Lehre

Wahrheit, Glück, Zeit und Wille sind die zentralen Begriffe, die die Philosophie des großen Kirchenvaters am deutlichsten charakterisieren.

Gibt es Wahrheit, und wenn ja, was ist Wahrheit? Diese beiden Fragen und deren Beantwortung sind der Schlüssel zum Verständnis der gesamten augustinischen Philosophie. Gibt es Wahrheit? Für Augustinus steht fest: Ja, es gibt Wahrheit. Und er weiß auch, wo sie zu finden ist, nämlich »im Innern des Menschen«. Damit setzt Augustinus beim Menschen selbst und dessen Bewusstseinsgegebenheiten an. Was ist unter einer solchen Gegebenheit des Bewusstseins zu verstehen? Nun, zum Beispiel, dass das Bewusstsein darüber im Zweifel sein kann, ob es überhaupt so etwas wie Wahrheit gibt. Jeder wird im Zuge seines Nachdenkens und Fragens, an dem Punkt, wo eindeutige Antworten ausbleiben, dem Zweifel begegnen. Er kann so weit reichen, alles infrage zu stellen und keiner Antwort mehr zu trauen, die eine verbindliche Aussage über Mensch und Welt zu treffen versucht. Diesen umfassenden Skeptizismus hat Augustinus am eigenen Leib erfahren und daraus den Schluss gezogen, dass durchaus alles bezweifelt werden könne, eines jedoch gewiss sei, nämlich der Zweifel selbst. Ihn müssen wir als eine sichere Bewusstseinsgegebenheit anerkennen. Augustinus' genialer Schachzug besteht gerade darin, das Ungewisse und Unstete selbst zum Ausgangspunkt der festen Gewissheit zu machen.

Damit ist für Augustinus auch die Frage, ob es Wahrheit gibt, geklärt. Es gibt etwas im Inneren des Menschen, was nicht mehr bezweifelt werden kann, also gibt es Wahrheit. Neben dieser Wahrheit des Zweifels konstatiert Augustinus eine weitere maßgebliche Gewissheit: Es sei unbestreitbar, dass ohne Ausnahme jeder Mensch danach strebe, glücklich zu sein. Dieses Glücksstreben ist für Augustinus eine ebenso feststehende Gewissheit wie der Zweifel.

Was aber ist Wahrheit? Wahrheit, so setzt Augustinus voraus, muss ewig und notwendig sein. Damit schließt er die sinnliche Wahrnehmung als Quelle der Wahrheit aus. Denn es ist völlig ungewiss, ob dieser oder jener mit den Sinnen wahrgenommene Gegenstand sich auch in Zukunft so verhält, wie er sich meinen Sinnen jetzt darbietet. Anders steht es mit abstrakten Sachverhalten: Dass $1 + 1 = 2$ ist, leuchtet jedem, der bei Verstand ist, unmittelbar ein. Dieser Satz gilt unabhängig von der sinnlichen Wahrnehmung, er war zu Zeiten des Augustinus wahr und ist heute wie auch in Zukunft wahr. Wie schon Platon vor ihm, kommt auch Augustinus über die Mathematik zu seinem Begriff von Wahrheit. Allerdings geht Augustinus davon aus, dass es nicht dem Verstand selbst zu verdanken ist, was er als Wahres festhält. Einfaches Beispiel: Damit $1 + 1 = 2$ gilt, muss die Eins mit sich selbst identisch sein. In der Welt der sinnlichen Wahrnehmung findet sich allerdings nichts, was mit sich selbst identisch wäre. Wie kommen wir also zu dem Begriff der Identität und überhaupt zu dem Begriff der Eins und der Einheit, während sich uns doch alles in Vielheit, Veränderung und Widerspruch präsentiert? Augustinus meint, die Seele enthalte in sich selbst Regeln und Ideen, wie zum Beispiel die Idee der Identität. Darum fordert er, dass der Mensch in seinem Inneren nach der Wahrheit suchen solle. Im Letzten ist alle Wahrheitserkenntnis jedoch nur kraft göttlicher Einstrahlung möglich. Sie erleuchtet den menschlichen Geist, sodass er die ewigen und notwendigen Wahrheiten erkennen kann. Die höchste Wahrheit allerdings, nämlich Gott selbst, kann der menschliche Verstand nicht erfassen. In seiner Endlichkeit muss er vor der unendlichen Allmacht Gottes versagen.

Augustinus' Auffassung vom Glück ist eng mit dem Wahrheitsbegriff verbunden: Dass alle Menschen nach dem Glück streben, ist eine unbestreitbare Wahrheit, aber die Bestimmung dessen, was Glück ist, kommt der Wahrheitsdefinition sehr nahe. Glück ist die völlige Wunscherfüllung im Handeln, das heißt, kein Mensch kann glücklich sein, wenn ihm das Begehrte versagt bleibt. Ob dabei das Begehrte tatsächlich zum Glück führt, dies zu prüfen obliegt der Philosophie. So ist bei Augustinus Grund allen Philosophierens letztlich das Streben nach Glück. Dieses Streben kann allerdings nur befriedigt werden, wenn bestimmte Merkmale des Glücks realisiert worden sind: Glück muss ohne Unterbrechung endlos währen, es darf für den Suchenden nicht prinzipiell unzugänglich sein, hat er es gefunden, muss es unübertrefflich sein, also wunschlos glücklich machen, das Glück muss ferner unerschöpflich sein und darf in seiner Wirkung nicht abnehmen. Dieses vollkommene Glück ist prinzipiell mit der vollkommenen Wahrheit identisch. Wie bei der Erkenntnis der Wahrheit so sind wir auch bei der Realisierung des Glücks letztlich auf die Gnade Gottes angewiesen.

Wie steht es unter dem Aspekt der göttlichen Allmacht mit der Willensfreiheit des Menschen? Kann der Mensch von sich aus etwas wollen, was Gott als dem höchsten Gut widerspricht? Augustinus bejaht diese Frage entschieden, denn sonst wäre nicht zu erklären, wie überhaupt das Böse in die Welt kommt. Der Mensch entscheidet sich spontan und aus eigenen Stücken entweder für das Gute oder das Böse. Der Wille ist dabei das Vermögen, eine Wahl zwischen diesen beiden Grundalternativen zu treffen. Augustinus versteht den Willen als völlig unabhängig. Das heißt: Der Wille wird von keiner höheren Instanz verursacht, er ist letztursächlich. So ist die Frage, woher das Böse überhaupt komme, geklärt. Der Mensch selbst, indem er sich für das Böse trotz klarer Einsicht in das Gute entscheidet, trägt es in die Welt. Später modifiziert Augustinus seine Willenslehre dahingehend, dass mit der Verbotsübertretung Adams und Evas im Paradies eine Spaltung des Willens eingetreten sei und es der Gnade Gottes bedürfe, diese Spaltung wieder aufzuheben. Aufgrund dieser Zerrissenheit unterliege der Mensch einer fundamentalen und unaufhebbaren »Krankheit des Geistes« (*aegritudo animae*)[8].

Was ist Zeit? Im 11. Buch seiner ›Bekenntnisse‹ kommt Augustinus zu dem Schluss, dass außerhalb unseres Bewusstseins Zeit nicht existiert. Zeit wird als ein Prozess der menschlichen Psyche verstanden. Vergangenheit, Gegenwart und Zukunft sind allein im Bewusstsein gegenwärtig. Da die Vergangenheit nicht mehr und die Zukunft noch nicht ist, kann man nur in der Gegenwart Vergangenes erinnern und sich Zukünftiges vorstellen. Da also beide Zeitstufen aufgrund ihres Nicht-Mehr- und Noch-Nicht-Seins nichtig sind, verbleibt nur die Gegenwart als mögliche Seinsoption der Zeit. Aber auch der Gegenwart lässt Augustinus keine Chance. Da sie jeden Augenblick ins Nichts der Vergangenheit kippt oder ins Nichts der Zukunft übergeht, löst sie sich ins Nichts auf und ist so selbst ein Nichts. Wenn aber alle drei Zeitstufen nichtig sind, ist es auch die Zeit selbst. Sie existiert lediglich in unserem Bewusstsein, außerhalb dessen gibt es keine Zeit.

Diagnose

Gerhards Zerrissenheit würde Augustinus als eine »Krankheit des Geistes« bezeichnen. Gerhard will einerseits glücklich sein, tut andererseits jedoch alles, um dieses Glück zu vermeiden. Das wird an seiner völlig verfehlten Zeitauffassung deutlich. Die noch vor ihm liegende Zeit erscheint ihm wie ein gewaltiger Berg. Dessen Größe macht ihn klein, so klein, dass kaum etwas von ihm übrig bleibt, was überhaupt noch definiert werden könnte. Je kleiner und ohnmächtiger er sich empfindet, umso größer erscheint ihm dieser Berg: Er ist nichts, die Zeit alles. Damit hat er einer Dimension Sein zugesprochen, der laut Augustinus unter keinen Umständen ein unabhängiges Sein zukommt. Gerhards täglicher Kampf ist ein Kampf gegen dieses Nichts. Die Frage, was er mit seiner Zeit anfangen soll, kann er nicht beantworten. Zurück bleibt ein Zustand der völligen Ratlosigkeit. Das Nichts kann nicht orientieren. In der sinnlosen Suche nach einer Antwort verschwendet er seine Kräfte, die ihm daher fehlen, seinem Leben Spannung und Schwung zu verleihen. Sein Kampf gilt allerdings nicht nur der noch bevorstehenden Zeit, sondern auch der Zeit, die bereits hinter ihm liegt. Auch mit ihr steht er auf Kriegsfuß. Kurz: Gerhard hat zwar Freizeit, aber niemals zeitfrei. Unter der selbst aufgerichteten Diktatur der Zeit hat er sich jeder Freiheit beraubt. Die Zeit bestimmt sein Leben und vereitelt jede Möglichkeit einer konstruktiven Selbstbestimmung. In dem Versuch, die Zeit totzuschlagen, verkehren sich die Verhältnisse: Nicht er schlägt die Zeit tot, sondern die Zeit überwältigt ihn.

So wie Gerhard mit der Zeit umgeht, so geht er auch mit sich selbst um. Er ist sich selbst gegenüber rein äußerlich, indem er sich gleichsam an die Zeit abgegeben und veräußerlicht hat. Sein Leben zeichnet eine stupide Kreislinie. Mit jeder Umrundung gerät er weiter aus seiner Gegenwart heraus und lässt gleichzeitig den umkreisten Zukunftsberg wachsen. Dabei bleibt ihm nur, abwechselnd in die Tiefe (Vergangenheit) oder in die Höhe (Zukunft) zu blicken und von beiden ist er gleichermaßen überfordert. Dabei hat Gerhard recht, wenn er sich auch als Opfer seiner Vergangenheit (traumatischer Fahrradunfall mit 14 Jahren; Kinder, die er nicht wollte) empfindet, freilich nicht in dem Sinne, wie er meint. Denn Opfer ist er lediglich aufgrund seines eigenen verstellenden Umgangs mit der Zeit: Flucht in die Zeit als Flucht vor sich selbst. In der strikten Vermeidung, sich selbst zu begegnen, verhindert er konsequent jede Kontaktaufnahme mit seinem Innersten. »Im Inneren des Menschen wohnt die Wahrheit«, sagt Augustinus. Wer diesen Ort nie betreten hat, dem muss alles im Leben zweifelhaft sein. Die stets vermiedene Selbstbegegnung ist so die eigentliche Ursache für die ausbleibende Gewissheit. Gerhards Sehnsucht nach Sinn und Gewissheit kann daher keine Erfüllung finden. Selbstvermeidung erzeugt Selbstentfremdung. Sich selbst ein Fremder geistert Gerhard durch eine ihm fremde und darum feindliche Welt, in der er sich in den Abgründen der Vergangenheit und an die monströsen Gipfel der Zukunft verliert.

Therapie

Überspringe die Zeit! Gerhard beklagt zwar, dass ihm alles zweifelhaft geworden ist, dabei ist er sich selbst allerdings bislang niemals zur Frage geworden. Das therapeutische Bemühen muss darauf ausgerichtet sein, die Strebetendenz umzukehren. Tendenz ist hier im wörtlichen Sinne zu nehmen und zwar als die Spannung, die dem Leben Richtung und Gewicht verleiht. Spannt sich die Existenz lediglich nach außen aus, erfolgt alsbald Erschlaffung und Überdruss, was nur in einer völligen Konversion der Bewegungsrichtung der gesamten Existenz überwunden werden kann. Erst in der Rückwendung auf sich selbst hin kann sich der Spannungsbogen des Lebens wieder straffen. Es hängt alles davon ab, inwiefern es gelingt, Gerhard auf sich selbst hin zu verorten mit dem Ziel, die eigene Existenz erst einmal fundamental infrage zu stellen.

Dieses Sich-Infrage-Stellen betrifft wesentlich den Bereich des Willens. Wie jeder Mensch, so will auch Gerhard letzthin nichts anderes als glücklich sein. Im Gespräch muss deutlich werden, warum seinem Willen zum Glück die Erfüllung bislang versagt blieb. Dabei wird die Verbindung von Wahrheit und Glück herausgestellt und gezeigt, dass es Glück ohne Wahrheit nicht geben kann. Zielt der Wille lediglich auf das Glück, ohne der Wahrheit teilhaftig zu sein, muss der Wille scheitern.

Wahrheit ist eine Instanz, die sich nur im Inneren des Menschen findet. Dieser Satz muss anschaulich bewiesen werden. Dabei rückt der Zweifel als Gegebenheit des eigenen Bewusstseins in den Blick. Wenn Gerhard auch alles zweifelhaft erscheint, so kann er bei der Rückwendung auf sich selbst der Erkenntnis nicht ausweichen, dass der Zweifel als solcher unzweifelhaft gegeben ist. Daraus ergibt sich für Gerhard die Möglichkeit zu verstehen, dass es niemand anders als er selbst ist, der zweifelt. Die Existenz des Zweifels verweist auf seine eigene Existenz, und zwar so, dass er jetzt um seine Existenz als notwendige Bedingung des Zweifels ebenso sicher weiß wie um den Zweifel als Gegebenheit seines Bewusstseins. Damit wäre ein wichtiges Etappenziel erreicht: Gerhard hat eindrücklich erfahren, dass es gerade die Umkehrung der Streberichtung war, die ihn zur Gewissheit seiner eigenen Existenz geführt hat. Diese Erkenntnis ist ein erster heilsamer Schritt aus Gerhards zweifelnder Isolation. Die Fluchtbewegung in die nichtigen Peripherien seiner Existenz ist damit gestoppt und der Weg in das Zentrum seines eigenen Seins geebnet, dem er in seiner neu gewonnenen Gewissheit nicht länger als ein Fremder gegenübersteht.

In der Rückbesinnung auf die eigene Existenz und deren Wahrheitskompetenz liegt auch der Schlüssel zur Überwindung von Gerhards Zeitproblem. Denn er wird nun feststellen, dass weder der Vergangenheit noch der Zukunft wahres Sein zukommen kann. Diese Einsicht erleichtert die Lösung der selbst angelegten Fesseln der Zeit und stärkt das Bedürfnis, sie zu überspringen. Er wird allerdings feststellen, dass er diesen Sprung aus sich heraus nicht vollbringen kann. In der Suche nach dem Überzeitlichen als dem wahrhaft Seienden wird er Gott als den ersehnten höheren Sinn seines Lebens entdecken, mit dessen Hilfe sich die Seele beruhigt in das Gegenwärtige fügen kann.

Meister Eckhart
Sein lassen

> *Wer das Leben fragte tausend Jahre lang:*
> *»Warum lebst du?« Könnte es antworten,*
> *es sagte nichts anderes als: »Ich lebe darum,*
> *dass ich lebe.«*[9]

Leben

»Fürwahr, mit Schmerz tun wir kund, dass in dieser Zeit einer aus deutschen Landen, Eckehart mit Namen, … mehr wissen wollte als nötig war, und nicht entsprechend der Besonnenheit und nach Richtschnur des Glaubens, weil er sein Ohr von der Wahrheit abkehrte und sich Erdichtungen zuwandte. Verführt nämlich durch jenen Vater der Lüge, … hat dieser irregeleitete Mensch, gegen die hell leuchtende Wahrheit des Glaubens auf dem Acker der Kirche Dornen und Unkraut hervorbringend und emsig beflissen, schädliche Disteln und giftige Dornsträucher zu erzeugen, zahlreiche Lehrsätze vorgetragen, die den wahren Glauben in vieler Herzen vernebeln …«.[10]

Meister Eckhart, der Ketzer. Mit dieser Verdammungsbulle ist es amtlich. Der berühmte und hoch geschätzte Doktor und Professor der Theologie wird von der Heiligen Inquisition als Häretiker gebrandmarkt. Eckhart selbst ließ nichts unversucht, die drohende Verurteilung abzuwenden und widerrief öffentlich bereits im Vorfeld alles, was irgendwie Anlass zu Missverständnissen geben konnte. Überzeugt von seiner Rechtgläubigkeit begab sich der bereits Siebenundsechzigjährige auf die äußerst strapaziöse Reise von Köln nach Avignon, um sich vor den päpstlichen Behörden zu verteidigen. Eckhart kehrte von dieser Reise nicht mehr zurück. Ob er je in Avignon, dem damaligen Sitz der Päpste, angekommen ist, wissen wir nicht. Im Jahr 1328 verliert sich seine Spur im Dunkel der Geschichte.

Ebenso wenig wie wir sichere Kunde vom Ende des Meisters haben, können wir auf gesicherte Erkenntnisse seiner

Herkunft zurückgreifen. Wahrscheinlich wurde er um 1260 als Spross eines adligen thüringischen Rittergeschlechts in Hochheim bei Gotha geboren. Früh trat er ins Dominikanerkloster in Erfurt ein. Im Alter von siebzehn Jahren zog er zum philosophischen Grundstudium für drei Jahre nach Paris, dessen Universität damals das geistige Zentrum des Abendlandes war. 1280 finden wir ihn in Köln als Studenten der Theologie an der Universität. Bei zwei weiteren Paris-Aufenthalten erwarb Eckhart den akademischen Grad des Bakkalaureus und promovierte zum Magister der Theologie. Mit diesem Magistertitel wurde aus dem einfachen Dominikanerbruder der Meister Eckhart.

Seine weitere Karriere verlief ohne Brüche. Innerhalb des Ordens betraute man ihn zunehmend mit gewichtigen Aufgaben. Als Prior des Erfurter Klosters und Vikar der Dominikaner in Thüringen wurde er zum Provinzial der neu geschaffenen Ordensprovinz Saxonia ernannt, die sich von Stralsund und Hamburg über die Niederlande und Westfalen bis in die Mark Brandenburg und Sachsen erstreckte. Das war für die damalige Zeit ein gewaltiges Gebiet, an ein beschauliches Klosterleben demzufolge für Eckhart nicht zu denken. Als Provinzial war er ständig unterwegs. Seine langen und zuweilen äußerst beschwerlichen Reisen führten ihn in die entlegensten Marktflecken der Ordensprovinz. Im Jahr 1307 erfolgte die Ernennung zum Generalvikar mit dem Auftrag, die böhmische Provinz zu reformieren. 1311 wurde der ämtergestresste Meister für zwei weitere Jahre an die Universität Paris entsandt. In dieser Zeit entstand sein lateinisches Hauptwerk ›Opus tripartitum‹. Zahlreiche deutsche Predigten, ›Das Buch der göttlichen Tröstung‹ sowie ›Vom edlen Menschen‹ schrieb Eckhart in der Zeit zwischen 1314 und 1322, während er vermutlich als Generalvikar in Straßburg die oberdeutschen Dominikanerinnenklöster betreute. Um 1324 finden wir Eckhart als Lector primarius an seiner früheren Ausbildungsstätte, dem Studium Generale in Köln.

Eckharts Leben ist in besonderer Weise durch seine Doppelrolle als philosophisch-theologisch geschulter Intellektueller einerseits und Prediger des einfachen Volkes andererseits geprägt. Allerdings hat er nie ein Hehl daraus gemacht, dass die Praxis des gesprochenen Wortes in der Predigt bei Weitem jeder akademischen Kraftmeierei vorzuziehen sei. Meister Eckharts Genie als enthusiastischer, rhetorisch begnadeter Prediger ließ innerhalb kürzester Zeit eine breite Fangemeinde entstehen. Insbesondere unter den Dominikanerinnen fanden seine wort- und bildgewaltigen Predigten begeisterte Aufnahme. Aber wie es so geht: Wo Erfolg sich einstellt, sind die Neider nicht weit. Vermutlich aus dem rivalisierenden Franziskanerorden, möglicherweise aber auch aus den eigenen Reihen erfolgte die Denunziation des Meisters beim Erzbischof von Köln, der das Inquisitionsverfahren gegen ihn eröffnete. 1329 unterzeichnete Papst Johannes XXII. in Avignon die Verdammungsbulle. Doch obwohl er fortan als Häretiker galt, wurden seine Schriften weiterhin gelesen und verbreitet.

Lehre

Was hat dieser »irregeleitete Mensch« gelehrt, dass sich die Herren in Köln und Avignon in ihrem »Kummer« nicht anders zu helfen wussten, als gegen einen der Ihren in solcher Schärfe vorzugehen?

»Alles, was Gott Vater seinem eingeborenen Sohne in der menschlichen Natur gegeben hat, das hat er alles auch mir gegeben: Hiervon nehme ich nichts aus, weder die Einigung noch die Heiligkeit, sondern er hat mir alles ebenso gegeben wie ihm.«[11] Das riecht gefährlich nach Pantheismus. Und tatsächlich lassen sich in Eckharts Schriften zumindest Tendenzen ausmachen, die den prinzipiellen Unterschied zwischen Gott und seiner Schöpfung aufheben. Es ist jedoch gerade diese Tendenz, die der Lehre des Meisters ihren besonderen Reiz verleiht, da sie sich erfrischend von der strengen Scholastik seiner Vorgänger abhebt. Dabei steht die Frage nach Gott und seiner Erkennbarkeit im Mittelpunkt sowohl der theoretischen Werke wie der Predigten.

Wenn Eckhart von Gott handelt, so unterscheidet er zwischen Gott einerseits und der Gottheit andererseits. Dieser Kunstgriff wird nötig, weil Eckhart meint, dass Gott derart jenseitig ist, und damit auch jenseits aller Bestimmungen, dass es unmöglich sei, ihm überhaupt irgendwelche Attribute zuzuschreiben. Das bedeutet in letzter Konsequenz, dass wir von einem solchen Gott nur schweigen könnten. Für einen Prediger aus Leidenschaft und innerer Berufung ein gravierendes Handicap. Um also dennoch von Gott sprechen zu können, wird ihm gleichsam eine Instanz übergeordnet, eben jene Gottheit oder »ungenaturte Natur« wie Eckhart auch sagt, aus der Gott entspringt. Die Gottheit entzieht sich allen Bestimmungen, selbst das Sein kann ihr nicht zugesprochen werden, Gott jedoch als deren erster Ausfluss kann mit Attributen belegt, somit in der Predigt vermittelt werden. Dieser Gott ist der dreieinige Gott des Christentums: Vater, Sohn und Heiliger Geist, wobei der Sohn für das Wort und der Heilige Geist für die Liebe steht.

Von Gott wendet sich Eckhart dem Menschen zu. Besondere Aufmerksamkeit gilt dabei der menschlichen Seele. Sie ist nach Eckhart eine ebenbildliche Schöpfung Gottes. Wenn aber die menschliche Seele ihrem Schöpfer gleicht, so muss sie auch wie Gott selbst von etwas übertroffen werden. Aber ebenso wie die Gottheit sich einer Definition entzieht, bleiben alle begrifflichen Zuweisungen letztlich ungeeignet, um dieses Innerste der Seele adäquat zu beschreiben. Dennoch versucht Eckhart in immer neuen Wortexperimenten das Unsagbare zu sagen. Besonders lieb wird ihm dabei die Wendung »Fünklein der Seele«. Was so verniedlichend und harmlos daherkommt, enthält in Wahrheit eine gewaltige Sprengkraft, die die Fundamente des kirchlichen Dogmengebäudes bedroht.

Was kann an dem »Licht des Geistes«, wie Eckhart dieses Innerste der Seele auch nennt, derart bedrohlich sein, dass Erzbischof und Papst alles daran setzen, dieses »Fünklein« in einer auch sprachlich geradezu boshaften Verdammungsbulle zu ersticken? Hören wir Eckhart selbst: »Als Gott alle Kreaturen erschuf, hätte da Gott vorher nicht etwas geboren, das ungeschaffen war, das aller Kreaturen Urbilder in sich trug – das ist der Funke, [...] dies Fünklein ist Gott so verwandt, dass es ein einiges Eines ist, unterschiedslos [...].«[12] »Vorher nicht etwas geboren, das ungeschaffen war« – dieser Gedanke ist der heikle Punkt. Mit der Ungeschaffenheit des Seelenfünkleins spricht Eckhart dem Menschen etwas zu, das nach damaliger kirchlicher Lehrmeinung allein Gott vorbehalten ist. Und wenn der Meister fortfährt und dieses »Fünklein« als »einiges Eines« und »unterschiedslos« beschreibt, so ist es eben auch nicht von Gott verschieden, sondern mit ihm einig und identisch. Das heißt zu Ende gedacht, dass der Mensch in seinem Innersten Gott selbst ist. Diese Gleichung ist es, die die Heilige Inquisition als »schädliche Disteln und giftige Dornsträucher« im Auge hat. Mit besonderer Bitterkeit dürften dabei die Inquisitoren die Auffassung Eckharts zur Kenntnis genommen haben, dass es im diesseitigen Möglichkeitsbereich des Menschen liegt, sich mit Gott zu vereinen und ihm gleich zu sein. Damit ist aller Vertröstung auf Erlösung im Jenseits die Basis entzogen. Erlösung findet immer jetzt statt!

Um allerdings dieser Erlösung teilhaftig zu werden, muss das im Menschen zugrunde gehen, was ihr im Wege steht. Für Eckhart geht es bei diesem Prozess um eine fundamentale Neugeburt des Menschen. Gelingen kann diese Neugeburt nur, wenn der Mensch eine Wesensgleichheit mit dem Seelenfunken erreicht. Da nun das »Fünklein« ein unterschiedsloses einiges Eines ist, muss der Mensch von allen Unterscheidungen lassen, indem er von der Ursache dessen lässt, was allererst zu den Unterscheidungen führt. Als Ursache aller Differenzierungen macht Eckhart den menschlichen Eigenwillen aus. Er sprengt die ursprüngliche unterschiedslose Einheit, indem er das eine erstrebt, während er das andere flieht. Aber erst die völlige Indifferenz des Willens ermöglicht die erkennende Einkehr des Menschen in seinen Seelengrund. Dort – und nur dort – ist er eins mit Gott. Diese Einheit nennt Eckhart die Gottesgeburt in der Seele. Sie ereignet sich nicht im willentlichen Streben, sondern sie ist eine immer jetzt existierende Voraussetzung des Menschseins überhaupt. Erlösung wird so erfahren als vergleichgültigendes Loslassen. In der so gewonnenen Gelassenheit wird der Mensch letztlich selbst Gott noch lassen müssen, in dem Sinne, dass er ihn nicht mehr willentlich als Objekt sucht. So gelassen lässt sich der Mensch auf Gott hin ein und gleicht damit alle Unterschiede aus. Zwischen Gott und Mensch gibt es keine Differenz mehr, sie sind jetzt eins, gleich und einig.

Diagnose

Gerhard sagt, dass er am liebsten alles hinschmeißen würde. Hinter diesem Wunsch steht die Einsicht, dass es mit seinem Leben so, wie es bislang läuft, nicht weitergehen kann. Gerhard schmeißt aber nichts hin, im Gegenteil, er rührt die ihn belastenden Umstände nicht einmal an. Er zieht sich von ihnen zurück in der Hoffnung, von ihnen nicht mehr berührt zu werden. Tatsächlich hat dieser Rückzug aber dafür gesorgt, dass er heute von den Umständen stärker beherrscht wird als je zuvor. Bloßer Rückzug aus Ratlosigkeit, Ohnmacht und Überforderung verstärkt die Widersprüche, um derentwillen der Rückzug stattgefunden hat. Je mehr sich Gerhard aus seinem Leben zurückzieht, desto leerer wird es und umso mehr wächst das Bedürfnis, dieses Leben irgendwie neu zu füllen. Auf der Suche danach ist er hin und her gerissen, was besonders deutlich wird in seinen Beziehungen zu Frauen. Einerseits besucht er Bordelle, andererseits pflegt er eine asexuelle, rein geistige Beziehung zu einer »seelenverwandten« Arbeitskollegin. Aus Angst vor Vorwürfen, Anklagen und Verurteilungen traut er sich nicht, sich seiner Frau zu offenbaren. Er hat sich von ihr zurückgezogen, aber damit nicht ihre vermeintliche Macht über ihn gebrochen, sondern seine eigene Ohnmacht verstärkt. Sein Rückzug verfestigt sich mehr und mehr zu einem Doppelleben, wobei der Wunsch, alles hinzuschmeißen, auf den Widerspruch zielt, den ein derartiges Doppelleben notwendig erzeugt. Auf der heimlichen Seite seines Lebens zeigt sich die Widersprüchlichkeit seiner Existenz mit voller Wucht. Hier die Hure (Bordell), dort die Heilige (»Seelenverwandte«), in einem tieferen Sinne mag das dasselbe sein, bei Gerhard ist es Ausdruck seiner generellen Gespaltenheit, die er nicht zu koordinieren und zu vermitteln weiß. Die Abspaltung von seinen sozialen Bezügen hat zu einer Zerrissenheit seiner Welt im Ganzen geführt, die ihn bis auf die heimliche Seite seines Lebens verfolgt.

Im öffentlichen Teil seines Lebens nimmt der Widerspruch in der Form einer Zwei-Welten-Lehre Gestalt an. Auf der einen Seite die Arbeitswelt, in der er als Naturwissenschaftler in der Lage ist, die »Lebensprozesse« wissenschaftlich zu verstehen, auf der anderen Seite die Sehnsucht nach einem höheren Sinn, der mithilfe der Naturwissenschaften nicht gefunden werden kann. Hier der höhere Sinn, dort der bloß rationale Nachvollzug eines Lebensprozesses, dessen Sinn in den Grenzen seiner wissenschaftlichen Tätigkeit nicht offenbar wird. Zwei voneinander abgeschottete Welten, die sich nicht berühren. Je mehr der Sinn in der einen Welt unentdeckt bleibt, desto mehr setzt Gerhard seine Hoffnung auf die andere Welt des »höheren Sinns«. Im Rückzug aus der einen Welt klammert er sich an die andere. So wachsen die Widersprüche, denen Gerhard durch seinen Rückzug aus dem Weg gehen wollte. Er hat versucht, sein Leiden an einem unerfüllten Dasein in der reinen Passivität zu tilgen, mit der Konsequenz, dass es im Grunde genau diese Leidvermeidung ist, die ihn gezwungen hat, sein Leben in noch größere Widersprüche aufzuspalten.

Gerhard ist von der irrigen Annahme geleitet, dass das Leiden aus der Welt zu schaffen sei, dass es ein Leben ohne Leiden geben könne. Das ist nicht der Fall. Leiden gehört zum Leben dazu. Auf die Existenz des Leidens hat Gerhard keinen Einfluss. Jede Bemühung um eine Überwindung oder gar Abschaffung des Leidens spaltet die Welt weiter und verstärkt so das Leiden.

Gerhard ist ein Gefangener seiner eigenen Widersprüche geworden. Aus diesem Gefängnis heraus entwirft und interpretiert er die Welt. Im eigenwilligen Urteil darüber, was zu meiden und was zu erstreben ist, zerfällt die Welt in eine instabile, fragile Vielheit, und das Leiden nimmt seinen Lauf. Eine so bewertete Welt wird wertlos.

Therapie

Sein lassen. »Leidest du um deiner selbst willen, in welcher Weise es immer sei, so tut dir dieses Leiden weh und ist dir schwer zu ertragen. Leidest du aber um Gott und um Gottes willen allein, so tut dir dieses Leiden nicht weh und ist dir auch nicht schwer, denn Gott trägt die Last.«[13]

Gerhard kann nur geholfen werden, sofern es gelingt, ihn von den Fesseln seiner Ichbindung zu befreien. Ziel dieser Befreiung ist die Unio mystica, das Einswerden mit Gott. Eins und einig zu sein mit Gott fordert die Überwindung des Trennenden. Es geht also um das Einüben von Trennungen. Wovon soll Gerhard sich lösen? Letztlich von allem! Da dies auf einmal nicht möglich ist, wird Meister Eckhart als Seelenführer mit kleinen Schritten beginnen. Zuerst muss er Gerhard verdeutlichen, warum es sinnvoll ist, seinen bisher eingeschlagenen Weg zu verlassen. Er muss zeigen, dass Gerhards Methode, seine Probleme zu meistern, diese erst entstehen lässt. Das heißt auch, einen Denk- und Einsichtsprozess in Gang zu setzen, der aus der lethargisch-eigenwilligen Selbstgerechtigkeit herausführt. In einem solchen Denkprozess steht nicht mehr die Lösung der individuellen Probleme und Aufhebung des ichbezogenen Leidens im Vordergrund, sondern Gegenstand der Überlegung wird jetzt die Frage, was Leiden überhaupt ist und was dessen eigentliche Ursache ausmacht. So zu denken ist ein erster Abstraktionsschritt aus der fesselnden Ausschließlichkeit des Selbstbezuges.

Gerhard kann mit diesem Schritt die Erfahrung machen, dass wann immer er Abstand zu sich selbst gewinnt, eine deutliche Besserung seines Befindens eintritt. Diese grundlegend neue

Erfahrung ist der Ausgangspunkt, von dem aus weitere Schritte in Richtung eines umfänglicheren Lassens und Lösens ausprobiert werden. Dabei wird sich eine zunehmende Vergleichgültigung vollziehen, das heißt, je mehr Gerhard in der Lage ist zu lassen, desto mehr wird er den Umgang mit sich und der Welt verändern, indem er nunmehr die so gelassenen Dinge in ihrer gleich-gültigen Wertigkeit erfahren kann.

Von sich selbst lassen zu können bedeutet letztlich, sich von dem Eigenwillen zu lösen, der die Welt in eine differenzierte Vielheit gespalten hat. Lösung vom Selbst vereinheitlicht in der Weise die Welt, dass der als so schmerzlich empfundene Widerspruch zwischen Ich und Welt aufgehoben wird. Die Grundhaltung ist jetzt die der Gelassenheit, in der alles in gleicher Weise zugelassen werden kann, auch und gerade das, was vormals als überfordernd, ungerecht, unverständlich und ablehnungswürdig erfahren wurde. Die Verschlossenheit im Ich ist damit durchbrochen. Durch das Ich-Opfer vollzieht sich die Trennung vom Ich und dessen Vorstellungen und Projektionen. Jetzt kann Gerhard begreifen, dass der »höhere Sinn« in seinem Leben nichts ist, was er erst noch entdecken oder finden müsste, sondern in der neu gewonnenen Gelassenheit erfährt er die Einheit des Daseins.

Trennung heißt Abschied nehmen von der Selbstbezogenheit und Erfahrung der Einheit von Innen und Außen, von aktiv und passiv, Geben und Nehmen, Tun und Lassen. So wird Hinwendung auf die Welt möglich, aus der Selbstliebe wird Nächstenliebe. Die Trennung führt Gerhard vom selbstverschlossenen Ich zu einer Identität, die er vorbehaltlos und ohne alle Zweifel bejahen kann. So in gelassener Einigkeit mit sich und der Welt hat er die Voraussetzungen geschaffen, ins Reich des lichten »Seelenfünkleins« einzutreten. Eins und einig mit sich und der Welt, erkennt er im Funken dieses Einsseins Gott als das ihm Gleiche. Die Transformation des Leidens in das Leiden Gottes hat stattgefunden. Gerhard hat jetzt nichts mehr zu tragen und zu ertragen, was Gott nicht trüge und ertrüge.

Das bedeutet jedoch keine Weltflucht, sondern im Gegenteil ein bejahendes Engagement in der Welt, denn Innen und Außen, aktiv und passiv sind erst in der vergleichgültigenden Gelassenheit gleichwertig und gleichmäßig aufeinander bezogen.

Gerhard ist in der Gegenwart seines Daseins angekommen, in der sich alles immer schon erfüllt und erfüllt hat. Sein lassen heißt das Sein lassen, *dass* es überhaupt sei, und so wird auch Gerhard auf die Frage, warum er lebe, jetzt antworten können: »*dass* ich lebe«.

TOBIAS

»Der Zug ist abgefahren. Ich bin 35. Was soll denn jetzt noch kommen?« Gebetsmühlenartig wiederholt Tobias Sitzung für Sitzung diese drei Sätze. Sie sind das zentrale Glaubensbekenntnis seines Lebens, und nichts scheint geeignet, deren vermeintlichen Wahrheitsgehalt zu erschüttern.

Tobias kam Mitte der siebziger Jahre als Sohn einer Kolumbianerin und eines Deutschen zur Welt. Sein Vater war als Arzt in der Entwicklungshilfe tätig. Kindergarten- und Grundschulzeit waren von ständigen Umzügen geprägt. Mit seinen beiden jüngeren Geschwistern hat er Kindergärten und Schulen in zehn verschiedenen Ländern Südamerikas und Südostasiens besucht. Er erzählt, es sei in dieser Zeit praktisch unmöglich gewesen, dauerhaftere Bindungen zu Gleichaltrigen aufzubauen.

Als Tobias gerade 12 Jahre alt geworden war, kehrte die Familie für einen Kurzaufenthalt nach Deutschland zurück. Der Vater entschied gegen den Willen der Mutter, Tobias auf ein deutsches Internat zu schicken. Für den Jungen brach eine Welt zusammen, als er erfuhr, dass er allein in Deutschland bleiben sollte, während der Rest der Familie nach Südamerika ziehen würde, wo der Vater einen Vierjahresvertrag abgeschlossen hatte.

Getrennt von seinen Eltern und Geschwistern erlebte Tobias die Jahre im Internat als die »Hölle« seines Lebens. Diebstähle und Schlägereien unter Mitschülern waren an der Tagesordnung. Nur wer hart gegen sich und andere gewesen sei, habe eine Chance gehabt, sich zu behaupten. Wer auch nur die geringste Schwäche zeigte, sei gnadenlos fertiggemacht worden.

Nach vier Jahren Auslandseinsatz kehrte die Familie endgültig nach Deutschland zurück. Tobias verließ das Internat und quälte sich auf einer staatlichen Schule zum Abitur, um wie sein Vater Medizin zu studieren. Nach etlichen erfolglosen Semestern brach er das Studium ab und verdiente seinen Lebensunterhalt als Aushilfskellner in einer

Studentenkneipe. Er fühlt sich als Versager, der den hohen Ansprüchen seines Vaters nicht gerecht werden konnte.

Wie seine berufliche Karriere, so verliefen auch seine Beziehungen zu Frauen äußerst glücklos. Dabei habe ihm seine letzte Partnerin allerdings einen »unüberbietbaren Gipfel an Grausamkeit« geboten, indem sie gegen seinen Willen ihr gemeinsames Kind abgetrieben habe. Zudem sei er von allen Frauen früher oder später immer betrogen worden. Auch seine jetzige Freundin sei schon »mit einem anderen Kerl in die Kiste gestiegen«. »Aber so sind die Weiber eben, so sind sie von Natur aus. Zur Treue sind sie unfähig, weil sie in ihrem Wesen verdorben sind.« Daher ist Tobias der Überzeugung, dass eine Trennung völlig sinnlos sei, weil es mit der nächsten Partnerin garantiert die gleichen Probleme geben würde. »Kennst du eine, kennst du alle«, lautet Satz vier seines selbstgestrickten Glaubensbekenntnisses.

Seine »fundamentale Einsicht« in das Wesen der Frau könne ihn aber nicht von seinen Rachephantasien befreien. Er habe sich schon oft vorgestellt, mit »ein paar Kumpels« dem Typen, mit dem seine Freundin ihn betrogen hat, einen »unvergesslichen Besuch« abzustatten. Allerdings habe er sich vorerst auf eine perfidere Form der Rache verlegt. Da seine Freundin in letzter Zeit des öfteren von gemeinsamen Kindern gesprochen habe, mache er ihr vor, dass dies auch sein Wunsch sei. Durch geschicktes Lavieren wolle er sie so lange hinhalten, bis ihre biologische Uhr abgelaufen sei, um ihr dann im geeigneten Augenblick seine ganze Verachtung entgegenzuschleudern. Zudem sei Sex mit ihr, seitdem er wisse, dass sie ihn betrogen habe, kaum noch möglich, da er die ganze Zeit daran denken müsse, wie der andere es ihr »besorgt«.

Früher habe er sich durchaus mal für Politik und Zeitgeschichte interessiert und die anspruchsvolleren Zeitungen studiert. Er sei allerdings zu der Erkenntnis gelangt, dass unter den Menschen nichts als Niedertracht und Habgier herrsche. Man könne täglich beobachten, wie die guten Sitten verfielen. Die Menschen hätten eben keinen Anstand, keine Ehre, kein Rückgrat mehr. Dies sei auch der Grund, warum man sich auf niemanden verlassen dürfe. »Lass nichts von einem andern machen, wenn du es nicht auch selbst machen kannst«, lautet

Satz fünf seiner »fundamentalen Einsichten«. Manchmal wünsche er sich, man möge ihm die Hälfte des Gehirns entfernen, die ihn zu diesen »wahrheitsgemäßen Einsichten« führt.

Heute interessiert Tobias sich für gar nichts mehr. Perspektiven, Ziele oder gar Hoffnungen habe er nicht, das Einzige, was sein Interesse noch nachhaltig fesseln könne, sei stunden- und oft tagelanges Abtauchen in die Welt martialischer Computerspiele. Als Nebeneffekt seiner Computerleidenschaft habe er letztens eine Stelle als Computerfachmann in einer großen Versandapotheke antreten können. Aber auch das ändere nichts an der Tatsache, dass das Leben sinnfrei sei. Es bleibe letztlich nur die Möglichkeit, sich wider besseres Wissen das Leben schönzureden oder es so zu »fressen«, wie es eben ist. Er habe beschlossen, »aufrecht durch die Wache zu gehen« und alles so zu »fressen«, wie es ist, auch wenn er daran ersticken müsse.

Nikolaus von Kues
Sein können

> *Gut und edel und auch kostbar ist das Sein.*
> *Darum ist alles, was ist, nicht ohne Wert.*[14]

Leben

Nikolaus von Kues (1401–1464) befand sich auf hoher See zwischen Byzanz und Venedig, als ihn der Strahl der Erleuchtung traf. Gerade noch hatte er den oströmischen Kaiser und den griechisch-orthodoxen Patriarchen offiziell zu einem Unionskonzil eingeladen, als ihm auf der dreimonatigen Rückreise nach Venedig die Erkenntnis seines Lebens zuteil wurde: Alle Gegensätze fallen im Hinblick auf Gott zusammen. Mag sein, dass hier als Erleuchtung proklamiert wird, was lediglich Wunschdenken ist. Gewiss aber ist dieser Gedanke Ausdruck eines an Widersprüchen und Gegensätzen reichen Lebens, das durch große Erfolge und schmachvolle Niederlagen gleichermaßen gekennzeichnet ist.

Als Sohn eines wohlhabenden Schiffers kam Nikolaus in dem zwischen Trier und Koblenz gelegenen Moselstädtchen Kues zur Welt. Der Legende nach führte eine Misshandlung durch den strengen Vater zum Zerwürfnis von Vater und Sohn. Mit zwölf Jahren verließ Nikolaus sein Elternhaus und startete eine fulminante Karriere, die ihn bis in die höchsten Ämter der Kirche tragen sollte. Bereits 1416 immatrikulierte er sich an der Universität Heidelberg und setzte das Studium ein Jahr später in Padua fort. Er hörte Vorlesungen über Rechtswissenschaften, Physik, Astronomie, Philosophie und Theologie und legte so den Grundstein für seine universale Bildung. In Padua wurde auch seine Leidenschaft für das klassische Altertum geweckt, er lernte eifrig Griechisch und avancierte zu einem versierten Altphilologen, der später auf seinen ausgedehnten Reisen im Auftrag der Kirche so manchen verschollen geglaubten Klassiker in den verstaubten Regalen der Klosterbibliotheken aufstöberte.

Nach sechs Jahren verließ Nikolaus von Kues Padua als Doktor des kanonischen Rechts und kehrte in seine Heimat zurück, wo er 1430 in Köln die Priesterweihe empfing.

In der Folgezeit begann eine rastlose Reisetätigkeit in unterschiedlichen kirchlichen Missionen, die Nikolaus durch ganz Europa führte. Im Jahr 1432 treffen wir ihn auf dem Basler Konzil, das zum Zwecke der Ausrottung der Ketzerei, der Vereinigung aller christlichen Völker in der katholischen Kirche sowie der Reform der Kirche an Haupt und Gliedern einberufen wurde. Hier hatte Cusanus seinen ersten großen Auftritt. Anfangs auf der Seite der Reformer, schwenkte er – als es zu keiner Einigung kam – schließlich um und vertrat als Kirchenrechtler die Position des Papstes. 1438 war er Mitglied einer Gesandtschaft zum griechischen Kaiserhof in Byzanz, die die Wiedervereinigung der griechischen mit der römischen Kirche herbeiführen sollte. Die Mission scheiterte, aber dennoch setzte der Papst Cusanus als Legaten auf den Reichstagen zu Mainz, Nürnberg und Frankfurt ein. Seinen unermüdlichen Einsatz für die Rechte der Kirche belohnte Papst Nikolaus V., indem er ihn 1448 zum Kardinal ernannte und zwei Jahre später zum Bischof von Brixen in Tirol.

Nikolaus von Kues stand im Zenit seiner Karriere. Mit der Ernennung zum Bischof von Brixen hatte der Papst Cusanus allerdings keinen Gefallen getan, denn er hatte die Berufung seines Vertrauten gegen den Willen des Herzogs Sigismund von Tirol durchgesetzt. Die Konflikte zwischen kirchlicher und weltlicher Macht waren damit vorprogrammiert. Nikolaus setzte alles daran, das Bistum finanziell zu sanieren und stieß damit auf den erbitterten Widerstand des Adels. 1458 verließ er nach aufreibenden Jahren sein Bistum in Richtung Rom, um erst 1460 nach Brixen zurückzukehren. Das hätte er freilich lieber lassen sollen, denn Sigismund war entschlossen, dem Bischof einen gebührenden Empfang zu bereiten: Der Herzog belagerte kurzerhand die Burg Buchenstein, auf die Cusanus sich geflüchtet hatte. Der Bischof kapitulierte und begab sich nun endgültig nach Rom. Dort verbrachte er den Rest seines Lebens als Kurienkardinal und Generalvikar in dem Bemühen um eine Generalreform der Kirche. Nikolaus von Kues starb auf einer Reise in Todi (Umbrien). Seinem letzten Willen gemäß wurde sein Körper in Rom beerdigt, während sein Herz nach Deutschland zurückgebracht wurde und in Kues seine letzte Ruhe fand.

Lehre

Belehrte Unwissenheit (*docta ignorantia*) und Zusammenfallen der Gegensätze (*coincidentia oppositorum*) sind die beiden Hauptideen, aus denen Nikolaus von Kues seine Philosophie entwickelt. Tatsächlich scheinen beide Gedanken auf den ersten Blick nicht ganz neu zu sein. Das Zusammenfallen der Gegensätze erinnert stark an Heraklit, während uns die belehrte Unwissenheit schon im sokratischen »ich weiß, dass ich nicht weiß« begegnete. Dennoch ist das philosophische Gedankengebäude des Cusanus keine bloße Kombination von zwei bereits bekannten Motiven der Philosophiegeschichte, sondern ein höchst eigenständiger Versuch, das Verhältnis von Gott und Mensch neu zu interpretieren.

Was kann ich wissen? Ich kann wissen, dass Nikolaus von Kues ein deutscher Philosoph ist, der 1401 in einem kleinen Moselstädtchen zwischen Koblenz und Trier geboren wurde. Beschäftige ich mich weiter mit diesem Denker, wird mein Wissen immer detailreicher werden. Mit der Zeit wird mir aufgehen, dass es unmöglich ist, vollständiges Wissen über Nikolaus zu erlangen. Wie sehr ich mich auch bemühe, stets tritt Neues zutage und schon erforschte Daten und Fakten werden sich noch präziser fassen lassen. Es gibt offensichtlich nichts, was ich abschließend und vollständig wissen könnte, sodass mir das Wesen der Dinge grundsätzlich verborgen bleiben muss. Sobald ich mir über die Unmöglichkeit eines vollständigen Wissens klar werde, weiß ich um den prinzipiell verbleibenden Rest an Nichtwissen. Dies ist der eine Aspekt von Nichtwissen, den Cusanus im Blick hat, wenn er von *ignorantia* spricht. Eine weitere Deutung entspringt unmittelbar aus dieser Form des Nichtwissens. Wenn mir zu Bewusstsein gekommen ist, dass alles Bemühen um Wissen letztlich immer nur eine Annäherung sein kann, werde ich diese Art des Wissens grundsätzlich infrage stellen und zu dem Schluss kommen, dass dieses Wissen selbst prinzipiell Unwissen sein muss, sofern es um das Wesen der Dinge eben nicht weiß. Das Wissen um die Unwissenheit ist dem Wissen überlegen. Es scheint paradox, dem bewussten Unwissen einen höheren Stellenwert beizumessen als dem Wissen selbst. Der Widerspruch klärt sich, wenn wir uns die unterschiedlichen Formen der Wissensbildung etwas genauer ansehen.

Nikolaus geht davon aus, dass Wissen auf zweierlei Weise gewonnen werden kann. Einmal über den Verstand (*ratio*) und sodann mittels der Vernunft (*intellectus*). Indem der Verstand messend, vergleichend, unterscheidend, bejahend und verneinend das eine vom anderen abgrenzt, bleibt er grundsätzlich auf der Ebene logischer Gegensätze gefangen. Da das Denken allerdings in der Lage ist festzustellen, dass die bloßen Resultate des Verstandes keine befriedigende Lösung zu liefern imstande sind, muss es über den Verstand hinaus ein weiteres Erkenntnisvermögen geben, das die Ebene des Messens und Zählens überschreiten kann. Diese Fähigkeit schreibt Cusanus der Vernunft zu. Sie allein ist in der Lage, das starre Korsett einer Entweder-oder-Logik zu sprengen und tiefer in das Geheimnis der Gegensätze einzudringen, indem sie die endlichen Fixierungen des Verstandes übersteigt. Damit ist das Tor zur Unendlichkeit aufgestoßen, in der die Gegensätze zusammenfallen. Nikolaus versucht diese Koinzidenz an einigen Beispielen zu verdeutlichen: Im Endlichen sind Kreislinie und Gerade Gegensätze, denkt man sich die Kreislinie allerdings unendlich ausgedehnt, wird ihre Krümmung unendlich klein und kann als gleich null betrachtet werden. Kreislinie und Gerade fallen also im Unendlichen zusammen. Ebenso verhält es sich mit einem sich unendlich schnell drehenden Kreisel; je schneller seine Bewegung, desto mehr scheint er in Ruhe zu sein. Im Unendlichen fallen die Gegensätze Bewegung und Ruhe zusammen.

Die Endlichkeit unseres Seins und die damit einhergehende Beschränktheit unseres Denkens lässt uns von der Unendlichkeit nur in Symbolen und Gleichnissen sprechen. Sie dokumentieren zwar die Teilhabe an der Unendlichkeit, aber gleichzeitig auch die unüberwindbare Kluft, die uns von der Unendlichkeit trennt. Wir können uns dem Unendlichen immer nur gleichnishaft vermutend (konjektural) annähern, erreichen werden wir es niemals. Auch der Begriff des Unendlichen selbst ist lediglich ein Gleichnis, das seinen Gegenstand nur annähernd zu bezeichnen vermag. Für Nikolaus ist klar, dass der Gegenstand dieses Gleichnisses Gott selbst sein muss.

Gott ist die absolute Einheit, in der alle Gegensätze zusammenfallen, und zwar so, dass sie jenseits aller Gegensätzlichkeit koinzidieren. Bewegung und Ruhe, Ja und Nein, Gestern und Morgen, Hier und Dort sind in Gottes unendlicher Einheit identisch. In diesem Sinne muss man sagen: In Gott ist alle Möglichkeit zugleich Wirklichkeit. Diese absolute Wirkmacht versucht Cusanus mit seiner berühmten Wortschöpfung *possest* zu beschreiben. Einfach gesagt: Gott kann (*posse*) nicht nur alles, sondern er ist (*est*) auch gleichzeitig das, was er kann. Aus diesem *posse* und *est* kreiert Nikolaus ein im Lateinischen bislang unbekanntes Wort, nämlich *possest*, was mit »Können-Ist« oder »Seinkönnen« zu übersetzen ist. Die totale Gegenwart allen Könnens ist sicher der dramatischste Unterschied zwischen Gott und Mensch: Der Mensch ist prinzipiell in seinem Können beschränkt (er kann nicht alles), und selbst das, was er kann, kann er nicht gleichzeitig sein. Unser beschränktes Können gelangt also nicht gleichzeitig zur Wirklichkeit, sondern im praktischen, verwirklichenden Vollzug unseres Könnens hier und jetzt muss alles andere, was wir auch noch können, Möglichkeit bleiben. Wir sind immer nur der geringste Teil unserer Möglichkeiten. Gott aber ist immer alles Können jetzt. Gott ist »Können-Ist«, wir sind begrenztes Können im Werden.

Das Globusspiel *(De ludo globi)*

Nikolaus von Kues erfand in seinem Spätwerk ein tiefsinniges Kugelspiel. Dafür notwendig sind eine Kugel und ein auf den Boden gezeichneter oder gelegter Spielplan. Neun Kreise sind konzentrisch um einen zehnten, den Mittelpunkt (Gott) angeordnet, jeder Kreis ist nummeriert und stellt eine andere Geistesstufe dar. Die Spieler haben jeweils sieben Würfe mit der Kugel. Ziel ist es, die Mitte zu erreichen oder ihr wenigstens so nahe wie möglich zu kommen. Wer mit seinen Würfen der Punktezahl 34 (das von Nikolaus berechnete Alter Christi; die Punkte werden nach der Nummer des jeweils getroffenen Kreises gezählt) am nächsten kommt, hat gewonnen. Allerdings hat das Spiel einen entscheidenden Haken: Die Kugel ist an einem Pol nicht gerundet, sondern eingedellt, sodass sie nicht gleichmäßig rollt, sondern chaotisch über das Spielfeld torkelt, um irgendwann auf der gekappten Seite zum Stillstand zu kommen. Das Spielfeld ist Symbol für die Welt und die deformierte Kugel das Symbol für den Menschen.

Diagnose

Tobias' Leben kann als eine Kette von Fehlwürfen gedeutet werden, die zu Enttäuschung, Verbitterung und schließlich zu einem generellen Rückzug geführt haben. Tobias ist aus dem Spiel des Lebens ausgestiegen und hat es durch Computerspiele ersetzt. Der Rückzug in die virtuelle Welt, gleichsam in das Abbild eines Abbildes, generiert keine Wahrheiten und lässt die sozialen Bindungen in der realen Welt verkümmern. Das Computerspiel ist offensichtlich nicht in der Lage, Tobias in das Spiel des Lebens zurückzuführen. Im Gegenteil, je häufiger er spielt, desto mehr zieht er sich aus dem realen Leben zurück. Die Restbeziehungen, die er im wirklichen Leben führt, deutet er durchweg negativ, und sie sind zudem von Verheimlichungen belastet. So lässt er seine Freundin über die wahren Motive seines Zusammenseins mit ihr im Unklaren. Er macht ihr vor, mit ihr Kinder haben zu wollen, dabei geht es ihm aber angeblich darum, diesen Wunsch gerade nicht zu erfüllen und sich so für ihre Untreue zu rächen. Tatsächlich dürften diese Motivationen allerdings nur in seiner Phantasie existieren und mit der Realität keinerlei Deckung haben. So wenig wie er sich insgesamt am Spiel des Lebens beteiligt, so wenig wagt er seiner Freundin klar und deutlich zu sagen, wie sehr ihn ihr Seitensprung verletzt hat. Schon gar nicht traut er sich, daraus reale Konsequenzen zu ziehen, etwa sich von ihr zu trennen. Er redet sich vielmehr ein, dass es bei der nächsten Frau auch nicht anders wäre.

Im realen Leben mit seinen komplexen und unberechenbaren Beziehungen hat Tobias jedes aktive Engagement aufgegeben und stattdessen seine Energie in eine künstliche Spielwelt investiert, wo Enttäuschungen und Niederlagen keine existenziellen Konsequenzen haben. Solcherlei Spiele verhindern jede tiefere Einsicht in das Wesen von Welt und Mensch. Weit entrückt vom Zentrum der Dinge und von seiner eigenen Mitte, verliert sich Tobias in schematischen Polarisierungen und kann nur noch dort gewinnen, wo das Verlieren nichts kostet. Diese Gewinne bereichern sein Leben aber nicht, im Gegenteil, es wird im Zwangskorsett solcher Polarisierungen immer ärmer. Damit schwindet auch sein Mut, es überhaupt noch einmal mit der Realität und deren riskanten Zufällen aufzunehmen. Das Computerspiel ist nur Abbild eines Abbildes, und er überträgt diese Struktur auf seine realen Beziehungen, indem er seiner Partnerin vortäuscht, was eigentlich nicht gegeben ist. Tobias befindet sich in einem radikalen Entfernungsprozess von der Wahrheit, der sich umso dramatischer fortsetzt, je mehr er sich aus dem Spiel des Lebens zurückzieht.

Er nimmt das Leben nur noch an seinen äußersten Peripherien wahr. So muss ihm alles ins Extrem verschoben erscheinen: Mit 35 ist das Leben vorbei, alle Frauen sind verdorben, alle Menschen sind ohne Ehre und Anstand. Selbst in die extremen Außenbezirke des Lebens abgedrängt, formuliert er Vergeltungsphantasien, mit denen er das Gefühl seiner Ohnmacht abzufedern versucht. In seinen Phantasien führt er gegen alles und jeden Krieg: gegen seine Freundin, die er verachtet, gegen seine Arbeit, die er geringschätzt, gegen seinen Nebenbuhler, dem er Gewalt antun möchte, gegen virtuelle Gegner, die er vernichten will, letzthin gegen sich selbst. Die Legitimation für sein Handeln zieht er aus der vermeintlichen Verdorbenheit des Menschen im Besonderen und Allgemeinen, nach dem Motto: Welt und Mensch sind schlecht, also habe auch ich das Recht, schlecht zu sein. Einem derart motivierten Leben fehlt jede Form von Eigenverantwortung, was letztlich zu einer sittlichen Verkümmerung führt, aus der heraus Sinninhalte weder geschöpft noch erfahren werden können. Ein solches Leben kann man in der Tat nur als sinnfrei empfinden.

Therapie

Ein neues Spiel wagen! Gespielt wird das Globusspiel. Der Philosoph leitet das Spiel und nimmt gleichzeitig daran teil. Beim ersten Wurf, egal wer ihn führt, zeigt sich die eigentümliche Bewegung der Kugel. Das ist der Ausgangspunkt des Gesprächs. Die Kugel ist offensichtlich nicht vollständig rund, also keine Kugel im eigentlichen Sinne. In ihr vereinigen sich Rundes und Eckiges. Die Kugel soll den Menschen in seinem Daseinsvollzug versinnbildlichen. Ihre unberechenbare Bewegung macht sinnfällig: Es läuft nicht rund, die Kugel macht scheinbar, was sie will, sie torkelt und taumelt, beschreibt eine unvorhersehbare Bahn. Sosehr sich Tobias auch bemüht, der Kugel den korrekten Schwung auf die Mitte des Spielfeldes hin zu geben, bleibt der Erfolg doch offensichtlich der launischen Willkür des Zufalls unterworfen. Im Gegensatz zu seinen Computerspielen erfährt Tobias hier, dass er den Verlauf nicht mit einem Mausklick steuern kann. Sobald die Kugel in Bewegung gesetzt ist, hat er keine Möglichkeit mehr, in das Spiel einzugreifen. Er muss abwarten, bis die Kugel zur Ruhe gekommen ist und ihren Platz in den Kreisen des Spielfeldes gefunden hat. Tobias wird in dieser Situation des Abwartens innerlich nach der Computermaus suchen, um der Kugel jene Bahn vorzuzeichnen, auf der sie bis zur Mitte des Feldes gelangt. Doch es gibt keine solche Möglichkeit und Tobias lernt den Verzicht darauf, jederzeit in das Spielgeschehen nach eigenem Willen einzugreifen.

Diese Verzichterfahrung kann heilsam sein: Keine Kontrolle und keine Macht über den Lauf der Kugel zu haben, sobald sie einmal rollt, erlöst von der inneren Selbstnötigung, alles kontrollieren und beherrschen zu müssen. Wie die Kugel nur durch ihren Widerspruch zwischen Rundem und Eckigem, Flachem und Gewölbtem ihre unberechenbaren, ergebnisoffenen Bahnen zieht, so kann Tobias aus diesem Widerspruch lernen, dass sein Verzicht keineswegs einen absoluten Verzicht bedeutet. Das Spiel beginnt nicht ohne sein Zutun. Er ist es, der die Kugel zur Hand nimmt und sie wirft. Wurf um Wurf hat Tobias die Möglichkeit, sein Geschick zu steigern. Es liegt im wahrsten Sinne des Wortes in seiner Hand, wann und wie er die Kugel wirft. Die Kugel verweist auf die prinzipielle Differenziertheit des Lebens, dessen Struktur ganz wesentlich von dem Wechselspiel des Tuns und Lassens bestimmt wird. Das Kugelspiel zeigt deutlich: Es gibt Dinge, die liegen in unserer Hand, andere wiederum entziehen sich unserer Einflussnahme. Tobias lernt Wurf um Wurf, das rechte Maß von Machen und Lassen immer besser auszuloten. Diese Erfahrung mündet in ein versöhnlicheres Verhältnis zu den Widersprüchen des eigenen Lebens und denjenigen der anderen Menschen.

In diesem Akt der Aussöhnung kann Tobias begreifen, dass nur die Widersprüchlichkeit seines eigenen Lebens die Grundvoraussetzung bietet, mit dem Leben anderer in Kontakt zu treten. Denn torkelnd zieht die Kugel ihre Bahnen und zeichnet dabei Lebenswege, die durch Brüche und Widersprüche gekennzeichnet sind. Erst in diesen Brüchen werden die erstarrten Macht- und Ohnmachtsbereiche, in die Tobias sein Leben eingezwängt hat, aufgebrochen. Gelingt dieser Aufbruch, gestattet er Tobias einen Einblick in seinen bisherigen Lebensvollzug: Wer nur geradlinig und perfekt seine Bahnen ziehen will, wird sie einsam ziehen müssen, im Letzten unberührt und ungerührt von dem taumelnden Geschick der anderen. Die Unvollkommenheit des Menschen, seine Fehler und Widersprüche sind kein Makel, sondern sein Vorzug. Nur ein Mensch, der Fehler macht, begegnet seinem Mitmenschen mit Verständnis. Wer den Widerspruch nicht annehmen kann, wird auch keinen Widerspruch dulden, weder von sich selbst noch von anderen. Ein widerspruchsfreies Dasein wäre stumm, geräuschlos, ohne Rede und Gegenrede, ohne jede Kommunikation, ohne jedes Miteinander.

Tobias' Sehnsucht nach einer perfekten Welt, in der sich ein widerspruchsfreies Leben führen ließe, wird im Spiel mit der Kugel überwunden. Es erschließt ihm mit jedem Wurf die Welt aufs Neue und macht deutlich, dass jeder Wurf in seiner unwiederholbaren Einmaligkeit ganz allein sein Wurf ist, der von keinem anderen ausgeführt werden kann. Dabei wird der Wurf in die Mitte des Spielfeldes umso sicherer geführt, je mehr Tobias sich in der Entdeckung der Widersprüche mit ihnen versöhnt und sich so auf das Spiel seines Lebens einlassen kann. Einlassen meint dann, tanzend Schritt für Schritt Einkehr zu halten in die lebendige Mitte seines Lebens und der Welt. Aus dieser Mitte heraus erwächst das Vertrauen, es mit sich, den anderen und der Welt aufnehmen zu können, auch und gerade in der Gewissheit der Widersprüche und Unvollkommenheiten. Der Zug ist nicht endgültig abgefahren, das Leben beginnt mit jedem Wurf aufs Neue.

Blaise Pascal
Das Herz der Wahrheit

Man sieht nur mit dem Herzen gut.

Leben

»Möge Gott mich nie verlassen.« – Das waren die letzten Worte, mit denen eines der größten Genies der europäischen Geistesgeschichte vom Leben Abschied nahm. Mit knapp 39 Jahren starb Blaise Pascal in Anwesenheit seiner Schwester Gilberte am 19. August 1662 in Paris. Bereits am 29. Juni hatte er sich in der Gewissheit seines bevorstehenden Todes in die Pfarrgemeinde Saint-Étienne-du-Mont bringen lassen. Körperlich völlig entkräftet verfasste er dort am 3. August sein Testament, in dem er für sich ein Armenbegräbnis verfügte. Sein Grab befindet sich in der Kirche Saint-Étienne-du-Mont in Paris.

Blaise Pascal entstammte wohlhabenden Verhältnissen. Am 19. Juni 1623 wurde er in Clermont geboren. Bereits im Säuglingsalter gab sein Gesundheitszustand Anlass zu größter Sorge. Er war von extrem schwächlicher Konstitution, sodass es beinah an ein Wunder grenzt, dass unser Philosoph das erste Lebensjahr überhaupt überstand. Eine Lähmung der Beine zwang Pascal ab seinem 24. Lebensjahr auf Krücken zu gehen, mit 18 Jahren plagten ihn unerträgliche Kopfschmerzen, die ihn von da an Tag für Tag bis zu seinem frühen Tod peinigen sollten. Sein Vater Étienne war als höherer Steuerbeamter in der Lage, seiner Familie ein zumindest materiell sorgenfreies Leben zu garantieren. Pascal hatte zwei Schwestern, Gilberte (1620–1687) und Jaqueline (1625–1661), die zeitlebens einen großen Einfluss auf ihn ausübten. Pascal war gerade sechs Jahre alt, als seine Mutter starb. Sein Vater verließ mit den Kindern Clermont und siedelte nach Paris über, wo er in Kontakt zur geistigen Elite des Landes trat.

Angeregt von den Erziehungsidealen Montaignes, übernahm der Vater den Unterricht seiner Kinder selbst und legte dabei besonderen Wert auf das Erlernen antiker Sprachen, was den Grundstock für Pascals rhetorische Brillanz bildete. Bereits mit zwölf Jahren widmete sich der Junge mathematischen Tüfteleien, als deren Ergebnis er ohne Anleitung – so will es zumindest die Familienlegende – die euklidische Geometrie bis zum 32. Lehrsatz neu erfand. Kaum vier Jahre später veröffentlichte er seine erste wissenschaftliche Arbeit, ›Traktat über die Kegelschnitte‹, die ihn schlagartig unter den Philosophen und Mathematikern von Rang bekannt machte und von denen er fortan als einer der ihren anerkannt wurde. Früh begann sich Pascal auch für die Steuergeschäfte seines Vaters zu interessieren, als mathematisches Genie sann er dabei darauf, die komplizierten Rechenoperationen der Steuerberechnungen zu vereinfachen und erfand zu diesem Zweck die erste Rechenmaschine, die sogenannte »Pascaline«, die durchaus als ein früher Vorläufer unserer heutigen Computer angesehen werden kann.

Weltbürger und naturwissenschaftliches Genie, als brillanter Stilist zu Hause in den exklusiven Zirkeln der geistigen Elite Frankreichs, das ist die eine, die mondäne Seite der Persönlichkeit Pascals. Spätestens seit 1648 kommt jedoch mehr und mehr ein anderer Wesenszug zum Tragen, und zwar eine tiefe Religiosität. 1648 kam es zu der entscheidenden Begegnung mit zwei dem Jansenismus anhängenden Ärzten, die sich für einige Monate im Hause Pascal aufhielten. Sie bekehrten erst Blaise, dann seinen Vater und schließlich auch seine beiden Schwestern zum Jansenismus, einer der radikalsten Formen des christlichen Glaubens, die das Frankreich des 17. Jahrhunderts kannte. Ausgehend von dem holländischen Bischof Cornelius Jansen oder Jansenius (1585–1638) vertraten die Jansenisten den absoluten Vorrang des Glaubens gegenüber der Vernunft und forderten eine streng asketische Lebensführung. Das Zentrum der Bewegung bildete das Nonnenkloster von Port-Royal im Süden von Paris. In dessen unmittelbarer Nähe bauten Männer der Gesellschaft, die sich von allem Weltlichen zurückziehen wollten, ihre Klausen. Pascal vertrat die Sache des Jansenismus mit großem

Eifer. Abweichende Meinungen ließ er gerade in Glaubensdingen nicht gelten. So konnte er es sich nicht verkneifen, einen völlig harmlosen und ganz unbedeutenden Prediger wegen einiger theologischer Schnitzer beim Erzbischof anzuzeigen, um den armen Geistlichen so zum Widerruf zu zwingen.

Hier bereits zeigt sich Pascals äußerst streitbarer, ja geradezu aggressiver Charakter, der später immer mehr in Erscheinung treten sollte. 1653 kam es zum ernstlichen Zerwürfnis mit seiner Schwester Jaqueline. Pascal konnte bei aller Liebe zum Jansenismus das schwesterliche Vorhaben, den Schleier zu nehmen und in Port-Royal einzutreten, nicht gutheißen, schon gar nicht, als Jaqueline ihm offenbarte, dass sie dem Kloster ihr gesamtes Vermögen zu schenken gedachte. Pascal lenkte schließlich ein und erklärte sich zu einem finanziellen Kompromiss bereit. Während seine wissenschaftlichen Forschungen voranschritten – 1654 erfand er nebenbei das heutige Roulette, um daran bestimmte Gesetze der Wahrscheinlichkeit zu beweisen –, spitzten sich die Ereignisse um das Kloster Port-Royal zu. Papst Innozenz X. verdammte am 31. Mai 1653 auf Drängen der Jesuiten fünf Sätze aus dem Buch des Jansenius. Von diesem Tage an zählte Pascal die Jesuiten zu seinen erklärten Feinden. Die geistigen Waffen wurden gewetzt und alles aufgeboten, was dem streitbaren Geist an rhetorischer, stilistischer und argumentativer Brillanz zur Verfügung stand, um diesen Gegner zu demontieren und der Lächerlichkeit preiszugeben. In seinen ›Lettres à un Provincial‹ rechnete er mit den Jesuiten ab, schoss allerdings dabei über das Ziel hinaus und unterstellte ihnen Lehren, die sie niemals vertreten haben. Mit dem 18. Brief endete die Auseinandersetzung wohl auch deswegen, weil Pascal einsah, dass er mit seiner zunehmend sarkastisch-aggressiven Polemik der Sache mehr schadete als nutzte. Nichtsdestotrotz gelten die ›Briefe in die Provinz‹ bis heute als ein Höhepunkt der Stilkunst in französischer Sprache und zugleich als eine der genialsten polemischen Schriften der Weltliteratur.

Schon 1651, nachdem sein Vater gestorben war, hatte Pascal

eine christliche Abhandlung über den Tod verfasst, die den Grundstein für seine spätere Gedankensammlung legte, die berühmten ›Pensées‹, mit denen er seinen eigentlichen Ruhm als einer der ganz großen Philosophen des abendländischen Denkens begründete. Wie vielen bedeutenden Philosophen vor ihm wurde auch Pascal eine Art Erleuchtung zuteil. In der Nacht vom 23. auf den 24. November 1654 überfiel ihn blitzartig die Gewissheit, dass Gott persönlich gegenwärtig sei. Tief ergriffen vergoss er Tränen des Glücks. Von nun an trug er die Aufzeichnungen über seine Erleuchtung, in den Mantel eingenäht, ständig bei sich. Erst nach seinem Tod wurde das Dokument von einem Diener per Zufall entdeckt.

Nach dem Abschluss seiner ›Briefe in die Provinz‹ verschlechterte sich Pascals Gesundheitszustand zunehmend. Zeitweilig begab er sich zu seiner Schwester Gilberte in die Nähe von Clermont, um wieder zu Kräften zu kommen. Er führte nun ein extrem asketisches Leben, aus den Kämpfen der Jansenisten gegen Papst, König und Jesuiten hielt er sich heraus, wohl auch, weil er im Frieden mit der Kirche sterben wollte. Seine Entkräftung erlaubte wohl auch keine intensive geistige Tätigkeit mehr. Kurz vor seinem Tod, im Januar 1662, erhielt Pascal noch ein Patent auf ein gemeinnütziges Transportunternehmen, die erste Pariser Omnibuslinie. Mit diesem Patent bewies Pascal zuletzt noch einmal sein ganzes Genie, das Theorie und Praxis in eins zu denken vermochte.

Lehre

»Was ist denn schließlich der Mensch in der Natur? Ein Nichts im Hinblick auf das Unendliche, ein All im Hinblick auf das Nichts, eine Mitte zwischen dem Nichts und dem All, unendlich weit davon entfernt, die Extreme zu begreifen. Das Ende der Dinge und ihr Anfang sind in einem undurchdringlichen Geheimnis unüberwindlich für ihn verborgen. Er ist ebenso unfähig, das Nichts zu sehen, aus dem er gezogen ist, wie die Unendlichkeit, von der er verschlungen ist. Was bleibt ihm also anderes übrig, als dass er einen Schein von der Mitte der Dinge wahrnimmt in ewiger Verzweiflung, weder ihren Anfang noch ihr Ende zu erkennen? Alle Dinge sind aus dem Nichts hervorgegangen und setzen sich bis ins Unendliche fort. Wer kann diesen erstaunlichen Schritten folgen? Der Urheber dieser Wunder begreift sie. Kein anderer vermag es.« Pascals Philosophie ist wesentlich durch das Spannungsverhältnis von Gegensatzpaaren bestimmt, sodass die Grundformel seines Philosophierens das Paradox ist. Kein Gegenstand wird betrachtet, von dem nicht gleichzeitig dessen Widerpart mit bedacht würde. Diese Vorgehensweise schützt Pascals Denken vor jeder Einseitigkeit und lässt dabei einen kritischen Scharfblick entstehen, der damals wie heute zu den seltenen Erscheinungen eines Zeitalters zählt.

Das Frankreich des 17. Jahrhunderts war ganz wesentlich durch das Aufleben der Naturwissenschaften geprägt, woran Pascal als Wissenschaftler von Rang keinen geringen Anteil hatte. Mit Enthusiasmus widmete man sich den naturwissenschaftlichen Forschungen und begrüßte mit einer geradezu grenzenlosen Euphorie deren Entdeckungen. Das Ziel schien greifbar nahe, die ewigen Menschheitsfragen zu beantworten. Dabei war das Grundstürzende keinesfalls der Erkenntnisoptimismus bezüglich lang gehegter Fragen und Rätsel, sondern viel eher die Tatsache, dass der Mensch im Hinblick auf die naturwissenschaftliche Methodik und deren Erfolge sich in der Lage glaubte, diese Fragen allein mittels seiner Vernunft zu beantworten. War vormals nur der allwissende Gott allein imstande, das Welträtsel zu lösen, wurde er jetzt entthront und zum ersten Anstoßgeber degradiert. Man war fest davon überzeugt, um es salopp zu formulieren, dass der Laden auch ohne ihn liefe, dass er weder zur Aufrechterhaltung noch zur Erkenntnis der Prozesse und Gesetze des Welt- und Naturgeschehens weiterhin vonnöten wäre. Pascal erkennt hierin eine maßlose Selbstüberschätzung der Vernunft. Zwar hält auch er die Vernunft für unverzichtbar, um zu Erkenntnissen zu gelangen, sieht aber auch deren Grenzen.

Neben der Vernunft und über sie hinaus gibt es ein Erkenntnisorgan, das dem Menschen im wahrsten Wortsinn innewohnt und in Bereiche vordringt, die der Vernunft auf ewig verschlossen bleiben müssen. Pascal nennt dieses Organ *esprit de finesse* im Gegensatz zum *esprit géométrique*. Der *esprit de finesse* gehorcht einer Logik des Herzens, die mit der Logik des Verstandes nicht zu begreifen ist. »Das Herz hat seine Ordnung; der Geist die seine, und sie besteht aus Prinzip und Beweis. Das Herz hat eine andere. Man beweist nicht, dass man geliebt werden muss, indem man der Reihe nach die Ursachen der Liebe darlegt; das wäre lächerlich.« (Fr. 283) Zunächst bedeutet Herz soviel wie Intuition, unmittelbares Erfassen der ersten und letzten Prinzipien. Solche Grundprinzipien sind z.B. Raum, Zeit, Zahl und Bewegung. Das Herz fühlt, dass es drei Dimensionen des Raumes gibt, die Vernunft wird, gestützt auf diese Intuition, im Nachhinein die schlussfolgernden Beweise dafür liefern. Die Logik des Herzens ist Prinzipienerkenntnis, an die alles Denken anknüpfen muss, um überhaupt in Gang zu kommen. Das Herz ist für Pascal die Mitte der Person, ihr Existenzzentrum, in dem sich Wollen und Begehren, Fühlen, Erkennen und Entscheiden sammeln und sich die Wertestruktur des Menschen ausbildet. Besondere Relevanz erhält das Herz im Bereich des Religiösen. Im Gegensatz zur Vernunft ist das Herz die Stätte göttlicher Gnade. Nur im Herzen kann eine Erneuerung des Menschen stattfinden, denn in ihm wurzelt als Ursünde die menschliche Selbstliebe, die wesentlich Ursache ist für die gottesferne Verlorenheit des Menschen. Kein noch so vernünftiger Grund kann letztlich hinreichend sein, diese Verlorenheit zumindest zeitweilig zu verwinden, wenn ihn das Herz nicht fühlt. In diesem Sinne kann kein Denken zum Glück führen, das nicht vorher im Herzen erspürt worden wäre. Der Vernunft kommt die Aufgabe zu, ihre Grenzen zu erkennen und einzugestehen, dass sie lediglich einen minimalen Bruchteil dessen auszufüllen imstande ist, worauf es im menschlichen Daseinsvollzug wirklich ankommt.

Allerdings geht es Pascal bei dieser Gewichtung von Herz und Verstand keineswegs darum, die Vernunft gegenüber dem Herzen abzuwerten; die Vernunft ist sinnvoll und notwendig, sofern sie sich auf den ihr gegebenen Bereich beschränkt. Es geht hier auch nicht darum, zwei verschiedene Wege zur Wahrheit zu beschreiben, sondern Herz und Verstand ergänzen einander im Bemühen um die Wahrheit. Pascals Gegensatzpaare sind niemals ausschließender Art. Immer scheint in seiner Philosophie das Bestreben auf, die Widersprüche in eins denkend bestehen zu lassen. Gerade dieses In-eins-Denken ist es, was Pascal vor jedem Moralismus bewahrt. Gut und böse sind für ihn praktisch irrelevante Begriffe. Die Spannungen der Gegensätze in der Welt und im Menschen selbst verführen Pascal nicht zu moralischen Be- und Verurteilungen, sondern er sieht in den Spannungen ein energetisch-gestalterisches Prinzip, das Welt und Mensch gleichermaßen durchzieht. Gerade in Bezug auf den Menschen selbst wird Pascals antithetische Vorgehensweise deutlich. Der Mensch ist zugleich elend und groß. Ein Nichts in Bezug auf das Unendliche, ein All im Hinblick auf das Nichts. Der Mensch steht in der Mitte zwischen dem unendlich Kleinen und dem unendlich Großen. An beidem hat er teil, ohne die Extreme je fassen zu können. »Der Mensch ist nichts als ein Schilfrohr, das schwächste Wesen der Natur, aber er ist ein denkendes Schilfrohr. Es ist nicht nötig, dass das ganze Weltall sich rüste, um ihn zu zermalmen: ein wenig Dunst, ein Tropfen Wasser genügt, um ihn zu töten. Wenn ihn aber auch das Weltall erdrückte, wäre der Mensch dennoch höherer Art als das, was ihn tötet, denn er weiß, dass er stirbt und welche Macht das Weltall über ihn hat; das Weltall weiß es nicht.« (Fr. 347)

Diagnose

Tobias hat aus seinem Herzen eine Mördergrube gemacht. Er sieht mit dem Herzen nur noch schlecht und darum immer das Schlechte. Sein starker Hang zur moralischen Abwertung von Welt und Mensch ist das Ergebnis einer extrem vereinseitigten

Lebensführung. Das Herz als Erkenntnisorgan der ersten und letzten Dinge wird hier missbraucht und abgewertet zu einem Ort des bloßen Ressentiments und beraubt sich seiner Hellsichtigkeit. In diesem Gefängnis verdunkelt sich das Zentrum seines existenziellen Gefüges und lässt nur lichtlose Blicke auf die Welt und die Menschen zu, die für ihn das Bild einer Welt entstehen lassen, an der er kein gutes Haar finden kann. Tobias sieht den Menschen nur noch als elende Kreatur, von der nur Böses und Widerwärtiges zu erwarten ist.

Inwiefern er selbst Ursache dieser Verdunklung ist, muss ihm auf der Flucht vor sich selbst verborgen bleiben. Tobias setzt praktisch alles daran, einer echten Selbstbegegnung aus dem Wege zu gehen. Sein Mittel ist die Ablenkung, die weder Vernunft noch Gefühl wirklich zum Zuge kommen lässt. Das eine wie das andere ist in der permanenten Ablenkung von sich selbst so weit abgelenkt, dass echte Spannungsverhältnisse nicht entstehen können. Die Abschottung des Herzens generiert dabei Urteile, die immer vernichtend sein müssen. Tobias hat die positiven Regungen seines Herzens abgetötet, in der irrigen Meinung, nur so gegen die Widrigkeiten der Wirklichkeit gewappnet zu sein. Er hat sein Herz gleichsam eingemauert und ist mehr und mehr genötigt, die Mauern zu verstärken, da er sich aus der Umklammerung nicht zu lösen getraut. Eine Ummauerung, die mit jedem Stein das pulsierende Tätigsein des Herzens immer weiter einschränkt, was gleichsam zu einem existenziellen Herzstillstand geführt hat. Das Dasein schrumpft in den immer enger werdenden Ringen der Ummauerung auf einen Punkt zusammen, von dem aus Tobias die Welt betrachtet. Nur kleinste Ausschnitte des Wirklichen geraten in den Blick, von denen aus auf die ganze Fülle des Daseins geschlossen wird. Alles Wahrnehmen, alles Urteilen, alles Empfinden und Fühlen geschieht aus diesem einen Punkt heraus. Die Wirklichkeit wird für ihn so leblos wie seine virtuelle Computerwelt. Mit den realen Gegensätzen, Spannungen und Widersprüchen hat diese punktuelle Verengung nicht mehr viel zu tun. Ein derart verengtes und abgeschottetes Herz ist seiner intuitiven Kraft beraubt, die Dimensionen des Menschlichen zu erspüren. Der Pulsschlag des Herzens ruft in die Gründe und Abgründe des Seins. Je mehr dem Herzen Gewalt angetan wird, je mehr es eingeschnürt wird von der Angst vor dem Dasein, desto weniger wird es Gründe finden, den Schritt ins Leben zu wagen. Tobias empfindet sein Leben als sinnlos, weil er ihm selbst den Grund entzogen hat, aus dem heraus es erst sinnvoll gelebt werden könnte.

Hinzu kommt, dass ein derart isoliertes Herz keinen Kontakt zu rationellen Überlegungen zulässt. Denken und Fühlen sind bei Tobias zwei getrennt voneinander agierende Größen. Herz und Verstand ergänzen einander nicht, sondern sie sind wechselseitig sklavisch aufeinander bezogen. Der Verstand plappert die extrem reduzierten Empfindungen des Herzens nach, während das Herz im Takt der formulierten Lehrsätze des stark eingeschränkten Verstandes schlägt. Sie befruchten einander nicht dank ihrer Grundverschiedenheit, sondern sie degenerieren aneinander zu Erfüllungsgehilfen der Abschottung. In der Verengung und Verkleinerung sind Herz und Verstand so weit verkümmert, dass ihr jeweils Eigenes gegenüber dem Anderen nicht mehr zum Tragen kommen kann. Die Trennung von Denken und Fühlen hat nicht zu einer Pointierung der jeweiligen Eigenart des einen gegenüber dem anderen geführt, sondern dafür gesorgt, dass sie im Zuge ihrer radikalen Selbstreduzierung ihr Anderssein in die Unmerklichkeit vermindert haben. Erst in dieser fundamentalen Trennung voneinander konnten sie einander so gleich werden. Darin liegt auch Tobias' geradezu trotzig infantile Haltung begründet, die sich jedem rationellen Argument vorerst verschließen muss. So führt Tobias ein sinnfreies Leben, und Fragen, die wirklich in Bezug auf Größe und Elend des Menschen von existenzieller Bedeutung sind, lässt er nicht zu.

Therapie

Gespräche mit Tobias gleichen einer daseinstherapeutischen Herzmassage. Der Ort dafür muss dabei dergestalt sein, dass er eine Flucht weder nötig noch möglich macht. Während des philosophischen Gesprächs stehen Tobias die Medien der Selbstflucht nicht zur Verfügung. Aufgabe des Philosophen ist es, dafür zu sorgen, dass anstelle aller Ablenkung Möglichkeiten entstehen, die eine Selbstbegegnung zulassen. Das gelingt nur, wenn er es vermag, die wirklich relevanten Fragen so zu stellen, dass sie Gefühl und Verstand gleichermaßen berühren und zum Schwingen bringen. Alles Fragen und Kommentieren darf dabei niemals den Charakter der Ausschließlichkeit annehmen, sondern muss Tobias Raum lassen, seine eigenen Gefühle und Gedanken Schritt für Schritt zu entwickeln. Im Dialog werden die erstarrten Bereiche des Daseins gelockert, kommen mehr und mehr aus ihrer Isolation heraus und treten in einen fruchtbaren Kontakt zueinander. Herz und Verstand werden so aus ihrer fruchtlosen Symbiose gelöst und dabei je für sich in eine Dynamik versetzt, die echte Bezüge untereinander ermöglicht. Tobias erkennt, dass alles mit allem in Verbindung steht, dass die geringste Bewegung bedeutsam für die gesamte Natur ist, und »das ganze Meer sich um eines Steines willen wandelt«. (Fr. 927/505).

Idealerweise offenbaren sich Tobias in diesem Aufbruch die gestalterischen Kompetenzen der »finesse«, angesichts derer Selbstvertrauen und Mut erstarken. In zunehmender Bekanntschaft mit der jeweiligen Autorität von Herz und Verstand wird Tobias gleichfalls in die Lage versetzt, ihre jeweiligen Grenzen an sich und in Bezug aufeinander zu respektieren. Im Schwingungsfeld des Aufbruchs wächst so der Mut des Herzens, der die Angst vor dem Abgrund überwindet, ohne diesen selbst überwinden zu müssen. Hat vormals die Angst geboten, den Abgrund des Daseins in der radikalen Selbstreduzierung zu schließen, so ruft jetzt der Mut des Herzens, diesen Abgrund anzuerkennen. Das Dasein ist ein vielstimmiges Konzert aus

Widersprüchen, Gegensätzen, Unstimmigkeiten, an deren Extremen immer der Abgrund klafft. Es gibt keinen Halt, keine dauerhaften Gewissheiten und Sicherheiten. Vom Nichts und All umfangen ist das Dasein prinzipiell immer abgründig. Dies erkennend, wird Tobias schließlich darauf verzichten, nach einem festen Halt zu suchen und die Bereitschaft zur Unsicherheit entwickeln, die der sicherste Ausgangspunkt auf der Suche nach dem wahren Sein des Menschen ist.

Baruch de Spinoza
Caute! Vorsicht!

> *Niemand kann begehren, glückselig zu sein, gut zu handeln und gut zu leben, der nicht zugleich begehrte zu sein, zu handeln und zu leben, das heißt wirklich zu existieren.*[15]

Leben

Baruch de Spinoza (1632–1677) entstammte einer jüdischen Familie, die vor der Inquisition aus Spanien über Portugal in die toleranten Niederlande geflohen war. Die Familie ließ sich im Amsterdamer Judenviertel nieder, wo Baruch am 24. November 1632 geboren wurde. Sein Vater Michael war ein nur mäßig erfolgreicher Kaufmann, der in zweiter Ehe mit Hana Debora verheiratet war. Im Alter von fünf Jahren wurde Spinoza in die jüdische Gemeinde »Ets Haim« (Baum des Lebens) aufgenommen und besuchte ab 1639 die Talmudschule. Spinoza war kaum sechs Jahre alt, als seine Mutter an der Schwindsucht starb. Der frühe Tod der Mutter bedeutete einen tiefen Einschnitt in seinem Leben und war vielleicht die Ursache seiner wachsenden Ungebundenheit, die es ihm später umso leichter machte, mit den religiösen und weltanschaulichen Dogmen seiner Zeit radikal zu brechen.

Bereits 1650 begann Spinoza sich allmählich vom Judentum zu distanzieren. Dieser Prozess wurde erheblich durch sein intensives Selbststudium beschleunigt, durch das er in Kontakt mit neuen Ideen kam, die der gängigen Auffassung von Welt und Mensch erheblich widersprachen. Nach dem Tod seines älteren Bruders musste Spinoza 1649 in das väterliche Geschäft eintreten. An der Amsterdamer Börse baute er Verbindungen zu freigeistigen Kaufleuten auf, die seiner Emanzipation von der jüdischen Orthodoxie einen weiteren Schub verliehen. Mittlerweile traten die Differenzen zwischen Spinoza und der jüdischen Gemeinde immer deutlicher zutage und sorgten für erhebliche Unruhe unter den Altvorderen der Synagoge von Amsterdam. Man versuchte durch gutes Zureden, Bestechung, Drohungen und schließlich durch Bannflüche den Abtrünnigen zur Umkehr zu bewegen. Der ließ sich aber nicht bewegen, und so wurde auf den noch jungen Philosophen sogar ein Mordanschlag verübt, den er jedoch unverletzt überstand. Er lernte aus diesem Anschlag vor allem eines: Vorsicht. Sie war fortan seine bestimmende Handlungsmaxime als Garant seines Lebens und Überlebens. Mit dem großen Bannfluch wurde Spinoza schließlich aus der jüdischen Gemeinde ausgeschlossen.

Die Konsequenzen waren dramatisch. Mit einem Schlag war ihm jede gesellschaftliche und vor allem ökonomische Grundlage entzogen. Er konnte die Geschäfte seines Vaters nicht weiterführen und musste sie seinem jüngeren Bruder Gabriel übergeben. Auf Betreiben der Rabbiner wurde Baruch auch aus Amsterdam verbannt. 1660 verließ er seine Geburtsstadt und zog für drei Jahre nach Rijnsburg bei Leiden und schließlich nach Den Haag. Spinoza erlernte das Schleifen von Linsen, um sich finanziell über Wasser halten zu können. Durch die wohlwollende Unterstützung gleichgesinnter Freunde gelang es ihm schließlich, wirtschaftlich Fuß zu fassen.

In aller Zurückgezogenheit arbeitete Spinoza an seinen philosophischen Werken, über die er lediglich einige Freunde ins Vertrauen zog. Unter größter Vorsicht korrespondierte er mit den Größen seiner Zeit, unter anderen mit Leibniz. 1673 lehnte er einen Ruf an die Heidelberger Universität ab, da er um seine geistige Unabhängigkeit fürchtete. Mit kaum 44 Jahren starb Spinoza wie seine Mutter an der Schwindsucht. Seine Werke erschienen erst nach seinem Tod, einzige Ausnahme ist der theologisch-politische Traktat, den er 1670 anonym veröffentlichte. Bis zum Schluss war die Vorsicht das Leitmotiv seines Handelns. Einen Hinweis auf die wahre Urheberschaft seiner Schriften liefert lediglich sein Druckersiegel: Eine Rose, gerahmt von den Initialen Spinozas, wurzelt in dem lateinischen Schriftzug CAUTE (Vorsicht).

Lehre

Spinoza betitelte sein auf Latein verfasstes Hauptwerk ›Ethica ordine geometrico demonstrata‹ – ›Ethik, in geometrischer Methode dargestellt‹. Der Titel mag auf den ersten Blick befremdlich wirken: Was soll Ethik mit Geometrie, sittliche Norm mit mathematischer Methodik zu tun haben? Für Spinoza stellte sich diese Frage freilich nicht. Für ihn war klar, dass eine Ethik nur dann uneingeschränkt Gültigkeit beanspruchen kann, wenn sie ebenso sicher bewiesen ist wie ein mathematischer Lehrsatz. Streng rationalistisch vorgehend folgt seine Ethik daher dem immer gleichen Schema: Definition, Axiom, Lehrsatz, Beweis, Folgesatz, Erläuterung. Auch wer das Werk niemals zur Hand genommen hat, wird sich leicht ausmalen können, dass es eine äußerst beschwerliche Lektüre ist. Zudem handelt es auch von Dingen, die wir heute gar nicht im Bereich ethischer Disziplinen ansiedeln: I. Über Gott, II. Über die Natur und den Ursprung des Geistes, III. Über den Ursprung und die Natur der Affekte, IV. Über die menschliche Knechtschaft oder die Macht der Affekte, V. Über die Macht des Verstandes oder die menschliche Freiheit. So lauten die Überschriften der Hauptkapitel, von denen lediglich die letzten drei das behandeln, was wir allgemein unter »Ethik« verstehen. Ein Titel, der nicht hält, was er verspricht, eine Methode, die dem Gegenstand nicht zu entsprechen scheint, und ein Inhalt, der an Komplexität nichts zu wünschen übrig lässt – das sind beste Voraussetzungen, um jeden potenziellen Leser dauerhaft in die Flucht zu schlagen.

Dennoch wurde und wird das Werk gelesen und löste gleich nach seinem Erscheinen das allergrößte Geschrei aus. Wahre Hasstiraden wurden verfasst, Abscheu und Ekel zum Ausdruck gebracht, Beschimpfungen und Drohungen ausgestoßen, unisono tönte es lautstark aus den Universitäten, Kirchen und Synagogen Europas: Der Teufel selbst ist zu Werke gegangen, hat ein Buch geschrieben, um den Menschen endgültig ins Verderben zu stürzen. Die Aufregung ist übrigens bis heute nicht ganz abgeklungen, noch immer erheben sich da und dort Stimmen, die das Werk in Grund und Boden verdammen. Sie sind allerdings verhaltener geworden, da mit der Zeit mächtige Stimmen die Oberhand gewannen, die der ›Ethik‹ grenzenlose Bewunderung zollen.

Worum geht es in dem Werk, das in der Lage ist, die Gemüter über Jahrhunderte so nachhaltig zu erhitzen? »Deus sive natura – Gott oder die Natur« lautet die skandalöse Formel, mit der Spinoza seine gelehrten Zeitgenossen in Rage versetzte. Am Ende des ersten Teils seiner ›Ethik‹ bringt es der Denker auf den Punkt: »Hiermit habe ich die Natur Gottes und seine Eigenschaften entwickelt, nämlich dass er notwendig existiert, dass er einzig ist, dass er allein kraft der Notwendigkeit seiner Natur ist und handelt, dass er die freie Ursache aller Dinge ist und in welcher Weise er es ist, dass alles in Gott ist und von ihm derart abhängt, dass es ohne ihn weder sein noch begriffen werden kann, und schließlich, dass alles von Gott vorher bestimmt ist, und zwar nicht durch Freiheit des Willens oder durch ein unbedingtes Gutdünken, sondern durch Gottes unbedingte Natur oder unendliche Macht.« (Ethik I, Anhang) »Alles ist in Gott« meint, dass es keinen die Welt übersteigenden, persönlichen Gott gibt, der etwa aus freien Stücken die Welt geschaffen hätte. Alles, was ist, unterliegt einer mit strenger Notwendigkeit ablaufenden Ordnung. Menschliche Willensfreiheit ist eine Illusion, die lediglich in Unkenntnis der strikten Notwendigkeiten entsteht. Gerade die Freiheit des Willens müsste aber vorausgesetzt werden, um den Menschen überhaupt für seine Taten zur Rechenschaft ziehen zu können. Der Gedanke, dass alles in Gott ist und mit Notwendigkeit geschieht, muss letzthin den Gegensatz zwischen Gut und Böse, Recht und Unrecht einebnen. Gott ist also nicht der Vatergott, der die Taten aller seiner Kinder aufmerksam beobachtet und am Ende der Tage zu Gericht sitzen wird, um die Guten von den Bösen zu scheiden. Damit ist jede moralische, religiöse und politische Autorität substanziell untergraben.

Spinoza bezeichnet Gott als die *Substanz*, die sich in unendlich vielen *Attributen* manifestiert, von denen der Mensch allerdings nur zwei, nämlich Denken (Geist) und Ausdehnung (Materie) erkennen kann. Die beiden Attribute drücken sich in der Vielzahl von körperlichen Dingen und geistigen Vorstellungen aus. Diese Ausdrucksweise bezeichnet Spinoza als *Modi*. Substanz, Attribut, Modus sind mithin die drei Grundbegriffe, in denen die gesamte Philosophie des Denkers wurzelt. Da die Substanz eins ist, sind in ihr auch alle Attribute eins. Was uns also als Gegensatz (Geist und Materie) erscheint, ist tatsächlich in der Substanz selbst identisch. Sie verfolgt keine Zwecke, hat kein Ziel des Handelns. Hätte sie solche Zwecke oder Ziele, wäre die Einheit des Seins aufgebrochen in Ausgangspunkt und Ziel des Handelns. In diesem Sinne gibt es für Spinoza keine Ideale des Menschlichen, nach denen sich der Mensch zu entwickeln habe. Gut und böse sind für ihn reine Konvention, für die Substanz selbst sind solche und ähnliche moralische Begriffspaare nicht maßgebend. Dennoch hält Spinoza daran fest, seine Philosophie als eine Art »Erlösung oder Befreiung vom Unglück« zu begreifen.

Eine besondere Bedeutung kommt in diesem Zusammenhang seiner Lehre von den Affekten zu. Affekte sind Leidenschaften (Liebe, Hass etc.), die den Menschen mehr oder weniger beherrschen. Nun wird nach Spinoza die Vollkommenheit eines Dings an der Anzahl der Wirkungen bemessen, die aus ihm folgen. Je mehr Wirkungen es hat oder je aktiver ein Ding ist, umso vollkommener ist es. Ein Ding, von dem alle Wirkungen ausgehen (Substanz), ist natürlich das Vollkommenste. Da nun Leidenschaften passiv machen, mindern sie die Vollkommenheit des Menschen und damit sein Glück. Leidenschaften verursachen Leiden. Der Mensch als Vernunftwesen ist aufgefordert, die Vernunft selbst zur Leidenschaft zu machen und mittels dieser Leidenschaft die für ihn schädlichen Affekte zu überwinden.

Diagnose

Tobias ist von Vorurteilen und Affekten beherrscht, die seine aktive Selbstentfaltung verhindern. Sein Leiden an der Welt, insbesondere an der Untreue der Frauen, folgt einem alten Muster, das er in seiner Kindheit erlernt hat und dem er bis in seine Gegenwart hinein stur Folge leistet. Dabei glaubt Tobias, er könnte seine persönlichen Erfahrungen als Ausgangspunkt nehmen, um daraus ein allgemein gültiges Gesetz zu konstruieren, nach dem Motto: »Meine Mutter hat mir im entscheidenden Augenblick nicht die Treue gehalten, indem sie sich gegen meinen Vater nicht durchgesetzt hat. Daraus folgt: Alle Frauen sind treulos.«

Tobias folgt starrsinnig der induktiven Methode, das heißt, er schließt von dem Einzelfall seiner subjektiven Erfahrung auf angeblich gesicherte Erkenntnisse, die er fortan für objektiv wahr hält. Dieses induktive Vorgehen muss notwendig zu den falschen Ergebnissen führen, unter denen Tobias leidet. Eine besondere Dramatik erfährt dieses Leiden in dem Satz: »Das Leben ist sinnfrei.« Auch hier stellt sich die Frage, wie Tobias zu dieser »Erkenntnis« gelangt ist. Offensichtlich stellt er die Sinnfreiheit eben nicht jenseits seiner subjektiven Befindlichkeit fest, sondern sie ist lediglich Ausdruck seiner zahlreichen Enttäuschungen, die er im Leben bereits hat hinnehmen müssen. So wird ein an sich wahrer Satz durch die Methode, wie er gefunden wurde, letztlich doch falsch. Denn es ist ja ganz richtig, dass das Leben sinnfrei ist, dass es zumindest in keinen höheren Sinn eingebunden ist. Tobias stellt allerdings die Sinnfreiheit im Modus der Enttäuschung fest. Eigentlich wünscht er, das Leben möge sinnvoll sein, um von der schützenden Gewissheit eines übergreifenden Sinns getragen zu werden. Tobias' Sinnfreiheit ist somit von affektiver Art, gleichsam eine zu erleidende Sinnfreiheit. Sie kann ihm so nicht zur Ursache werden, sich aus seinen sinnüberfrachteten Begriffen von Treue, Ehre und Anstand zu befreien.

Darüber hinaus konstruiert Tobias falsche Alternativen. Es

kann keine Rede davon sein, dass es nur die beiden Möglichkeiten gibt, das Leben so zu nehmen, wie es ist, oder es sich wider besseres Wissen schönzureden. Auch hier steckt im Ansatz etwas durchaus Richtiges: Illusionen aufzugeben und sich den Tatsachen zu stellen ist ein durchaus richtiger Lebensvollzug. Aber gerade das tut Tobias nicht, auch wenn das seine Alternative suggeriert. Dass er das »Sichschönreden« aufgegeben hat, ist noch kein Beleg dafür, dass er dies aus einer die Affekte übersteigenden Überlegung heraus getan hat. Da Tobias diese Überlegung nicht anstellt, findet auch kein qualitativer Sprung von der einen zur anderen Alternative statt. »Schönreden« und »das Leben nehmen, wie es ist« sind beide auf derselben affektiven Ebene angesiedelt. »Nehmen, wie es ist« verlässt somit nicht die Ebene der Illusion, nur dass diese Illusion nunmehr ins Negative gewendet wird. Tatsächlich lautet die Alternative: entweder schön- oder schlechtreden. Seine affektive Gebundenheit zwingt ihn dazu, auf der Ebene zu bleiben, auf der er sich ständig etwas einreden muss. Das »Leben zu nehmen, wie es ist«, deutet zudem an, dass Tobias eben nur bereit ist, alles passiv hinzunehmen, anstatt eine aktive Rolle zu spielen. Diese Passivität ist sein eigentliches Leiden, das er in Sprüchen, die er für Erkenntnisse hält, erfolglos zu kompensieren sucht.

Therapie

Caute – Vorsicht! Der Wahlspruch Spinozas ist der Ausgangspunkt der philosophischen Beratung. Leiden an der Welt ist immer das Resultat dessen, wie ich mich zu mir und zur Welt verhalte. Ziel des Gesprächs ist es, Tobias davon zu überzeugen, dass es vornehmlich seine falsche Methodik, seine falsche Herangehensweise an das Leben, sein falscher und irriger Umgang mit sich und seinen Mitmenschen ist, was zu gravierenden, Leid verursachenden Fehlschlüssen führt. Ein Ansatzpunkt könnte dabei Tobias' unsinnige Auffassung sein, dass es für ihn von Vorteil wäre, wenn ihm ein Teil des Gehirns »entfernt« würde, damit er die »Wahrheit« nicht erkennen müsse. Gerade umgekehrt wäre es richtig. Lediglich ein Mehr an denkerischer Leistung ist in der Lage, ihn aus dem Modus reiner Passivität zu befreien und in die Lage zu versetzen, sein Leben aktiv in die eigenen Hände zu nehmen. Es sollte also nichts von seinem Gehirn »entfernt«, sondern es muss in ganz erheblichem Umfang gestärkt werden. Es geht um die »Verbesserung des Verstandes«[16], darum, das Bewusstsein dafür zu schärfen, dass er nicht die Wahrheit als solche erkannt hat, sondern lediglich aufgrund seiner subjektiven Befindlichkeit auf ein scheinbar allgemeines Gesetz geschlossen hat. Der Geist soll aufgrund von Allgemeinbegriffen schließen, um so die rein zufälligen, kontingenten Bewertungen der Dinge und Musterbilder aufzulösen. Mit einem solchen Verfahren analysiert Tobias ganz rational, ob es wirklich legitim ist, aus seiner subjektiven Befindlichkeit auf ein allgemeines Gesetz zu schließen. Beim weiteren Nachdenken wird er von selbst darauf stoßen, dass eine solche Vorgehensweise falsch ist und zu falschen Ergebnissen führt. Er wird die Verfahrensweise korrigieren, von seinen subjektiven Erfahrungen absehen und in diesem Absehen zu richtigen Schlüssen kommen.

Um von sich selbst und seinem subjektiven Erfahrungshintergrund absehen zu können, ist eine Form der Absicht nötig, die mit den subjektiven Begriffen, Meinungen und Dogmen brechen kann. Absicht ist Ausbruch aus Konventionen und Konditionierungen, die seit Kindertagen in Tobias Platz gegriffen haben. In der Absicht erfährt Tobias eine radikale Dekonditionierung seines Denkens und hat so die Chance zu einem Neuanfang jenseits festgefügter freiheitsberaubender Begriffe. Dies ist der Aufbruch in ein Leben, in dem die Affekte zunehmend an Relevanz verlieren.

Absicht ist auch Vorsicht, denn nur aus dem Absehen von sich selbst entstehen die richtigen Schlüsse, die eine Handlung motivieren, die von der richtigen Einsicht getragen ist. Richtiges Einsehen ist Vorsicht im Sinne einer Voraussicht, indem sie vorausschaut auf die Kette von Ursachen und Wirkungen, die das

Leben bestimmen. Sie ist gleichzeitig ein Sich-in-Acht-Nehmen vor zu schnellen Urteilen, vor der Übernahme ungeprüfter Meinungen, Auffassungen, Lehrsätze, Dogmen und vermeintlicher Gesetze.

Vorsicht ist auch der behutsame Umgang mit sich selbst, der dann Ausdruck einer Verlässlichkeit und Berechenbarkeit des eigenen Lebens ist, das nicht immer wieder mit der natürlichen und notwendigen Ordnung der Dinge schmerzlich kollidieren muss. Vorsicht ist Einsicht in das Gefüge der Welt. Nur auf der Grundlage dieser Einsicht ist ein kollisionsfreies Leben möglich. Die Einsicht in die Verlässlichkeit eröffnet Tobias die Möglichkeit, sich auf andere zwar nicht blind, aber vorausschauend verlassen zu können, um so in gemeinsamer Tätigkeit seine passive Isolation aufzubrechen. In diesem Tätigsein überwindet Tobias sein affektgesteuertes Leben und ist nunmehr in seinem aktiven Lebensvollzug selbst mehr Ursache als Opfer von Fremdursachen. Die Vollkommenheit und damit das Glück des Lebens bemessen sich an der Anzahl der Wirkungen, die von ihm ausgehen. Tobias kann das Glück nur erlangen, wenn er aktiv wird. In diesem Ursache-Sein begreift Tobias, dass er den Fährnissen des Lebens affekt- und leidfrei zu trotzen vermag. Nur in dieser Ursächlichkeit kann Tobias die Sehnsucht nach einem übergreifenden Sinn überwinden.

Gottfried Wilhelm Leibniz
Das Böse ist der Preis der Freiheit

> *Wir leben in der besten aller möglichen Welten.*

Leben

Wenn von Leibniz (1646–1716) die Rede ist, häufen sich die Superlative. Für Bertrand Russell war er schlicht »einer der größten Denker aller Zeiten«.[17] Der brillante Leibnizkenner Kurt Huber beschreibt ihn als einen Mann, »der zu den größten gerechnet werden muss, die unser Volk hervorgebracht hat«.[18]

Gottfried Wilhelm Leibniz wurde in einer Zeit geboren, in der das politisch und religiös zersplitterte Deutschland durch die Schrecken des Dreißigjährigen Krieges (1618–1648) in weiten Teilen vollständig zerstört war. Wenn es in einem bekannten Schlaflied heißt »Pommerland ist abgebrannt«, so ist dieser Vers wortwörtlich zu verstehen. Ganze Landstriche wurden nach dem Prinzip der verbrannten Erde in eine Wüstenei verwandelt. Dreißig Jahre wüteten die kriegführenden Parteien vornehmlich in Deutschland und zerstörten Dörfer und Städte, verbrannten die Äcker und Felder und schlachteten an Mensch und Vieh ab, was nicht geraubt oder weggeschleppt werden konnte. Die Bevölkerungszahl sank auf ein Drittel des Standes vor Kriegsbeginn. Namhafte Historiker meinen, dass Deutschland sich bis heute von den katastrophalen Schäden dieses Krieges nicht erholt hat. Handel und Landwirtschaft kamen fast vollständig zum Erliegen, Wissenschaften, Kunst und Kultur gab es praktisch nicht mehr. Vor diesem Hintergrund weitreichender materieller und geistiger Verwüstung betrat ein Mensch die Bühne, dessen Universalität zumindest auf geistigem Gebiet viele Wunden schließen sollte, die der Krieg geschlagen hatte.

Gottfried Wilhelm Leibniz kam am 1. Juli 1646 in Leipzig zur Welt. Sein Vater war Professor für Moralphilosophie an der Universität, seine Mutter war die Tochter eines Rechtsgelehrten. Gottfried blieb das einzige Kind. Früh schon begann sich seine außergewöhnliche Begabung abzuzeichnen. Bereits mit acht Jahren erlernte Leibniz mithilfe der umfangreichen väterlichen Bibliothek die lateinische und griechische Sprache. Die Anfänge einer mathematischen Zeichensprache entwickelte er kaum sechs Jahre später im Durchdenken logischer Fragestellungen. Mit 15 Jahren verließ er die Schule, um Philosophie und Rechtswissenschaften an der Universität Leipzig zu studieren. Eine Promotion jedoch lehnten die Leipziger Professoren ab, weil sie Leibniz für zu jung hielten. Er ging nach Nürnberg und wurde an der Universität Altdorf unter dem größten Beifall der juristischen Fakultät zum Doktor beider Rechte promoviert. Er war 21 Jahre alt und hatte bereits das akademische Rüstzeug für eine glänzende Universitätskarriere. Dennoch lehnte er das Angebot einer Professur an der Universität der Reichsstadt ab. Leibniz fühlte sich zu Höherem berufen, glaubte, dass die engen Strukturen einer Universität die Entfaltung seiner weit gefächerten Fähigkeiten eher behindern als fördern würden.

Leibniz reiste nach Frankfurt, um von dort aus die Möglichkeiten für eine Anstellung zu sondieren. Das Tor zur großen Politik eröffnete sich ihm durch die Bekanntschaft mit dem Diplomaten Johann Christian von Boineburg, der Leibniz an den Hof des Mainzer Kurfürsten Johann Philipp von Schönborn empfahl. Im kurmainzischen Auftrag reiste Leibniz 1672 nach Paris, im Gepäck einen von ihm entwickelten Plan, die militärischen Expansionsgelüste des Sonnenkönigs Ludwig XIV. nach Ägypten zu lenken, um so Eroberungskriege in Europa zu verhindern. Das Unternehmen erwies sich als Fehlschlag, weder der französische König noch die ihm Nahestehenden haben das Schriftstück je gelesen. Schon bei dieser ersten größeren diplomatischen Mission deutet sich an, was Leibniz zeit seines Lebens in seinen rastlosen weitgespannten Tätigkeiten begleiten sollte: Erfolg und Anerkennung blieben ihm meist versagt. Ein charakteristischer Wesenszug seiner Persönlichkeit besteht aber gerade darin, dass er sich von Rückschlägen nicht entmutigen ließ, sondern nach Misserfolgen voller Optimismus neue Projekte in Angriff nahm.

In Paris und während eines Zwischenaufenthalts in London kam Leibniz mit den führenden Gelehrten Europas in Berührung, u. a. mit Isaac Newton, dessen Erfindung der Infinitesimalrechnung später zu einem hässlichen Streit um die Prioritätsrechte an diesem neuen mathematischen Verfahren führte, der in gewisser Weise bis heute anhält. In London präsentierte Leibniz vor den Mitgliedern der Royal Society seine erste Rechenmaschine mit solchem Erfolg, dass er im April 1673 zum Mitglied dieser weltberühmten wissenschaftlichen Gesellschaft ernannt wurde. 1676 kehrte Leibniz über Holland, wo er kurz mit Baruch de Spinoza in Den Haag zusammentraf, nach Deutschland zurück und trat als Bibliothekar und Hofhistoriograph in die Dienste des Herzogs von Braunschweig-Lüneburg in Hannover. Er erhielt den Auftrag, eine Geschichte des Welfenhauses zu schreiben, und unternahm zu Forschungszwecken 1687 eine ausgedehnte Reise, die ihn bis nach Italien führte. Leibniz nahm regen Anteil an allen theologischen, wissenschaftlichen und politischen Fragen seiner Zeit, er entwarf zahllose Abhandlungen zu religiösen Streitfragen, philosophischen, philologischen, physikalischen, technischen, mathematischen, historischen und juristischen Problemen, so wie es sich für einen Universalgelehrten gehört. Er spann ein weit verzweigtes Korrespondenznetz. Gegen Ende seines Lebens stand er mit 1100 Briefpartnern aus 16 Ländern im gedanklichen Austausch.

Von großer Bedeutung für seine Karriere war die Freundschaft mit der Kurfürstin Sophie, Gemahlin des Herzogs Ernst August von Hannover, und mit deren Tochter Sophie Charlotte, der späteren preußischen Königin. So hatte Leibniz zwei geistreiche Personen von Einfluss und Macht auf seiner Seite, die ihn erheblich protegierten und förderten. 1691 wurde Leibniz Leiter der Herzog-August-Bibliothek in Wolfenbüttel. Auf Vermittlung Sophie Charlottes wurden nach Verhandlungen mit ihrem Gemahl, dem brandenburgischen Kurfürsten

Friedrich III. und späteren preußischen König Friedrich I., im Jahr 1700 Leibniz' Pläne für eine Preußische Akademie der Wissenschaften nach englischem und französischem Vorbild in die Tat umgesetzt. Leibniz wurde ihr erster Präsident. 1711 traf Leibniz mit Zar Peter dem Großen in Torgau zusammen und unterbreitete ihm bei dieser Gelegenheit ein umfangreiches Programm zur Förderung der Wissenschaften in Russland. Bei weiteren Treffen in Karlsbad und Pyrmont erhielt Leibniz den Auftrag, eine Gesetzes- und Justizreform auszuarbeiten, und wurde in diesem Zusammenhang zum russischen Geheimen Justizrat ernannt. Wie so oft in seinem Leben blieb Leibniz auch in diesen Bemühungen der Erfolg versagt.

Leibniz hat zeit seines Lebens gehofft, in der großen Politik eine gewichtige Rolle zu spielen. Am Ende seines Lebens war er reich an wohlklingenden Ämtern, die ihm immerhin ein beträchtliches Einkommen sicherten, aber im Ganzen betrachtet eher eine wohlwollende Dekoration darstellten als einen profunden Einfluss auf das politische Geschehen seiner Zeit boten. Am 14. November 1716 starb Leibniz im Alter von 71 Jahren in Hannover. Bei seiner Beerdigung war nur sein Sekretär anwesend. Von den Großen und Mächtigen, deren Nähe Leibniz stets suchte und denen er unermüdlich zu Diensten war, ließ sich niemand blicken; seine beiden Gönnerinnen waren lange vor ihm gestorben. Sein Leichnam wurde in der Neustädter Hof- und Stadtkirche St. Johannis bestattet.

Lehre

Einem Universalgelehrten gerecht zu werden und seinem umfangreichen Werk damit die gebührende Anerkennung zuteilwerden zu lassen, ist im Rahmen dieses Buches nicht möglich. Hier kann es nur darum gehen, die Kerngedanken der Leibniz'schen Philosophie darzustellen, sofern sie im Sinne einer philosophischen Lebensberatung von Relevanz sind.

Schlüsselbegriffe von Leibniz sind: Monade[19], prästabilierte Harmonie, Theodizee[20] und beste aller möglichen Welten.

Was sind Monaden? Der Begriff Monade kommt aus dem Griechischen und bedeutet Einheit. Heute ist das Wort noch in der Klangtechnik geläufig, wenn wir von Mono und Stereo sprechen. Stellen Sie sich vor, Sie sitzen entspannt im Sessel und hören im Radio ein klassisches Konzert, das in Mono übertragen wird. Sie werden feststellen, dass in ihren jeweiligen Lautsprecherboxen das gesamte Orchester ungeteilt erklingt. Egal, wie viele Boxen Sie an Ihre Anlage anschließen, die Musik teilt sich nicht in unterschiedliche Instrumentengruppen, sondern in jedem Lautsprecher ist das Orchester immer in seiner ungeteilten Ganzheit präsent. Nun steht es Ihnen natürlich frei, Lautsprecher von unterschiedlicher Qualität anzuschließen. Dabei werden Hightech-Boxen dem Originalklang des Orchesters sehr nahe kommen, während qualitativ minderwertige Lautsprecher eher nur von Ferne daran erinnern, wie ein solches Orchester klingt. Die jeweilige Wiedergabekompetenz entscheidet also über die Nähe zum Original. Stellen Sie sich nunmehr die Leibniz'schen Monaden als eine unzählige Ansammlung von Lautsprechern unterschiedlichster Qualität vor und zwar so, dass Sie sich dabei nicht die Lautsprecher selbst, sondern deren jeweiligen Klang vor Augen führen. Jeder dieser unzähligen Lautsprecher wird dabei auf die ihm eigene Weise den Klang des Orchesters repräsentieren.

Der Vergleich mag etwas hinken, soll aber hier nur einer ersten Orientierung dienen. Die Leibniz'schen Monaden sind einfache Einheiten. Einfach heißt, dass sie nicht weiter teilbar sind. Sie sind hierarchisch gestuft je nach Vorstellung und Streben und reflektieren die gesamte Welt aus ihrem jeweiligen Blickwinkel. Streben bezeichnet den Trieb, von einer Vorstellung zur anderen überzugehen. Leibniz unterscheidet Gradabstufungen des Vorstellens. Ganz unten stehen die Monaden, die unbewusst dahindämmern, gefolgt von den Monaden, deren Vorstellungen mit Bewusstsein geschehen, ohne sich dessen allerdings bewusst zu sein (z. B. Tiere). Das Vorstellen mit Selbstbewusstsein steht an dritter Stelle, damit ist das spezifisch menschliche Vorstellen gemeint. Auch hier gibt es wiederum Gradunterschiede, denn die menschlichen Vorstellungen können mehr oder weniger deutlich sein. Je deutlicher die Vorstellung, desto ungehemmter die Tat. Anders gesagt, um eine immer deutlichere Vorstellung von einer Sache zu gewinnen, werde ich dafür umso mehr Kraft aufbringen müssen. Solche Monaden sind also hoch energiegeladen und damit kräftiger als Monaden mit undeutlicheren Vorstellungen. Das Energiequantum, abhängig von dem Deutlichkeitsgrad ihrer Vorstellung, entscheidet über die Tatkraft der jeweiligen Monade. So bezeichnet Leibniz die Monade als Substanz, die die Fähigkeit zu handeln besitzt.

Monaden sind ursprüngliche Kräfte, sie haben ein eigenes Sein und eine eigene Wirksamkeit. Sie sind individuell, stets voneinander verschieden, niemals identisch. Aufgrund ihrer Unteilbarkeit teilen sie sich keiner anderen Monade mit, noch erhalten sie eine Mitteilung von anderen Monaden. Leibniz bezeichnet sie als »fensterlos«, d.h. sie sind keiner Einwirkung nach außen fähig, noch bedürfen sie einer Einwirkung von außen. Zwischen ihnen herrscht totale Funkstille. Auch besitzen die Monaden wegen ihrer Unteilbarkeit keine Ausdehnung, denn alles, was irgendwie ausgedehnt ist, könnte in ein kleineres Ausgedehntes geteilt werden. Entstehen und Vergehen der Monade sind aus diesem Grund ebenfalls unmöglich. Denn wäre sie aus etwas entstanden, wäre sie ja nicht mehr einfach, sondern ein Teil dessen, woher sie rührt. Vergehen ist ausgeschlossen, weil sie sich dann in etwas auflösen müsste, dessen Teil sie fortan ist, auch dies widerspricht ihrer Einfachheit. Monaden können nur auf einen Schlag aufhören oder beginnen.

Der aufmerksame Leser wird es bereits ahnen: Diesen Schlag kann kein anderer führen als die höchste aller Monaden, die *monas monadum*, nämlich Gott. Da die Monaden sich untereinander nicht beeinflussen können, muss die höchste Monade dafür Sorge tragen, dass ein irgendwie sinnvolles Weltgeschehen überhaupt stattfinden kann. Die schöpferische göttliche Monade muss als eine Art Chefprogrammierer verstanden werden, der jede einzelne der unzähligen Monaden derart polt, dass sie in vollkommener Übereinstimmung ihres Vorstellens und Strebens aufeinander abgestimmt sind und so miteinander harmonieren. Damit die Welt nicht im Chaos auseinanderfällt, muss sie also von vornherein stabilisiert werden. Dieses vorgängige (prä) aufeinander abstimmende (Harmonie) Festigen (stabil machen) nennt Leibniz die »prästabilierte Harmonie«.

Stichwort »die beste aller möglichen Welten«: Gerade vor dem Hintergrund der Verheerungen des Dreißigjährigen Krieges zeugt dieses Postulat auf den ersten Blick entweder von einer totalen Weltblindheit oder einem monströsen Zynismus. Keins von beiden ist der Fall. Leibniz war ein weit und viel gereister Mann, der intensiv Anteil nahm an politischen und intellektuellen Prozessen seiner Zeit, eine Persönlichkeit, die stets auf Ausgleich, niemals auf Provokation bedacht war. Wenn er weder blind noch zynisch war, wie ist dann seine Grundthese, dass wir in der besten aller möglichen Welten leben, zu verstehen?

Nach Leibniz' Definition ist Gott als die höchste Monade schlechthin vollkommen. Vollkommen heißt, Gott ist allmächtig, allwissend, allgerecht und allgütig. Beim Schöpfungsakt der Welt stehen Gott unendlich viele mögliche Welten zur Verfügung. Von seiner Vollkommenheit ist zu erwarten, dass er dabei die beste aller Möglichkeiten, »den bestmöglichen Plan gewählt hat, in welchem sich die größte Mannigfaltigkeit mit der größten Ordnung vereint. Ort, Raum und Zeit am besten ausgenutzt, die größte Wirkung auf den einfachsten Wegen hervorgebracht und bei den Geschöpfen die meiste Macht, das meiste Wissen, das meiste Glück und die meiste Güte versammelt, welche das Universum fassen konnte«. Dennoch bleibt die Frage: Wenn Gott doch allgütig und allgerecht ist, wie kommt dann das Übel in die Welt?

Gott kann keine Götter schaffen. Im Schöpfungsakt Gottes wird notwendig etwas geschöpft, das weniger vollkommen ist als er selbst. Das kreatürliche Sein unterliegt der Beschränkung, leidet also einen Mangel an Vollkommenheit. Diesen Mangel begreift Leibniz als eine Art der Beraubung, etwas Fehlendes, das dem geschöpften Sein in seiner Endlichkeit notwendig anhaftet. Gott kann also, wenn er sich nicht ständig selbst reproduzieren will, gar nicht anders, als etwas zu schaffen, das gleichsam fehlerbelastet ist im Sinne eines Fehlenden. Dieses Fehlende ist ein notwendiges metaphysisches Übel. Daneben gibt es das physische Übel, das Leiden. Es ist gleichsam die logische Konsequenz aus dem ersten Übel. Dennoch ist das Leiden der häufigste Anlass, Gott anzuklagen. Zu Unrecht, meint Leibniz, denn es verschafft »auch dem, der es erleidet, eine Vollkommenheit, wie der Same vor der Keimung einer Art Verderbnis ausgesetzt ist«.[21] Das Übel kann also von einem größeren Gut begleitet sein und führt nur zur Anklage, wenn dieses größere Gut, um dessentwillen es geschieht, aus dem Blick gerät. Das dritte und letzte Übel, das Leibniz vorstellt, ist das moralische Übel. Dieses Übel ist der Preis der Freiheit. Gott schafft den Menschen als ein freies Wesen. Ohne diese Freiheit wäre jedes sittliche Handeln unmöglich. Nicht Gott ist schuld am Bösen, sondern der Mensch, der seine Freiheit, die er zum Guten bekommen hat, missbraucht.

Diagnose

»Nur Leute [...], die durch das Unglück etwas verbittert sind [...], finden überall Bosheit und vergiften die besten Handlungen durch die Deutung, die sie ihnen geben.«[22] Tobias ist in dreifacher Weise vom Übel betroffen. Erstens von einem metaphysischen Übel, das sich wie bei jedem Menschen aufgrund seines ihm notwendig zukommenden Mangels an Sein einstellt. Zweitens von einem physischen Übel, worunter Tobias ganz besonders leidet. Drittens von einem moralischen Übel, indem er seine Freiheit nicht nutzt, das Gute zu mehren, sondern dem Bösen (Rache, Lüge) Vorschub zu leisten.

Für das erste Übel kann Tobias nichts. Es liegt nicht in seiner Macht, diesem Defizit prinzipiell abzuhelfen. Allerdings liegt es in seiner Macht, dieses Defizit zu mindern. Dazu fehlt ihm aber die Kraft, derer er sich ständig selbst beraubt, indem er überall nur den Mangel ausmacht und sich dabei die Offenheit für die Fülle des Seins verstellt. Diese Kraftlosigkeit bedingt einen nur schleppenden Prozess des Vorstellens. Im Grunde bewegen sich seine Vorstellungen auf einem recht niedrigen Niveau, eine Weiter- und Höherentwicklung lässt sich bei Tobias nicht ausmachen. Folgerichtig empfindet er aus dem Blickwinkel des Mangels die Welt als nichtig und sinnfrei, denn aus dem bloßen Mangel lässt sich die Fülle nicht erschließen, oder anders gesagt, aus dem bloßen Nichts kann das Sein nicht folgen.

Die einseitige Sichtweise des ersten Übels führt Tobias zu einer falschen Interpretation des physischen Übels, seines ganz persönlichen Leidens. Stets sieht Tobias Ursachen, die er für sein Leiden verantwortlich macht. Tatsächlich sind aber die Umstände, dass seine Eltern ihn ins Internat steckten und allein ließen oder dass seine Freundin ihn betrogen hat, nicht als Ursache seines Leidens anzusehen. Wie jeder Mensch, so ist auch Tobias ein Agglomerat von Monaden. Monaden beeinflussen einander jedoch nicht. Keine Monade übt eine verursachende Wirkung auf eine andere aus. Monaden sind im Vorhinein so in Einklang gebracht, dass sie sich sinnvoll zueinander verhalten. Dieser Sinngehalt bleibt Tobias aber wegen seiner einseitigen Auslegung des ersten Übels verborgen. Die rein äußerliche Betrachtungsweise von Ursachen hält Tobias in einem vermeintlichen Ursache-Wirkungs-Mechanismus gefangen, der ihn nur noch für die Dissonanzen empfänglich macht. (Sein So-Sein folgt nicht aus dem So-Sein eines anderen; fasst Tobias es dennoch so auf, wird es schief, unstimmig, dissonant.) Er verpasst damit den Zugang zur harmonischen Sinntiefe der Welt.

Aus der fehlerhaften Einschätzung der beiden ersten Übel folgt das Böse auf moralischer Ebene. Aufgrund der Fehlinterpretation, seine Freundin sei die Ursache seines Leidens, glaubt Tobias nunmehr, er selbst könne Ursache für ein zukünftiges Leiden seiner Freundin sein. Indem er auf Rache sinnt, perpetuiert er nur den Irrtum, dem er selbst aufgesessen ist. Er kann so viele Rachegedanken schmieden und in die Tat umsetzen wie er will, das So-Sein seiner Freundin beeinflusst er damit nicht. Lediglich sein eigenes Leben wird er dadurch verderben, indem er einem Mechanismus verhaftet bleibt, der keine sinnerschließende Kompetenz besitzt und der folglich jede Verhaltensänderung von vornherein vereitelt. Tobias bleibt jetzt nur noch der böse Gedanke und die böse Tat. Seine mangelzentrierte Sichtweise führt zu einer sittlichen Verhaltensweise, die sich wesentlich aus Rache, Hass, Wut und Trotz speist. Weil er die vielfältige Fülle des Seins aus dem Blick verloren hat, starrt er gleichsam ins Leere, dem keinerlei Form von Ordnung innewohnt.

Die Welt ist aber prinzipiell so geschaffen, dass sich in ihr die größte Mannigfaltigkeit mit der größten Ordnung vereint. Richtet sich der Blick aber nur auf den Mangel und blendet dabei die Fülle des Lebens aus, geht der Sinn für die Ordnung der Welt verloren. Höchste Ordnung ist größte Schönheit, und nur aus dieser Erkenntnis heraus ist es möglich, ein liebendes Verhältnis zu ihr zu entwickeln. Mangelnde Ordnung lässt alles hässlich erscheinen und erzeugt so jenen Hass, der Tobias' Leben verdunkelt.

Therapie

»Wir leben in der besten aller möglichen Welten.« Dieser Satz wird den entschiedenen Widerspruch von Tobias hervorrufen. Er wird alles an persönlichem Elend aufzählen, was ihm an Ungerechtigkeit, an Schmach und Schande widerfahren ist, wird von seiner Welt auf die Welt im Allgemeinen zu sprechen kommen und auch dort nur Boshaftigkeiten, Gewalt, Unrecht, Verrat und Ehrlosigkeit ausmachen. Leibniz wird dieser Brandrede in Ruhe und Gelassenheit zuhören, seinen Klienten ausreden lassen und ihm recht geben. »Stimmt genau, Ihre persönliche Situation ist voller Leid und Schmerz, Sie haben recht, um die Welt ist es nicht zum Besten bestellt.«

Am Anfang des Gespräches steht also eine umfassende Bejahung, die Tobias nicht nur das Gefühl vermitteln soll, dass er in dem, was er sagt, ernst genommen wird, sondern die vor allem einen ersten Schritt zur Harmonisierung eines dissonanten Lebens darstellt. Es ist wichtig, dass Tobias lernt, sich zu bejahen. In diesem Sinne muss zwischen ihm und dem Philosophen ein Verhältnis herrschen, das auf Konsens und keinesfalls auf Konfrontation setzt. Die erste Bejahung muss aufrichtig erfolgen, sodass bei Tobias das Gefühl entstehen kann, nicht nur in dem, was er sagt, sondern auch als der, der er ist, angenommen zu werden. In dieser Bejahung kann Tobias entdecken, dass er sowohl in seinem Dass-Sein (dass es ihn überhaupt gibt) wie auch in seinem So-Sein (wie er und nur er ist) akzeptiert und geschätzt wird. Durch die Unterstützung seines individuellen So-Seins eröffnet sich Tobias die Möglichkeit, sich als Individuum in seinen unverwechselbaren Besonderheiten und damit auch in seinen Grenzen wertzuschätzen, sodass er sagen kann: »Einen wie mich gibt es kein zweites Mal, ich bin einmalig und unaustauschbar, nur ich bin gemeint und kein anderer.«

Die Bejahung der Individualität bedeutet im monadologischen Sinne einen entscheidenden Zuwachs an Kraft, da sie eine klarere und deutlichere Vorstellung dessen reflektiert, was das harmonische Ganze der Welt ausmacht. In diesem Sinne ist Bejahung vor allem Bekräftigung. Der Zuwachs an Kraft sorgt zugleich dafür, den Blick von den äußeren Lebensumständen wegzulenken, da jetzt die eigene Individualität im Vordergrund steht. Damit reißen die konstruierten Kausalketten, die stets beim anderen und dessen Verfehlungen den Grund für die eigene Misere gesucht und ausgemacht haben. Diese Begründungszusammenhänge werden aufgelöst und so der Blick frei für die wahren Sinnzusammenhänge. Tobias entdeckt, dass die Suche nach äußeren Gründen den Sinnzusammenhang nicht nur nicht entdeckt, sondern ganz wesentlich den Blick für solche Zusammenhänge verstellt. Durch diese bekräftigende Erkenntnis weiß Tobias jetzt, dass er mehr für sich und aus sich zu wirken imstande ist, als er bisher angenommen hat. Damit hat er die Grundvoraussetzungen dafür geschaffen, eine Veränderung in seinem Leben herbeizuführen. Aus der bösen Tat der Rache, die wesentlich den Charakter der Verneinung trägt, wird nunmehr im Licht der Bejahung eine Tat, die wesentlich ihm selbst zugute kommt. Das Übel kann so als Anlass der Wandlung zugelassen und in einen größeren Bedeutungszusammenhang eingeordnet werden. Dies ist zugleich der erste Schritt aus dem sinnleeren Chaos in eine Ordnung, in der sich die Schönheit der Welt zeigt. »Wir leben in der besten aller möglichen Welten«, diesen anfangs so vehement verneinten Satz kann Tobias jetzt akzeptieren. Er hat die tiefe Wahrheit entdeckt, dass sein individuelles Leben in seiner Mannigfaltigkeit in die größte Ordnung sinnvoll und harmonisch eingebettet ist.

Immanuel Kant
Glück und Pflicht

> *Glücklich zu sein, ist notwendig das Verlangen jedes vernünftigen aber endlichen Wesens, und also ein unvermeidlicher Bestimmungsgrund seines Begehrungsvermögens.*[23]

Leben

»Es ist Zeit!« – Königsberg, 4:45 Uhr, ein beliebiger Morgen in der Mitte des 18. Jahrhunderts. Mit diesem Weckruf in Richtung Schlafzimmer reißt Diener Lampe seinen berühmten Dienstherrn aus dem Schlaf. Morgen für Morgen, stets zur gleichen Zeit. Kant liebt Rituale. Seine Tage verlaufen nach einem starren Ordnungsschema. Nichts vermag diese Ordnung zu stören. Einer der größten Geister des abendländischen Denkens, der sich selbst als revolutionär bezeichnet, zwängt seinen Tagesablauf in ein starres Korsett, sodass man fast geneigt ist, den Giganten des Geistes für einen Pedanten zu halten. Die Königsberger jedenfalls sind stolz auf ihren hochberühmten Philosophen. Auch wenn die meisten von ihnen nichts mit seinen komplizierten »Kritiken« anzufangen wissen, so stellen sie doch immerhin die Uhr nach ihm, wenn er Punkt 19 Uhr von seinem täglichen Spaziergang und dem Besuch bei seinem Freund, dem englischen Kaufmann Joseph Green, nach Hause geht.

Über Kants Leben (1724–1804) lässt sich nichts Spannendes berichten. Er trank nicht übermäßig, lag mit niemandem im Streit, hatte keine Frauengeschichten, ließ sich auf keine sonstigen Abenteuer ein, hatte keine besonderen Gebrechen, Macken oder Ticks und verließ seine Heimatstadt praktisch nie. Er wurde am 22. April 1724 in der Königsberger Vorstadt als viertes von neun Kindern geboren. Sein Vater war einfacher Riemermeister, seine Mutter, eine geborene Reuter, die Kant zeitlebens wegen ihrer natürlichen Religiosität hoch verehrte, starb bereits 1737. Obwohl er aus einfachsten Verhältnissen stammte und es noch keine Schulpflicht gab, wurde Kant mit sechs Jahren in die Vorstädter Hospitalschule eingeschult, die er zwei Jahre besuchte, um von dort auf das Friedrichskollegium zu wechseln. Kants Erziehung erfolgte im Geist des Pietismus, einer protestantischen Erneuerungsbewegung, die sowohl in seinem Elternhaus wie auch auf dem Friedrichskollegium, das von der Königsberger Bevölkerung abwertend »Pietisten-Herberge« genannt wurde, eine dominante Rolle spielte. Das Reglement war streng, der Unterricht fand auf Latein statt, Griechisch und Hebräisch spielten eine große Rolle. Der Religionsunterricht nahm einen beherrschenden Raum ein, während Mathematik und Naturwissenschaften eher stiefmütterlich behandelt wurden. Kant dachte später »mit Schrecken und Bangigkeit« an jene Jahre der »Jugendsklaverei« zurück.

Als Zweitbester seines Jahrgangs verließ er 1740 das Fridericianum und begann noch im selben Jahr mit dem Studium an der Albertina, der Königsberger Universität. Kant studierte zwölf Semester Mathematik und Naturwissenschaften, Theologie, Philosophie und klassische lateinische Literatur. Durch seinen Professor für Logik und Metaphysik, Martin Knutzen, kam der junge Student mit den Lehren von Leibniz und Newton in Berührung, wobei gerade Newtons Physik Kant später als Beispiel und Vorbild strenger Wissenschaft galt. Knutzen lehnte Kants Erstlingswerk ›Gedanken von der wahren Schätzung der lebendigen Kräfte‹[24] als Abschlussarbeit ab, sei es, weil Kant mit seinen Angriffen auf Leibniz und Newton übers Ziel hinausschoss, sei es, weil er dem streng pietistischen Knutzen zu wenig pietistisch war. Kant unterbrach daraufhin sein Studium und verdingte sich nach dem Tod seines Vaters (1746) als Hauslehrer. Während der acht Jahre in verschiedenen Anstellungen hatte Kant die Gelegenheit – besonders während seines Aufenthaltes im Hause des Grafen Keyserlingk auf dem Schloss Waldburg-Capustigall –, sich jene gesellschaftliche Gewandtheit anzueignen, die ihn später zu einem gesuchten und geschätzten Gastgeber machten.

Kant kehrte 1754 nach Königsberg zurück und nahm sein Studium wieder auf. Knutzen war unterdessen gestorben, und so stand einer Promotion nichts mehr im Wege. Mit einer Arbeit über das Feuer promovierte Kant 1755 zum Doktor der Philosophie. Noch im selben Jahr folgte seine Habilitation, mit der er die Lehrerlaubnis an der Universität erwarb, allerdings ohne Anspruch auf irgendein staatliches Salär. Er war auf die Vorlesungsgebühren und Zuwendungen angewiesen, die ihm die Studenten für private Betreuung bezahlten. Kant bewarb sich dreimal vergeblich um eine ordentliche Professur an der Königsberger Universität. Er musste sich lange gedulden, bis er 1766 schließlich mit der Stelle eines Unterbibliothekars der königlichen Schlossbibliothek sein erstes, bescheiden honoriertes Amt erhielt. Es gingen nochmals vier Jahre ins Land, bis ihm endlich der erhoffte Durchbruch gelang. 1770 erhielt Kant die ersehnte Professur für Logik und Metaphysik, die ihn fortan von allen finanziellen Nöten befreite. In Deutschland hatte er es bereits zu einiger Berühmtheit gebracht und seine Vorlesungen, die er abwechslungsreich und unterhaltsam zu gestalten wusste, waren stets gut besucht. Kant wurde der Star der Königsberger Universität, Semester für Semester wuchs die Schar jener, die den Meister glühend verehrten.

Kant brauchte zehn Jahre der Vorarbeiten, Forschungen und Studien bis er endlich 1780 in nur wenigen Monaten sein erstes Hauptwerk ›Kritik der reinen Vernunft‹ niederschrieb. Es erschien 1781 und löste die unterschiedlichsten Reaktionen aus, von begeisterter Aufnahme über Ablehnung und Missverständnis bis zum schlichten Desinteresse. Nur langsam begann das akademische Deutschland zu begreifen, welch radikalen Einschnitt in die Philosophiegeschichte die ›Kritik der reinen Vernunft‹ bedeutete. Doch dann brach der Damm, Kant wurde wie kein anderer Philosoph nicht nur in Deutschland, sondern auch im benachbarten Ausland diskutiert. Der Königsberger Kritiker wurde mit Ehrungen überhäuft, die in Mitgliedschaften der Berliner und der Petersburger Akademie der Wissenschaften gipfelten. 1787 und 1790 folgten die ›Kritik der praktischen Vernunft‹ und die ›Kritik der Urteilskraft‹. Kant war auf dem Gipfel seines Ruhms angekommen.

Sein 1793 erschienenes Werk ›Die Religion innerhalb der Grenzen der bloßen Vernunft‹ brachte ihn in Konflikt mit der preußischen Zensurbehörde. Man warf ihm eine »Herabwürdigung« der Heiligen Schrift und Pflichtverletzungen als »Lehrer der Jugend« vor. Damit zog Kant bereits zu Lebzeiten in den Olymp der Philosophen ein, sein Name steht seither in einer Reihe mit den Größten, die mit Sokrates beginnt. Auch ihn hatte man angeklagt, die Götter nicht genug zu ehren und die Jugend zu verderben. Kant nahm die Vorwürfe gelassen und schwieg in religionsphilosophischen Fragen, solange König Friedrich Wilhelm II. lebte. Im Alter von 73 Jahren hielt Kant seine letzte Vorlesung. 1797 erschien mit der rechts- und geschichtsphilosophischen Abhandlung ›Metaphysik der Sitten‹ das letzte groß angelegte Werk. Seine letzten Jahre waren von einem allmählichen körperlichen und geistigen Verfall gekennzeichnet. Am 12. Februar 1804, einem Sonntag, vormittags um 11 Uhr starb Kant. Der Boden war wegen des extrem kalten Winters steinhart gefroren, sodass die Beisetzung erst 16 Tage später, unter großer Anteilnahme der Bevölkerung, stattfinden konnte. Sein Grabmal befindet sich neben dem Dom in Königsberg, dem heutigen Kaliningrad.

Lehre

»Was kann ich wissen? – Was soll ich tun? – Was darf ich hoffen? – Was ist der Mensch?« Es sind im Wesentlichen diese vier Fragen, die Kant im Laufe seines philosophischen Schaffens zu beantworten versuchte. Die ersten beiden Fragen wollen wir zur Erläuterung der Kant'schen Lehre genauer untersuchen.

Was kann ich wissen? Dieser Frage geht Kant in seinem ersten Hauptwerk, ›Kritik der reinen Vernunft‹, nach. Legen Sie einmal das Buch beiseite und nehmen Sie sich Zeit, über diese Frage nachzudenken. – – – Falls Sie zu keiner Antwort gekommen sein sollten, seien Sie ganz beruhigt, Kant hat über diese Frage zehn Jahre gebrütet und schließlich gut 800 Seiten geschrieben, um sie zu beantworten. Das Tückische an der Frage ist offensichtlich, dass es nicht darum geht herauszufinden, was man so alles weiß, sondern dass die Frage auf das Wissen-*Können* zielt. Mit der Frage »Was kann ich wissen?« reflektiert Kant die Grundlagen der Erkenntnis überhaupt. Die Frage nach dem Können zielt auf die Möglichkeiten und Grenzen des prinzipiell begrenzten Menschen, sicheres Wissen zu erlangen. Es geht also nicht darum, was das Wissen ist oder was dieses Wissen weiß, sondern Kant fragt nach den Bedingungen und Möglichkeiten, überhaupt Wissen zu erlangen. Was muss ich an Voraussetzungen mitbringen, damit ich sagen kann: Das weiß ich sicher? Kants Untersuchungen richten sich also vornehmlich auf die Struktur unseres Erkenntnisapparates. Dabei kommt er zu grundstürzenden Ergebnissen: Sie kennen gewiss die Redewendung »er oder sie sieht alles durch eine rosa Brille«. Stellen Sie sich vor, alle Menschen trügen eine solche Brille und wären außerstande, diese Brille abzusetzen. Stark vereinfacht ist es genau das, was Kant meint. Unser Erkenntnisapparat (»rosa Brille«) hat eine gewisse Struktur, mittels derer wir die Gegenstände erkennen, und zwar immer nur so, wie es mit diesem Apparat möglich ist. Das heißt, wir erkennen die Dinge nicht, wie sie »an sich« sind, sondern immer nur, wie sie in Bezug auf uns und unser Erkenntnisvermögen sind. In unserem Bild: Alle Dinge erscheinen uns notwendig rosa. Ob sie wirklich rosa sind oder wie sie sind, wenn wir nicht durch diese Brille schauen, das können wir nicht wissen.

Dieser radikale Perspektivenwechsel ist als eine »kopernikanische Wende« bezeichnet worden. Warum? Nun, vor Kopernikus war man der Auffassung, die Erde als Schöpfung Gottes befinde sich fest und unbeweglich im Mittelpunkt des Universums, während die Sterne sich um die Erde bewegten. Kopernikus hat bekanntlich nachgewiesen, dass diese Vorstellung falsch ist. Mit ihm ist eine Wende des Weltbildes eingetreten. Nunmehr bewegte sich die Erde um die Sonne und nicht umgekehrt. Die Erde war plötzlich ihrer Sonderstellung beraubt. Ebenso ergeht es nun bei Kant dem Menschen. Vormals die Krone der göttlichen Schöpfung, findet er sich mit einem Schlag seiner hervorgehobenen Stellung beraubt. Fortan thront er nicht mehr im Mittelpunkt der Schöpfung als dessen von Gott gewolltes Kraft- und Machtzentrum, in dem er eine direkte Verbindung zwischen sich und der wahren Ordnung des Universums herstellen kann. Eine ungeheure Degradierung setzt ein, die auf der einen Seite eine dramatische Beschneidung der Privilegien bedeutet, auf der anderen Seite jedoch eine befreiende Öffnung des menschlichen Bewusstseins für eine neue abenteuerliche Wirklichkeit mit sich bringt. Insofern ließe sich auch von einer umgekehrten kopernikanischen Wende sprechen, da der menschliche Verstand nunmehr als eine Instanz betrachtet wird, die den Dingen ihre Gesetze, Regeln und Bedingungen vorschreibt. Machtverlust also auf der einen Seite, indem der unmittelbare Kontakt zwischen Mensch und Ding abgebrochen ist, Machtzuwachs auf der anderen, indem die menschliche Vernunft bestimmt, wie die Dinge erscheinen.

Nun mögen Sie sich vielleicht fragen, warum man denn nicht einfach die »rosa Brille« absetzt. Nach Kant ist genau das eben nicht möglich. Kant versucht zu beweisen, dass sich unser Vorstellen immer und notwendig in gewissen Kategorien vollzieht, von denen wir uns nicht trennen (Brille absetzen) können. Raum und Zeit sind dabei die reinen Formen der Anschauung. Rein heißt hier, was von unserer Erfahrung unabhängig ist. Kant argumentiert kurz gefasst so: Wir können uns alles von einem Gegenstand wegdenken, was wir aufgrund unserer Erfahrung von ihm wissen. Zum Beispiel dieser Laptop, vor dem ich sitze: Ich kann mir vorstellen, dass er keinen Bildschirm hat, keine Tastatur etc., ich kann ihn mir auch ganz von meinem Schreibtisch wegdenken wie auch mein Arbeitszimmer, das Haus, in dem ich lebe. Eines allerdings kann ich mir nicht wegdenken, nämlich den Raum, den all diese Gegenstände meiner sinnlichen Erfahrung einnehmen. Daraus schließt Kant, dass der Raum eine Form der Anschauung ist, die »a priori« gegeben ist, also vor aller Erfahrung. Der Raum und auch die Zeit sind keine Eigenschaften der Dinge, sondern die Grundvoraussetzungen für unser Erkennen von Dingen. Diese Anschauungsformen sind es, in denen ich die Dinge immer und notwendig betrachte. Sich von diesen Formen zu trennen (Brille absetzen) ist unmöglich, weil sie konstitutive Grundlage unserer Anschauung sind.

Analog zu den Anschauungsformen Raum und Zeit entwickelt Kant zwölf Kategorien des Verstandes, in denen sich das Denken vollzieht. Eine der wichtigsten davon ist das Ursache-Wirkungs-Prinzip. Wir kommen also nicht nur auf der Ebene der Erfahrung, sondern auch auf der des Denkens zu richtigen Ergebnissen, weil sie grundsätzlich erfahrungsunabhängig Gültigkeit besitzen. Der Nachteil, die Dinge nicht an sich erkennen zu können, wird aber nicht als solcher empfunden, weil der Vorteil, auf dieser Basis zu einem sicheren Wissen zu gelangen, bei Weitem überwiegt. Die Vernunft ist jetzt nicht mehr ans Gängelband der Erfahrung gefesselt, von der sich, wenn man nur von ihr ausgeht, nichts Sicheres ausmachen lässt, oder wie Kant es sagen würde, nichts Notwendiges und Allgemeingültiges, sondern die Vernunft ist es, die den Dingen angesichts ihrer Kategorien im Sinne einer aktiven und schöpferischen Tätigkeit unseres Erkennens ihre Gesetze aufdrückt. Kant sucht also in der ›Kritik der reinen Vernunft‹ im Subjekt die apriorischen Formen, die das Objekt erst als solches konstituieren.

Indem Kant diese apriorischen Formen ausfindig macht, geht es ihm aber nicht darum, unsere Erfahrungen abzuwerten. Im Gegenteil, jede Erkenntnis hebt mit der Erfahrung an und ist zur Begriffsbildung des Verstandes notwendig. Nur vermittelt die Erfahrung allein kein notwendiges und allgemeingültiges Wissen. »Gedanken ohne Inhalt sind leer, Anschauungen ohne Begriffe sind blind.«[25] Durch die reinen Anschauungsformen (Raum und Zeit) und die Kategorien (Kausalität etc.) wird dem Objekt Einheit verliehen. Wie das Ding unabhängig von diesen

Kategorien und Anschauungsformen ist, wissen wir nicht. Tatsächlich stiftet aber dieses Apriori die Einheit des Objekts und damit gleichfalls die Einheit des Subjekts. Das Subjekt projiziert gleichsam seine eigene Einheit, die in den Anschauungsformen und Kategorien begründet liegt, als Gegenstand sich gegenüber. Damit ist das Bewusstsein mit dem, was es denkt, identisch. Der Geist erschafft nicht die Dinge, sondern strukturiert sie nur angesichts der Gesetze, die ihm eigen sind. Damit die Dinge aber überhaupt in dieser Weise strukturiert werden können, muss es sie auch geben, vor oder unabhängig von jeder Strukturierung. Diesen Status der Dinge nennt Kant das »Ding an sich«, es ist notwendig, aber absolut unerkennbar.

Was kann ich also wissen? Alles, was die Gegenstände der Erfahrung betrifft, also was in den Grenzen der reinen Anschauungsformen und in den Grenzen der Kategorien erscheint. Außerhalb derer kann ich nichts wissen.

Die Klärung der ersten Frage leitet über zu der nächsten Frage: »Was soll ich tun?« War die erste Frage eine erkenntnistheoretische, so haben wir es jetzt mit einer Frage aus dem Bereich der praktischen Philosophie, also der Ethik oder Sittenlehre zu tun. Kant behandelt diese Frage in seiner ›Grundlegung zur Metaphysik der Sitten‹ und auf deren Basis noch ausführlicher in seiner ›Kritik der praktischen Vernunft‹. Sie untersucht die Vernunft, insofern sie ganz praktische Entscheidungen trifft, also das moralische Verhalten des Menschen. Dabei geht es Kant nicht darum, die moralischen Grundsätze konkret darzustellen, was sie abhängig von Kulturen und Zeiten verbieten und erlauben, sondern er stellt die allgemeingültigen Bedingungen moralischer Entscheidungen heraus, wie sie in allen Kulturen und zu allen Zeiten gelten. Moralische Werte, so lehrt Kant, sind *a priori* gegeben und von keiner Erfahrung vermittelt. Deshalb sind sie auch nicht erstrebenswert um eines äußeren Zieles willen, denn dann besäßen sie ja nur unter gewissen Umständen Geltung. So würde man Kant auch missverstehen, wollte man seinen berühmten kategorischen Imperativ vereinfacht übersetzen mit:

»Was du nicht willst, das man dir tu, das füg auch keinem andern zu.« Gerade darum geht es nicht. Diese Form des subjektiven Nicht-Wollens kann kein Apriori begründen. Denn dann würde sich der moralische Wert einer Handlung nur danach bemessen, was der eine oder der andere will oder nicht will. So würde eine Handlung um eines äußeren Zieles willen vollzogen, gerade das soll aber nach Kant unter keinen Umständen der Fall sein, wenn es um moralische Entscheidungen geht.

Moralisch ist nach Kant eine Handlung ausschließlich dann, wenn sie von dem moralischen Gesetz ausgelöst wird. Dem moralischen Gesetz in uns, ungeachtet unserer persönlichen Neigungen und Bedürfnisse, sollen wir Folge leisten. Dies ist die Antwort auf die Frage »Was soll ich tun?«. Wie die reine Vernunft vom Gängelband der Erfahrung befreit wurde, so wird die praktische Vernunft aus den Fesseln der subjektiven Neigungen und Bedürfnisse gelöst. Mit dieser Loslösung erwacht das Subjekt zur moralischen Autonomie (*autos* = selbst, *nomos* = Gesetz), indem es sich nunmehr selbst das Gesetz seines moralischen Handelns gibt. Dieses Gesetz gebietet, der Pflicht zu gehorchen, es ist ein Appell in der Form: Ich soll. Nur dieses Sollen darf die Motivation unserer Handlungen sein.

Wenn vom Sollen die Rede ist, so entsteht leicht der Eindruck, als handele es sich bei Kant um eine pflichterfüllende Zwangsveranstaltung, in der die Freiheit unterdrückt wird. Davon kann allerdings keine Rede sein. Im Gegenteil, für Kant ist gerade die Freiheit nichts anderes, als der Pflicht zu gehorchen. Denn Freiheit bedeutet im Wesentlichen, unabhängig zu sein von meinen jeweiligen Empfindungen und Affekten. Diese Unabhängigkeit versetzt den Menschen in das Reich der Freiheit, in dem er als Person ein freies moralisches Subjekt ist. Kraft seiner Persönlichkeit gibt er sich als freies moralisches Subjekt aus eigener Vernunft selbst das Sittengesetz, dem er sich jenseits aller äußeren Autorität zum Gehorsam verpflichtet weiß. Damit dient er keiner fremden Autorität und darf in diesem Sinne auch von niemandem für seine Zwecke eingespannt werden. Der Wert eines Menschen bemisst sich gerade nicht nach seiner Nützlichkeit oder Brauchbarkeit, danach, ob er einem bestimmten Zweck dienlich ist oder nicht, sondern der Mensch ist immer um seiner selbst willen zu achten. Oder anders gesagt: Der Wert des Menschen gilt absolut und darf nicht durch bedingte Werte (wie z. B. Zweckdienlichkeit) relativiert werden. So lautet eine Variante des Kant'schen Sittengesetzes: »Handle so, dass du die Menschen sowohl in deiner Person als in der Person eines jeden andern jederzeit zugleich als Zweck, niemals bloß als Mittel brauchst.«[26]

Was soll ich tun? Kant gibt eine Antwort mit seinem berühmten kategorischen Imperativ: »Handle so, dass die Maxime deines Willens jederzeit zugleich als Prinzip einer allgemeinen Gesetzgebung gelten könne.«[27] Der Satz hat die Form eines Imperativs, eines Befehls. Dieser Befehl ist kategorisch, d. h. er gilt unbedingt, ausnahmslos immer und überall. Dabei bezieht der Wille sich auf eine Maxime, die gleichfalls Notwendigkeit und Allgemeingültigkeit fordert. So liefert der kategorische Imperativ keine Handlungsmodelle für allgemeingültiges Verhalten in konkreten Entscheidungssituationen. Denn nicht die Handlung selbst macht die moralische Qualität aus, sondern nur die Maxime, auf die sich der Wille bezieht. Was soll ich tun? Dem moralischen Gesetz in mir Folge leisten. Wie diese Handlungen konkret unter verschiedenen Bedingungen des Ortes und der Zeit aussehen, ist eine andere Frage. Aber wie auch immer die jeweiligen Bedingungen sind, unter denen ich so oder so handle, die Handlung ist immer nur dann gut, wenn sie durch das moralische Gesetz in mir gedeckt ist.

Diagnose

»Wer sich selbst zum Wurm macht, darf sich nicht beklagen, wenn er mit Füßen getreten wird.«[28] Tobias' Leben ist gekennzeichnet von der Pflichtvergessenheit, deren Opfer und Verursacher er gleichermaßen ist. Aus seiner Lebensgeschichte ergibt sich, dass Tobias besonders darunter leidet, verlassen worden zu sein. Dabei spielen seine Eltern und später seine Partnerinnen eine zentrale Rolle.

Sein Vater gab Tobias in ein Internat. Seine Mutter war dagegen, beugte sich jedoch dem Willen ihres Mannes. Wie sind diese Handlungen zu beurteilen? Um dies einschätzen zu können, müssen die Motivationen herausgestellt werden, die seine Eltern dazu veranlasst haben. Der Vater gibt Tobias in ein Internat, um seine berufliche Karriere ungestört verfolgen zu können. Tobias wird als ein Störfaktor gesehen, der aus dem Weg geräumt werden muss. In diesem Sinne muss die Motivation des Vaters als moralisch verwerflich betrachtet werden. Er macht seinen Sohn zum Mittel, seine eigenen Zwecke zu fördern. Er ist ihm nicht wert um seiner selbst willen, sondern nur wert oder unwert, sofern er seine Kreise nicht stört. Damit hat der Vater in Tobias das Gefühl zumindest erheblich verstört, als Mensch einen absoluten, durch nichts zu relativierenden Wert zu besitzen. Die Mutter ist zwar gegen die Abschiebung von Tobias in ein Internat, dennoch unterscheidet sich ihre Handlungsweise unter moralischen Gesichtspunkten nicht von der des Vaters. Auch sie instrumentalisiert Tobias für ihre Zwecke. Um ihre Ehe nicht zu gefährden, lässt sie Tobias in dem Augenblick allein, wo er die Hilfe der Mutter am dringendsten nötig gehabt hätte. Die Mutter folgt ihren eigenen Bedürfnissen und Neigungen bzw. Abneigungen. Zumindest eine gewichtige Abneigung ist dabei, vom Ehemann verlassen zu werden. Ihre Handlung gegenüber Tobias ist also wesentlich von ihren Affekten her motiviert und nicht von einem inneren moralischen Gesetz. Zudem beugt sie sich einer äußeren Autorität, nämlich der ihres Mannes, und handelt nicht aus eigener Vernunft. Tobias wird also auch von der Mutter lediglich als Mittel der Bedürfnisbefriedigung eingesetzt und missbraucht. Diese Kindheitserfahrungen haben zerstörerische Spuren in der Selbstwertschätzung bei Tobias hinterlassen. Er hat gelernt, nur etwas wert zu sein, wenn er zu etwas nütze ist, und an Wert sofort und radikal zu verlieren, sobald er den Nützlichkeitsansprüchen nicht gehorcht.

Auf der Grundlage dieser Erfahrung hat Tobias eine extreme Wertehierarchie errichtet, deren Herrschaftsmechanismus er sich selbst und andere radikal unterwirft. Es ist ihm bisher nicht gelungen, sich von seinen Kindheitserfahrungen zu distanzieren und im Umgang mit sich und anderen einen alternativen Weg einzuschlagen. Seine Handlungen heute sind in ihrer Grundstruktur praktisch eine Wiederholung dessen, was er von seinen Eltern gelernt hat. Menschen, mit denen er zu tun hat, werden nicht um ihrer selbst willen wertgeschätzt, sondern nur insofern sie seinen Bedürfnissen entsprechen. So entscheidet über Wert und Unwert seiner Freundin als Mensch allein die Frage, inwiefern sie sein Treuebedürfnis befriedigt. Da sie diesem Bedürfnis offensichtlich nicht gerecht geworden ist, wird sie nicht nur radikal abgewertet, sondern in dieser Abwertung zugleich als Mittel missbraucht, um das Rachebedürfnis zu stillen. In diesem Sinne ist Tobias Knecht seiner Leidenschaften, die ihm befehlen, Menschen nur noch danach zu beurteilen, inwieweit sie seinen Bedürfnissen entgegenkommen oder nicht. Menschen werden zu zweckdienlichen Sachen herabgewürdigt und so ihrer Würde beraubt, sodass Tobias' Urteil, die Menschen besäßen keine Würde, lediglich Resultat seines Umgangs mit ihnen und mit sich selbst ist.

Der instrumentalisierenden Verdinglichung der Menschen seiner Umgebung fällt Tobias schließlich selbst zum Opfer. Zum Gradmesser seines Selbstwertes zieht er die Leistungen und Erfolge resp. Misserfolge seines Lebens heran. Die Bilanz ist durchweg negativ: Bei Frauen hat er keinen Erfolg, in seinem Beruf kann er nicht das leisten, was seinen eigentlichen Fähigkeiten entspricht. Indem er sich selbst dergestalt abwertet, konstruiert er sich selbst zugleich als Mittel, die Verantwortung für sein Handeln zu ignorieren. In dieser Dialektik mutiert er selbst zum Mittel seiner eigenen Blindheit gegenüber sich ständig wiederholenden Handlungsabläufen. Unter diesen Bedingungen ist er jeder Verpflichtung, sein nicht gelingendes Leben zu verändern, enthoben. In dieser stumpfsinnigen Stereotype instrumentalisierender Fremd- und Selbstverdinglichung erschöpfen sich selbst die Leidenschaften als Motor seines Lebens. Von den anderen und ihm bleibt nach seinen ständigen Abwertungsprozessen nicht mehr übrig als ein kraft- und hoffnungsloses »Ich bin 35, was soll denn jetzt noch kommen«.

Therapie

»Du kannst, denn du sollst.«[29] Die Frage, wie eine Therapie im Kant'schen Sinne aussähe, beantwortet sich im Grunde genommen mit Kants Überlegungen zu der Frage, was Aufklärung sei: »Aufklärung ist der Ausgang des Menschen aus seiner selbstverschuldeten Unmündigkeit.«[30] Tobias muss lernen, sich seines eigenen Verstandes zu bedienen, sodass die Therapie unter dem ermutigenden Zuruf des »Sapere aude!« – »Wage zu wissen!« steht. Gegen die Erfahrung, nichts zu können, in allen Bereichen ein Versager zu sein, soll Tobias die Erfahrung machen, dass er doch zumindest eines kann: nämlich sich seines eigenen Verstandes bedienen. Wie gut dies am Anfang gelingen mag, ist dabei vorerst kein Kriterium, sondern allein die Tatsache, dass es im Bereich seiner Möglichkeit liegt, seinen Verstand, den er ohne Zweifel besitzt, auch zu benutzen, lässt gegen alles Nicht-Können eine fundamental neue Dimension des Könnens aufscheinen.

Nun wird es nicht leicht sein, den Mut zum Wagnis des Wissens zu wecken. Dies kann aber dennoch gelingen, indem der Philosoph im Kant'schen Sinne an Tobias' guten Willen appelliert. Der Appell wird nicht ungehört verhallen, wenn darauf aufmerksam gemacht wird, wo sich dieser gute Wille in Tobias' Leben bereits zeigt. Zum Beispiel mit der Frage: »Warum hast du denn deine lebhaften Rachephantasien nicht längst in die Tat umgesetzt und mit deinen Kumpels jenem verhassten Nebenbuhler einen unvergesslichen Besuch abgestattet? Doch nicht nur aus Feigheit, sondern weil etwas in dir dich von einer solchen Tat abgehalten hat, etwas, was dir gesagt hat, dass eine solche Handlung verwerflich ist.« Hier setzt das Gespräch konkret an und versucht, dieses »Etwas« als die eigentliche Motivation der Unterlassung herauszuarbeiten. Im weiteren Verlauf kann dieses »Etwas« als der gute Wille identifiziert werden, der mit den verschütteten moralischen Werten von Tobias im Einklang steht. Tobias kann so erkennen, dass die Unterlassung kein Makel ist, sondern ein Beweis seiner Bezogenheit auf das moralische Gesetz, dem er gerade in der Unterlassung Folge leistet. Diese Erkenntnis macht das, was er kann, konkret. Tatsächlich kann er nämlich seinem guten Willen folgen. Das hat er ja schon unter Beweis gestellt. In der Wahl zwischen einer moralisch verwerflichen Tat und deren Unterlassung hat Tobias im Grunde genommen bereits die moralische Alternative gewählt.

Angesichts dessen kann auf die eigentliche Motivation reflektiert werden, die zu dieser Entscheidung geführt hat. Hier entdeckt Tobias das moralische Gesetz in sich selbst, von dem ausgehend er nunmehr seine aktuellen Handlungen einer Prüfung unterziehen kann und dabei in der Lage ist, sie auf der Grundlage dieses Gesetzes zu korrigieren. Die Entdeckung des Sittengesetzes wird dabei Tobias' Willen revolutionieren und einen an sich guten Willen hervorbringen, sodass aus Pflichtvergessenheit Pflichtbewusstsein entstehen kann. In diesem revolutionierten Bewusstsein allein kann Tobias der Pflicht, also dem Sollen, einen Sinn geben, der in nichts anderem besteht als in der Möglichkeit der Wahl. »Du kannst, denn du sollst« heißt dann nichts anderes als: »Tobias, du bist ein freies Wesen, denn in dir selbst findest du den Sinn für die Pflicht.« In der Pflichterfüllung kann Tobias seine Freiheit gleich mit entdecken, die ihm außerhalb des Sollens verborgen bleiben muss. Denn nur sofern er soll, was er kann, steht er vor der Entscheidung, diesem Sollen zu folgen oder nicht. Die Erfahrung, eine Wahl zu haben, ist die Grundvoraussetzung, um von dem Status der Knechtschaft in den der Freiheit zu wechseln. Im Sollen, in der Pflicht entdeckt sich die Freiheit, und sie allein erlöst Tobias aus dem stereotypen Stumpfsinn seiner bisherigen Handlungsabläufe.

CLAUDIA

Claudia war immer pünktlich, sogar überpünktlich. Hatten wir eine Sitzung für 16 Uhr angesetzt, saß sie bereits um zehn, spätestens fünf vor vier im Wartezimmer meiner Praxis. An ihrem äußeren Erscheinungsbild schien sie nichts dem Zufall zu überlassen, nicht die kleinste Nachlässigkeit war zu entdecken. Grauer Hosenanzug, weiße Bluse, die langen blonden Haare perfekt frisiert, zurückhaltend geschminkt und dazu ein dezentes Parfum. Claudia war 37 Jahre alt, als wir unsere Gespräche aufnahmen. Sie sollten die nächsten zwei Jahre fortgeführt werden.

In Limburg an der Lahn kam Claudia Anfang der sechziger Jahre zur Welt. Sie hat eine fünf Jahre ältere Schwester. Ihr Vater ist hoher Verwaltungsbeamter, während ihre Mutter den Haushalt versorgt. Claudia schildert ihren Vater als einen sehr kompetenten und pflichtbewussten Mann, der innerhalb der Familie wie auch unter seinen Freunden und Kollegen große Achtung genießt. In Erziehungsfragen hat er sich allerdings nur sehr selten und sporadisch eingemischt. Wenn er sich in dieser Hinsicht mal zu Wort meldete, dann nur im Sinne eines »Machtwortes«, allen war dann klar: So und nicht anders wird es gemacht. Ihrem Vater bringt Claudia bis heute großes Vertrauen entgegen, alle wesentlichen Entscheidungen in ihrem Leben spricht sie mit ihm ab. Sie beklagt allerdings, dass er kaum einmal über seine Gefühle spreche und schon gar nicht darüber, was er für sie empfinde. Sobald irgendwie Gefühle im Spiel seien, verfalle er in eine »versachlichende Behördensprache«.

Ihre Mutter, obwohl selbst Akademikerin, hat ihren Beruf um der Familie und der Karriere ihres Mannes willen aufgegeben. Claudia schildert ihre Mutter als eine kränkliche und sehr ängstliche Frau. Gerade um die Gesundheit ihrer Mutter hat Claudia sich während ihrer Kindheit immer sehr große Sorgen gemacht und dabei sich selbst die Schuld gegeben, wenn es ihrer Mutter tatsächlich schlecht ging. Wenn es Streit im Haus gab, sei es immer ihre Mutter gewesen, die zu schlichten versuchte. Ruhe und Frieden innerhalb der Familie sei ihr über alles gegangen. Konflikte seien so nie wirklich besprochen worden, sondern ihre Mutter habe dafür gesorgt, dass sie um des lieben Friedens willen schnell unter den Teppich gekehrt wurden. Nach dem Motto: Wenn keiner sich lauthals streitet, ist alles in bester Ordnung. Ihre Mutter habe immer den Anschein erweckt als sei sie todkrank, und dies umso mehr, wenn irgendwo Konflikte innerhalb der Familie auftraten. Schon allein um ihre schwache Gesundheit zu schonen, habe man sich dann aller weiteren Streitigkeiten enthalten. Zu Konflikten ist es häufig zwischen ihrer Schwester und ihrem Vater gekommen, da sie sich seiner Autorität nicht ohne Weiteres unterwerfen wollte. Auch zwischen ihrer Schwester und ihr sei es in ihrer Kindheit zu heftigen Streitereien gekommen, in denen sie immer – schon allein wegen des Altersunterschiedes – den Kürzeren gezogen habe.

Die Schulzeit verlief für Claudia völlig problemlos. Sie machte ein durchschnittliches Abitur und beschloss, wie ihre Schwester vor ihr, in Münster Jura zu studieren. Doch sie konnte den Anforderungen des Studiums häufig nicht gerecht werden. Entscheidende Klausuren schaffte sie erst im zweiten oder dritten Versuch. Dennoch kämpfte sie sich bis zum zweiten Staatsexamen durch. Claudia begann, bei ihrer Schwester, die bereits eine erfolgreiche Anwaltskanzlei in Münster betrieb, zu arbeiten. Das erwies sich allerdings als sehr schwierig. Claudia fühlte sich von ihrer Schwester nicht ernst genommen, meinte, nur mit Handlangeraufgaben betraut zu werden, während ihr die wirklich interessanten Fälle vorenthalten wurden. Nach einem Jahr zog sie nach Italien zu ihrem Freund, den sie während eines Urlaubs dort kennengelernt hatte. Die Familie war in heller Aufregung, ihr Vater und vor allem ihre Mutter setzten alles daran, Claudia von diesem »unsinnigen« Entschluss abzubringen. Nach einem Jahr ging die Partnerschaft mit ihrem italienischen Freund in die Brüche und Claudia kehrte nach Münster zurück, wo sie eine Stelle als Juristin bei einer Bank annahm. Sie bezog eine Wohnung in einem kleinen Ort in der Nähe der Stadt. In ihrem neuen Job fühlt sie sich häufig unterfordert und meint, dass ihre Vorgesetzten ihre wahren Fähigkeiten nicht erkennen würden. Sie bedauert, beruflich nicht von vornherein die

Weichen so gestellt zu haben, dass sie eine Karriere hätte einschlagen können, die ihren eigentlichen Kompetenzen entspricht. Jetzt würde sie ohne Aufstiegschancen festsitzen, was die Arbeit gleichförmig und absehbar mache. »Aber man muss ja schließlich Geld verdienen.«

Ihre Beziehungen zu Männern beschreibt Claudia als unbefriedigend. Sie gerate häufig an »Typen«, die entweder weit unter ihrem Niveau lägen oder sie am »ausgestreckten Arm verhungern« ließen. Die Partnerschaften seien immer sehr kurzlebig, sie wechsele häufig und manchmal führe sie auch Beziehungen nebeneinander. Sie sei dabei immer auf der Suche nach dem »Richtigen«, könne ihn aber nicht finden. Um ihre Zukunft macht Claudia sich große Sorgen. Dabei quält sie besonders die Angst vor Armut, Krankheit und Alter. Sie fürchtet ständig, sie könnte ihren Job verlieren und damit ihre finanzielle Existenzgrundlage. Da sie als Kind oft wochenlang ohne erkennbare Ursache krank gewesen sei, hätte sie heute häufig die Befürchtung, unheilbar krank zu sein. Aus diesem Grund falle es ihr auch sehr schwer, zum Arzt zu gehen, sei sie sich doch sicher, dass seine Diagnose notwendig negativ sein werde. Der Gedanke ans Älterwerden versetzt sie nicht nur deswegen in Schrecken, weil damit das Ende des Lebens näher rückt, sondern Älterwerden bedeutet für sie vor allem, dass die Zeit verstreicht, ohne den Mann gefunden zu haben, mit dem sie eine Familie gründen kann. Die meisten ihrer Freundinnen hätten längst den Richtigen gefunden und schon ein oder zwei Kinder. »Warum klappt das bei den anderen und nur bei mir nicht?« Diese Frage stellt sie sich immer wieder. Zudem hadert sie sehr mit ihrem Äußeren. Sie wünscht sich ständig, hübscher und schlanker zu sein. Gerade ihre letzte Beziehung habe sich als eine »einzige Pleite« erwiesen. Eigentlich sei der »Typ ein totaler Loser« gewesen, den man nirgendwo habe vorzeigen können und mit dem sie eher aus Mitleid zusammengeblieben sei. Sie habe versucht, ihm zu helfen, wo es nur ging, und sich förmlich »die Beine für ihn ausgerissen«. Als er sie verlassen hat, war sie am Boden zerstört. »Jetzt verlassen mich sogar die Idioten«, war ihr alles beherrschender Gedanke.

»Irgendetwas stimmt mit meinem Leben nicht«, mit diesem Satz eröffnete Claudia unsere Gespräche.

Friedrich Nietzsche
Werde, der du bist

> *Ich sage euch: man muss noch Chaos in sich haben,*
> *um einen tanzenden Stern gebären zu können.*
> *Ich sage euch: ihr habt noch Chaos in euch.*[31]

Leben

»Zuletzt wäre ich sehr viel lieber Basler Professor als Gott; aber ich habe es nicht gewagt, meinen Privat-Egoismus so weit zu treiben, um seinetwegen die Schaffung der Welt zu unterlassen.«[32] Turin, Anfang Januar 1889. Friedrich Nietzsche (1844–1900) ist am Ende, der Absturz in den Wahnsinn schreitet unaufhaltsam voran. Franz Overbeck, Nietzsches treuester Gefährte, eilt, von solchen »Wahnsinnszetteln«, die Nietzsche an Freunde und Bekannte schrieb, alarmiert, nach Turin, um seinen Freund nach Basel zu schaffen. Am Morgen des 10. Januar treffen sie dort ein und Overbeck übergibt Nietzsche in die Obhut Professor Willes, Direktor der Baseler psychiatrischen Klinik. Zwei Wochen später wird Nietzsche, der sich mittlerweile hier und da unvermittelt zu Boden wirft und dabei knurrt wie ein Hund, an die Universitätsnervenklinik in Jena überwiesen. Am 24. März nimmt ihn seine Mutter bei sich auf, die ihn bis zu ihrem Tode 1897 in Naumburg pflegen wird. Die letzten drei Jahre seines Lebens wird Nietzsche von seiner Schwester, Elisabeth Förster-Nietzsche, versorgt, die einen geschäftstüchtigen Kult um ihren mittlerweile geistig völlig umnachteten Bruder zu betreiben beginnt. Am 24. August 1900 stirbt Nietzsche nach einem schweren Schlaganfall an einer Lungenentzündung in Weimar. Die Beerdigung findet einen Tag später in seinem Geburtsort Röcken bei Leipzig statt.

Röcken im April 2008. Umfangreiche Probebohrungen finden statt, die Hinweise auf ertragreiche Kohleflöze liefern. Nietzsches Grab liegt inmitten eines ergiebigen Braunkohlegebiets. Schon werden Überlegungen angestellt, den ganzen Ort niederzureißen, samt Grab, Pfarrkirche und Geburtshaus. Der Philosoph selbst hätte wohl nichts dagegen, hat er doch schon früh eine Abneigung gegen alles Antiquarische, bloß Bewahrende entwickelt. Bis die Tagebaupläne so weit sind, wird es sicherlich einige Zeit dauern und so lange können sich Besucher noch vor dem Grab eines Menschen verneigen, der wohl zu den umstrittensten deutschen Philosophen zählt.

Am 15. Oktober 1844 kam Friedrich Nietzsche hier als Sohn des lutherischen Landpfarrers Carl Ludwig und dessen Frau Franziska, geborene Oehler, zur Welt. 1846 wurde seine Schwester Elisabeth geboren und zwei Jahre später sein Bruder Ludwig Joseph (1848–1850). Nietzsche war kaum drei Jahre alt, als sein Vater infolge einer Gehirnerkrankung starb. Die Mutter verließ daraufhin Röcken und zog mit den Kindern zu ihrer Schwiegermutter nach Naumburg. Friedrich besuchte dort die städtische Bürgerschule. Bereits zu dieser Zeit stellten sich heftige Kopfschmerzen ein, die Nietzsche lebenslänglich furchtbar quälen sollten. Bis 1856 lebte Nietzsche im Naumburger »Frauenhaushalt« zusammen mit Mutter und Schwester, Großmutter, zwei Tanten und einem Dienstmädchen. Erst nach dem Tod der Schwiegermutter konnte die Mutter sich von dem Erbe eine eigene Wohnung leisten. Nietzsche wurde auf das Naumburger Domgymnasium geschickt und durfte wenig später wegen seiner hohen Begabung im musischen und sprachlichen Bereich das Elite-Internat Schulpforta besuchen. Nietzsche erwies sich als ein exzellenter Schüler, und für die Familie stand fest, dass er wie sein Vater, seine beiden Großväter und viele ihrer Vorfahren Geistlicher werden würde. Also schrieb sich Nietzsche im Wintersemester 1864/65 an der Universität Bonn für evangelische Theologie und klassische Philologie ein. Zur großen Enttäuschung der Mutter hängte er jedoch bereits nach einem Semester das Theologiestudium an den Nagel und konzentrierte sich von da an ganz auf das Studium der klassischen Philologie. Ohne Habilitation und nur per Ernennung promoviert, erhielt Nietzsche 1869 durch die Vermittlung seines Lehrers Friedrich Ritschl eine außerordentliche Professur für klassische Philologie an der Universität Basel. Mit 24 Jahren, ohne offizielle Promotion und ohne Habilitationsschrift auf einen Lehrstuhl berufen zu werden, kam einer Sensation gleich. Nietzsche war ein gemachter Mann, einer glänzenden Gelehrtenlaufbahn schien nichts im Wege zu stehen. 1872 allerdings veröffentlichte der junge Professor seine erste größere Schrift, ›Die Geburt der Tragödie aus dem Geiste der Musik‹, mit der er sich in der Gelehrtenwelt, insbesondere bei den Kollegen der Altphilologie, gleich völlig unmöglich machte. Damit war seine kaum begonnene Universitätskarriere praktisch schon wieder beendet. Nietzsche spürte die zunehmende Isolation am Lehrstuhl und bewarb sich vergeblich um die vakante Philosophieprofessur in Basel. Seine einzigen Freunde im Kollegenkreis waren der atheistische Theologieprofessor Franz Overbeck, der Nietzsche bis zu dessen geistigem Zusammenbruch verbunden blieb, und der Kunsthistoriker Jacob Burckhardt, der Nietzsche zwar gewogen war, aber dennoch gegenüber dem wesentlich Jüngeren eine gewisse Distanz wahrte. Bereits 1868 hatte Nietzsche in Leipzig Richard Wagner kennengelernt, den er anfangs wie auch dessen spätere Frau Cosima glühend verehrte. Angewidert von der Profanität des Bayreuther Festspielspektakels sowie Wagners Deutschtümelei und Antisemitismus schlug seine Bewunderung später in eine vehemente Ablehnung um.

Nietzsches Ruf in Basel war mit seiner Erstlingsschrift ruiniert, auf Anerkennung unter den Gelehrtenkollegen konnte er fortan nicht mehr hoffen. Seit Mitte der siebziger Jahre häuften sich krankheitsbedingte Ausfälle. Heftige Kopfschmerzen, starke Kurzsichtigkeit, die zeitweise zur völligen Erblindung führte, sowie Magenprobleme zwangen Nietzsche, 1879 seine Professur niederzulegen. Er erhielt immerhin eine Pension, die sein Auskommen sicherte.

Als Frühpensionär reiste Nietzsche von nun an ruhelos durch Europa, ständig auf der Suche nach Orten und klimatischen

Bedingungen, die seiner Gesundheit zuträglich waren. Seine bevorzugten Reiseziele lagen in Frankreich, Italien und der Schweiz. Zeigte sich in Nizza oder Turin jedoch ein unheilverheißendes Wölkchen am Himmel, brach Nietzsche in Panik aus und setzte sich sogleich in den nächsten Zug, von dem er hoffte, er werde ihn in eine bekömmlichere Gegend bringen. 1882 finden wir den Klimaflüchtling in Rom, wo er Lou von Salomé, die hübsche und intellektuelle Tochter eines deutschbaltischen Generals aus St. Petersburg, kennenlernte. Nietzsche verliebte sich in sie und hielt über den gemeinsamen Freund Paul Rée um ihre Hand an, wurde jedoch abgewiesen. Nietzsche war am Boden zerstört, als infolge von Intrigen seiner Schwester die freundschaftliche Verbindung zu Lou von Salomé und auch zu Paul Rée endgültig zerbrach. Er geriet in zunehmende Isolation und dies umso mehr, als er 1883 mit seinem ›Zarathustra‹ ein Werk der Öffentlichkeit präsentierte, das selbst bei engsten Freunden und Vertrauten auf Unverständnis stieß. Nietzsches folgende Werke blieben sehr zu seinem Verdruss weitgehend unbeachtet.

Im Jahr 1887 verschlechterte sich sein Gesundheitszustand dramatisch. Schwerste Depressionen, gepaart mit mörderischen Migräneanfällen und zeitweiligem Verlust des Augenlichtes, setzten ihm stark zu. Erst im Laufe des nächsten Jahres besserte sich sein Gesundheitszustand. Nietzsche befand sich in euphorischer Stimmung und schien von Krankheit kaum noch belastet. Das mag auch darin begründet liegen, dass es erste Anzeichen einer erhöhten öffentlichen Aufmerksamkeit gegenüber seinen Schriften gab. Nietzsche glaubte sich bereits kurz vor dem internationalen Durchbruch, als der in Kopenhagen lehrende Literaturwissenschaftler Georg Brandes eine Vorlesung über ihn ankündigte.

Diese Erwartungen waren indes völlig unrealistisch, wie sich überhaupt ab 1888 Anzeichen für einen zunehmenden Wirklichkeitsverlust mehrten, die beredten Ausdruck besonders in seiner autobiographischen Schrift ›Ecce homo‹ fanden. Darin prophezeite er allen Ernstes und ohne jegliche Selbstdistanz seine kommende Größe, was bereits deutliche Züge des Wahnsinns trug. Seine letzten wachen Momente erlebte Nietzsche im Winter 1888/89 in Turin. Doch am 3. Januar 1889 beobachtete er von seinem Hotelzimmer aus einen Droschkenkutscher, der auf der Piazza Carlo Alberto mit der Peitsche auf sein Pferd einprügelte. Nietzsche stürzte auf den Platz und brach bei dem Versuch, das Pferd zu umarmen, weinend und offensichtlich geisteskrank zusammen. Die Ärzte diagnostizierten eine progressive Paralyse infolge einer syphilitischen Infektion, notierten aber auch seine erbliche Belastung. Zu Nietzsches Tragik gehört es, dass der lang ersehnte Ruhm erst einsetzte, als er ihn bewusst nicht mehr erleben konnte.

Lehre

Nietzsches Philosophie ist eine groß angelegte, sprachgewaltige Abrechnung mit den seinerzeit herrschenden Moralvorstellungen. Er setzt ein radikales Umwertungsprogramm aller bestehenden Werte ins Werk, als dessen Vollstrecker der »Übermensch« in einem uneingeschränkten schöpferischen »Ja« zum Leben sich seine eigenen Werte schafft. »Und wer ein Schöpfer sein muss im Guten und Bösen: wahrlich, der muss ein Vernichter erst sein und Werthe zerbrechen.«[33] Wogegen wendet sich Nietzsche, wenn er die bestehenden Wertvorstellungen angreift? Vor allem gegen den durch das Christentum etablierten Moralkodex und dessen durch Gott gedecktes Verständnis von Gut und Böse. Nietzsche sieht im Christentum eine »Sklavenmoral« am Werk, die den Schwachen privilegiert und den Starken unterdrückt. Das Schwache als ein kranker Teil des Lebens übt so Rache an allem, was stark und gesund ist. Diese rachelüsterne Moral macht Nietzsche für die Entstehung des Nihilismus verantwortlich. In ihm manifestiert sich ein schwach gewordener »Wille zur Macht«, indem der Widerwille gegen alles Gesunde, Starke, Kräftige, Lebensbejahende und Diesseitige im Dogma eines lebensverneinenden Jenseits zur Herrschaft gelangt ist. In diesem Zustand will der Mensch letztlich nur noch das Nichts (lateinisch: *nihil*). Gott ist in dieser Hinsicht »zum Widerspruch des Lebens abgeartet, statt dessen Verklärung und ewiges Ja zu sein«[34].

Dieser Prozess ist von »asketischen Priestern« befördert worden, die Nietzsche als die »lebensfeindliche Species«[35] schlechthin bezeichnet. Unter dem Begriff der »asketischen Priester« sammeln sich die »Missrathenen« und »Schlechtweggekommenen«, die ihr Dasein nur ertragen können, indem sie das der anderen moralisch abwerten. Sie erklären für böse, was ihnen schlecht bekommen ist, und sprechen schuldig, was ihrer Lebensweise nicht entspricht. Gelingt es ihnen, den lebensbejahenden Naturen durch ihren moralischen Schuldspruch ein schlechtes Gewissen zu machen, sind sie, die »Kellerthiere voll Rache und Hass«[36], zur Herrschaft gelangt.

Der Gottesbegriff hat unter ihrem Regime eine entscheidende Veränderung erfahren, er wurde »ein Werkzeug in den Händen priesterlicher Agitatoren, welche alles Glück nunmehr als Lohn, alles Unglück als Strafe für Ungehorsam gegen Gott, für ›Sünde‹ interpretieren«[37]. Tatsächlich wäre mit dem Auftreten von Jesus Christus eine Brechung dieser Herrschaft noch möglich gewesen, begreift Nietzsche doch dessen Rolle als einen »Aufstand gegen ›die Guten und Gerechten‹, gegen ›die Heiligen Israels‹, gegen die Hierarchie der Gesellschaft – *nicht* gegen deren Verderbniss, sondern gegen die Kaste, das Privilegium, die Ordnung, die Formel; es war der *Unglaube* an die ›höheren Menschen‹, das *Nein* gesprochen gegen Alles, was Priester und Theologe war«.[38] Die Botschaft Jesu wurde allerdings missverstanden und gefälscht. Aus seinem Leben und Wirken ist eine christliche Lehre geformt worden, die im Wesentlichen alle Hoffnungen auf ein Dasein nach dem Dasein verlagert. Die Abwertung des Lebens im Diesseits entwertet die Realität, was in der Konsequenz zu einer nihilistischen Grundhaltung dem Leben gegenüber führt. In der Selbstentwertung des Lebens schreitet der Nihilismus seiner Vollendung entgegen, er ist gleichsam eine historische Notwendigkeit. Das Christentum geht an sich selbst unter der Herrschaft der »asketischen Priester« und jenen, denen sie ein schlechtes Gewissen machen konnten, zugrunde. In der Konsequenz bedeutet der Nihilismus des Christentums den Tod Gottes. Hier ist Vorsicht geboten: Es wäre eine viel zu verkürzte Sichtweise, wollte man Nietzsche einfach als Atheisten sehen, der die Existenz Gottes verneint oder dessen Tod wünscht. Nietzsche diagnostiziert den Tod Gottes als eine aus der Geschichte des Christentums selbst mit Notwendigkeit entspringende Konsequenz. Gottes Tod ist irreversibel und endgültig. Der Nihilismus, der darin seinen höchsten Ausdruck findet, ist eine europäische Krisenerscheinung von epochalem Ausmaß. Dieser Befund erschüttert Nietzsche zutiefst. In seiner Schrift ›Die Fröhliche Wissenschaft‹ verkündet der »tolle Mensch« Gottes Tod. In einer an Schrecken kaum zu überbietenden Vision wird vorgestellt, was der Tod Gottes tatsächlich bedeutet: »›Wohin ist Gott? rief er, ich will es euch sagen! *Wir haben ihn getödtet* – ihr und ich! Wir alle sind seine Mörder! Aber wie haben wir diess gemacht? Wie vermochten wir das Meer auszutrinken? Wer gab uns den Schwamm, um den ganzen Horizont wegzuwischen? Was thaten wir, als wir diese Erde von ihrer Sonne losketteten? Wohin bewegt sie sich nun? Wohin bewegen wir uns? Fort von allen Sonnen? Stürzen wir nicht fortwährend? Und rückwärts, seitwärts, vorwärts, nach allen Seiten? Giebt es noch ein Oben und ein Unten? Irren wir nicht wie durch ein unendliches Nichts? Haucht uns nicht der leere Raum an? Ist es nicht kälter geworden? Kommt nicht immerfort die Nacht und mehr Nacht? [...] Gott ist todt! Gott bleibt todt! Und wir haben ihn getödtet! Wie trösten wir uns, die Mörder aller Mörder? Das Heiligste und Mächtigste, was die Welt bisher besass, es ist unter unseren Messern verblutet, – wer wischt dies Blut von uns ab?«[39] Nietzsche legt diese Fragen zwar dem »tollen Menschen« in den Mund, aber man kann davon ausgehen, dass er sie sich vor allem selbst gestellt hat. Eine Antwort, wenn auch negativer Art, klingt bereits in diesem Aphorismus an. Mit dem Ausruf »Gott bleibt todt!« ist eine Rückkehr zu alten Antworten auf die Frage nach Sinn und Ziel der menschlichen Existenz ausgeschlossen. Ein Gott wird keine Antworten mehr geben, der Mensch ist jetzt auf sich gestellt, er muss allein, ohne göttliche Hilfe und ohne Hoffnung auf jenseitige Erfüllung, seinem Dasein Sinn und Ziel verleihen.

Wenn es keine himmlisch verbürgten Zukunftsgarantien mehr gibt, muss der Mensch, wenn er denn überhaupt noch eine Zukunft haben will, diesen von der Priesterherrschaft initiierten Nihilismus überwinden. Wie soll das möglich sein, wie soll der Mensch aussehen, der das vermag? Nietzsche selbst sieht sich dabei als Vollstrecker. Im Grunde geht es ihm um eine doppelte »Umwertung der Werte«. Sofern die erste Umwertung im Laufe der Geschichte durch die »asketischen Priester« vollzogen wurde, gilt es, diesen Nihilismus, der bereits im Fallen begriffen ist, konsequent an sein Ende zu führen. Streng unter dem Motto: »Was fällt, das soll man auch noch stoßen.«[40] Erst von diesem Ende her ist es möglich, das Programm der Umwertung der Umwertung in Gang zu setzen. Indem Nietzsche zu einer radikalen Zerstörung der alten Werte ansetzt, schafft er die Bedingungen, diese Form des Nihilismus zu überwinden, sodass er sagen kann, er sei der »erste vollkommene Nihilist Europas, der aber den Nihilismus selbst schon in sich zu Ende gelebt hat, – der ihn hinter sich, unter sich, außer sich hat ...«[41].

In seinem Werk ›Also sprach Zarathustra‹ präsentiert uns Nietzsche den »Übermenschen«. Er soll jetzt der »Sinn der Erde«[42] sein und neue Sinndimensionen erschließen, da die alten nach dem Tod Gottes zusammengebrochen sind. Diesen »Übermenschen« muss der Mensch am Tiefpunkt des Nihilismus selbst schaffen. Dabei ist der Übermensch kein statisches Ziel der Geschichte menschlicher Entwicklung, sondern ein dynamisches Geschehen. In der Treue zur Erde und im Verzicht auf jedes Jenseits überwindet der Mensch die alten Werte und dabei sich selbst. Dieser Prozess macht die Dynamik des

Übermenschen aus. Das »Über« im Übermenschen ist also das Kennzeichen einer dramatischen existenziellen Bewegung, einer tänzerischen Virulenz, in der die alten Gegensätze von Himmel und Erde, Leib und Seele, Gut und Böse aus ihrer lebensfeindlichen Erstarrung gerissen und zerstört werden. Der explosiv-dynamische Übermensch ist ganz im diesseitigen Geschehen verortet. Die Lebensverneinung wandelt sich so in eine universelle Bejahung des Lebens. Als höchsten Prüfstein dieser Lebensbejahung begreift Nietzsche dabei die »ewige Wiederkehr des Gleichen«. Alles Geschehende ist schon unendlich viele Male so und nicht anders geschehen, und es wird so und nicht anders unendlich oft wiederkehren. Diesen Gedanken nicht nur ertragen zu können, sondern ihn zu begrüßen, ist höchster Ausdruck der Lebensbejahung.

Diagnose

Claudias zentrales Lebensmotiv ist das Mitleid. Dabei spielt das Bedürfnis, selbst bemitleidet zu werden, eine größere Rolle, als anderen Mitleid entgegenzubringen.

Claudia gibt selbst als die Grundmotivation ihrer letzten Beziehung das Mitleid an. Es sei der eigentliche Grund gewesen, warum sie mit ihrem Partner überhaupt zusammengeblieben sei. Sie ist »am Boden zerstört«, als die Beziehung auseinanderbricht, und zieht aus dieser Erfahrung das Gesamtfazit, dass mit ihrem Leben etwas nicht stimmt. Was stimmt nicht? Es stimmt nicht, dass ihre letzte Beziehung wesentlich von dem Gefühl des Mitleids dem Partner gegenüber bestimmt war. Die eigentliche Motivation der Beziehung wird bei der näheren Betrachtung der Partnerwahl erkennbar. Claudia selbst bezeichnet ihren Ex-Freund als »Loser«. Die Frage ist, warum sie sich überhaupt einen »Loser« ausgesucht hat, also einen Mann, den sie offensichtlich für schwächer hält als sich selbst. Vor allem wohl deshalb, weil sie selbst eine lange Kette von Unterlegenheitserfahrungen hinter sich hat. Zentrale Personen sind in diesem Zusammenhang ihr Vater und vor allem ihre Schwester, die ihr immer überlegen war. Indem Claudia sich einen Partner sucht, der noch schwächer ist als sie selbst, dreht sie die Herrschaftsverhältnisse um. Jetzt ist sie die Stärkere und kann sich an ihrem schwächeren Partner für die jahrelange Unterdrückung rächen, die sie durch Vater und Schwester erfahren hat. Mittel dieser Rache ist das Mitleid und die »selbstlose« Hilfe, die sie ihrem Partner zuteil werden lässt. Mitleiden versetzt den anderen in die Rolle des Bedürftigen, es suggeriert dem anderen, er befinde sich in einer leidvollen Situation. Auf diese Weise wird ein Abhängigkeitsverhältnis konstituiert, das es erlaubt, über den so vordergründig Bemitleideten Herrschaft auszuüben. So ist Claudias Mitleid nicht nur Rache für erlittene Unterdrückung, sondern zugleich Mittel, selbst zum Unterdrücker zu werden. Nunmehr ist sie in der Lage, ihren Partner nach ihren Vorstellungen zu formen und zurechtzubiegen. Alle Hilfe, die sie ihm gewährt, ist letztlich darauf angelegt, dass er früher oder später einem Bild entspricht, das sie als Ideal vor Augen hat. Ist dieses Ideal erreicht, hat sie endlich jemanden gefunden bzw. geformt, der sie so bestätigt, wie sie ist. Jemand, der uneingeschränkt Ja sagen muss zu ihrem Dasein im Ganzen, bietet ihr eine Bestätigung, die sie aufgrund der früheren Unterdrückungen und Abwertungen seitens des Vaters und der Schwester nie hat erfahren können.

Dieser Mechanismus von Mitleid, Rache, Unterdrückung, Formung und Bestätigung bleibt Claudia verborgen, weil sie ihre ursprünglichen Unterdrückungserfahrungen verklärt hat. Gegen die Initiatoren der Unterdrückung regt sich kein Widerstand. Sie sind die Mächtigeren. Die Angst vor Sanktionen verbietet hier jedes Aufbegehren. In der Aussichtslosigkeit jeden Widerstands werden die Machthaber geschont und sogar fraglos anerkannt (keine wichtige Entscheidung wird gefällt, ohne den Vater zurate gezogen zu haben). Um das Gefühl der Aussichtslosigkeit abzudämpfen, hat sich eine Moral der Schwäche entwickelt, die Claudias Erfahrungen moralisch sanktioniert. Sich stets unterlegen zu fühlen, fortwährend den Kürzeren zu ziehen, lässt sich, wenn man sich nicht zu wehren wagt, nur ertragen, wenn die Urheber der Unterdrückung moralisch irgendwie legitimiert werden. Eine solche Legitimation kann nur aus Schwäche entstehen und ist folglich eine Moral der Schwäche, eine »Sklavenmoral«. Mit ihrer Mitleidsvorstellung entwickelt Claudia eine Moral, die den Starken schont und den Schwachen bestraft, indem sie ihn auf die eigene Ebene herunterzieht. Aus dieser Moral der Schwäche, die sich selbst »gut« dünken muss, kann aber vorerst kein »böser« Gedanke erwachsen, der Claudia die Augen dafür öffnen könnte, dass ihr Mitleid wesentlich ein Mittel ist, das der angenommenen Tugendhaftigkeit mitnichten entspricht. Als ihr Partner sie verlässt, interpretiert sie diese Trennung als einen Generalangriff auf alles, was ihr gut und richtig erschien. Da sie sich unter den Bedingungen ihrer Moral der Schwäche nicht wehren kann, muss sie »am Boden zerstört« sein.

In diesem Kontext ist es auch zu verstehen, warum Claudia sich auf der anderen Seite von Partnern angezogen fühlt, die sie »am ausgestreckten Arm verhungern« lassen, wie sie sagt. Im Grunde genommen ist auch hier Mitleid die Motivation des Zusammenseins, und zwar das Mitleid, das sie von dem anderen erwartet. Sie präsentiert sich als die Schwächere, die Mitleid verdient hat. Sie hungert geradezu nach diesem Mitleid, was in dem Bild »am ausgestreckten Arm verhungern lassen« unbewusst treffend zum Ausdruck kommt. Auch dieses erwartete Mitleid ist wiederum nur ein Mittel, den anderen in die Region einer Moral der Schwäche hinabzuziehen, in der Claudia, sollte ihr dies gelingen, dann doch die Herrschaft ausüben könnte. Starke Naturen sind aber in dieser Weise nicht mitleidsbereit und stellen so jene Ferne her, in der Claudia »verhungert«. Auch diese Art von Beziehungen muss scheitern.

Beide Formen des Mitleids zielen auf Abhängigkeit und konstituieren so Macht- und Unterdrückungsverhältnisse. Mitleid kann so oder so niemals die Basis einer gelingenden Bindung sein. Das ist es, was in Claudias Leben nicht »stimmt«.

Therapie

»Denn glaubt es mir! – das Geheimniss, um die grösste Fruchtbarkeit und den grössten Genuss vom Dasein einzuernten, heisst: gefährlich leben!«[43]

Im ›Zarathustra‹ entwirft Nietzsche gleichnishaft ein therapeutisches Modell, das er unter die Überschrift »Von den drei Verwandlungen«[44] stellt: »Drei Verwandlungen nenne ich euch des Geistes: wie der Geist zum Kameele wird, und zum Löwen das Kameel, und zum Kinde zuletzt der Löwe.«[45] Das Kamel zieht schwer beladen mit alten Idealen und Moralvorstellungen in die Wüste. Geduldig und voller Ehrfurcht trägt es seine Last, die es sich ungefragt hat aufbürden lassen. Der Weg führt in die Wüste, ins Nichts. Unter der Schwere der Last zusammenbrechend, begegnet das Kamel sich selbst in dieser Wüstenei als Löwe. Die Verwandlung vollzieht sich gleichsam mit dem Zusammenbruch.

Der Löwe ist auf Beute aus. Seine Beute ist die Freiheit. Er will »Herr sein in seiner eigenen Wüste«[46]. Die Verwandlung des Kamels in den Löwen ist ein destruktiver, gewalttätiger Akt, der auf die Zerstörung alter, sehr lange mitgeschleppter Lasten zielt. Die steinschweren Wertetafeln im Gepäck des Kamels werden in einem blutigen Schauspiel zu Boden gerissen und zerstört. Die Wüste, zu deren unumschränktem Herrscher der Löwe sich aufgeschwungen hat, ist jetzt allumgreifend. Er hat das Sollen in sein Wollen umgemünzt, aus dem Du-sollst des Kamels ist das Ich-will des Löwen geworden. Eine Wandlung vom fremdbeherrschten Du zum selbstbeherrschten Ich.

Hat der Löwe sein Werk der Vernichtung getan und so die Herrschaft über das Nichts gewonnen, setzt die dritte Verwandlung ein: »Was muss der raubende Löwe auch noch zum Kinde werden? Unschuld ist das Kind und Vergessen, ein Neubeginnen, ein Spiel, ein aus sich rollendes Rad, eine erste Bewegung, ein heiliges Ja-sagen. Ja, zum Spiele des Schaffens, meine Brüder, bedarf es eines heiligen Ja-sagens: *seinen* Willen will nun der Geist, *seine* Welt gewinnt sich der Weltverlorene.«[47]

In der Wandlung vom Löwen zum Kind will der Geist *seinen* Willen. Der Wille, der sich im Löwen ausspricht, ist ein Wille zur Vernichtung, ein Wille der Verneinung. Er ist in dieser Phase lediglich zerstörerisch, ohne schon konstruktiv zu sein. In seinem bloßen Nein hängt der Wille noch von dem ab, was er verneint, und ist in dieser Bezogenheit auf etwas, was außerhalb seiner selbst liegt, nicht wirklich frei. Die Löwenfreiheit definiert sich lediglich als eine Freiheit *von* etwas, nämlich von den alten belastenden Werten. Es kommt aber darauf an, dass Freiheit konstruktiv gelebt, also positiv formuliert wird, nämlich als Freiheit *für* etwas. Dies realisiert sich nur, wenn der Geist sich wandelnd seinen Willen um seiner selbst willen will. Damit der Geist den Willen für sich selbst gewinnt, bedarf es der Wandlung zum Kind. Das Kind steht hier als Sinnbild für einen schöpferischen Neuanfang. Unbelastet gleichermaßen von den alten Werten wie von deren Zerstörung ist es frei, experimentierend, versuchend, probierend eine erste Bewegung zu sein, die aus sich selbst heraus erwächst. Das Nein des Löwen wandelt sich so in das Ja des Kindes. In der Leichtigkeit des Spiels bejaht es schaffend die Fülle irdischen Daseins und überwindet so den Geist der Schwere und dessen Vollstrecker, deren Rückkehr in dieser Phase der Bejahung des Lebens ausgeschlossen ist.

Bei Claudia hat sich die erste Wandlung des Geistes bereits vollzogen. Schwer belastet mit Tugend-, Ideal- und Moralvorstellungen und eigener biographischer Geschichte, befindet sie sich schon im Fallen. Nun kommt es darauf an, dass ihr sozusagen beim Fallen geholfen wird. Hilfe heißt hier, den Fall nicht zu stoppen, sondern ihn zu beschleunigen. Ihr eigenes Gespür, dass mit ihrem Leben irgendetwas nicht stimmt, soll dabei geschärft und damit der Instinkt für die Unstimmigkeiten ihres Daseins gestärkt werden. An diesem Punkt erfährt Claudia den ganzen Belastungsdruck ihres Lebens bis zur Unerträglichkeit. Während sie unter diesem Druck zusammenbricht, erwachsen ihr gleichzeitig die Kräfte, den Fall selbst zu beschleunigen und bis zu seinem Ende zu vollziehen. So werden die Energien freigesetzt, die sie ihre Leiblichkeit unangefochten von den Beschwernissen idealer Moralität und Tugendhaftigkeit entdecken und im vollen Umfang spüren lassen. Sie kann nun ihren Altlasten rigoros den Todesstoß versetzen. Claudia ist jetzt erstmals in ihrem Leben in der Lage, es mit den von ihr bisher gefürchteten Gefahren ihres Daseins in adäquater Weise aufzunehmen. Wer selbst zum Dynamit geworden ist, wird die Explosionsgefahr nicht fürchten. Der Zusammenbruch alter Werte erweist sich als ein Aufbruch in ein neues Leben.

Sofern sie jetzt selbst Gefahr ist, wird sie all denen gefährlich, die sie ehedem mit ihrem »Du sollst!« in Angst und Schrecken versetzt und ihren Willen gelähmt haben. Der im Zusammenbruch aufbrechende Wille zerstört abgrundtief und mitleidlos alle Pflicht, löscht alle Verpflichtung und tilgt alle Schuld. Es existiert keine Geschichte mehr, der Claudia sich irgendwie verpflichtet fühlen müsste. Alle Vertreter und Autoritäten dieser Geschichte sind entmachtet. Unschuldig ist sie jetzt dem Kinde gleich, unbelastet und frei. Die alten Ordnungen, die alten Hierarchien, die alten Machtverhältnisse hat Claudia ausgelöscht. Jetzt muss sie auch keine Beziehungen mehr suchen und führen, die auf Unterdrückung und Abhängigkeit angelegt sind. Sie kann jetzt im schöpferischen Spiel das Chaos in sich entdecken und wahrhaft »einen tanzenden Stern gebären«. Die Suche nach dem »Richtigen« hat ein Ende. In tänzerischer Selbstgewissheit weiß Claudia jetzt, dass alles mit ihr stimmt. Im Tanz bejaht sie die Welt und umarmt sie das Leben, dabei schließt sie jenen in die Umarmung ein, der zu tanzen versteht wie sie.

Martin Heidegger
Der Ruf des Seins

> *Das Einfache verwahrt das Rätsel des Bleibenden und des Großen. Unvermittelt kehrt es bei den Menschen ein und braucht doch ein langes Gedeihen. Im Unscheinbaren des immer Selben verbirgt es seinen Segen.*[48]

Leben

Martin Heidegger (1889–1976) hat stets betont und gefordert, dass die Person des Philosophen und dessen Lebensumstände hinter sein Denken zurücktreten müssen. Eine Aristoteles-Vorlesung eröffnete er mit den Worten: »Aristoteles wurde geboren, arbeitete und starb. Wenden wir uns also seinem Denken zu.«[49] Ganz so kurz werden wir es hier nicht halten können, und zwar nicht nur, weil die Konstruktion des Buches verlangt, eine Lebensbeschreibung der Lehre voranzustellen, sondern weil es gerade bei Heidegger ganz wesentlich auf seine konkreten Lebensumstände ankommt, ohne die sein Denken über weite Strecken unverständlich bleiben muss. In Abwandlung seiner Vorlesungseröffnung: Heidegger wurde geboren, lebte, dachte und starb. Wenden wir uns also zunächst seinem Leben zu.

Martin Heidegger wurde am 26. September 1889 in Meßkirch, einer kleinen Gemeinde im westlichen Oberschwaben zwischen Donau und Bodensee, geboren. Das Milieu, in dem er aufwuchs, ist von einer tiefen Bindung zum Katholizismus geprägt. Sein Vater war Fassbindermeister und versah das Amt des Messners (eine im Oberschwäbischen übliche Bezeichnung für den Küster) der Kirchengemeinde. Seine Mutter versorgte den Haushalt und neben Martin die beiden weiteren Kinder Maria (geb. 1892) und Friedrich (geb. 1894). Die wirtschaftlichen Verhältnisse der Familie waren äußerst bescheiden. Martin und sein jüngerer Bruder müssen als »Messnerbuben« dem Vater helfen. Noch Jahrzehnte später kam Heidegger in seinem ›Der Feldweg‹ auf die prägenden Erlebnisse seiner Kindheit zu sprechen: »Die alte Glocke, an deren Seilen oft Bubenhände sich heißgerieben, zittert unter den Schlägen des Stundenhammers, dessen finster-drolliges Gesicht keiner vergißt.«[50] Gemeint sind die Glocken der St.-Martins-Kirche von Meßkirch, in der die Brüder ihren Ministrantendienst versahen. Heidegger vergaß sie zeitlebens nicht. Das Geläut der Glocken war der Ton der Heimat mit ihren Fluren und Äckern, Wegen und Wäldern, mit ihren Menschen und deren Sprache. Dieses Geläut aus Kindertagen wird die gesamte Philosophie Heideggers durchklingen. Boshaft könnte man von einer Glockenontologie sprechen. Bis er sich an den Glockenseilen von St. Martin zum bedeutendsten Denker des 20. Jahrhunderts aufschwang, gingen freilich noch einige Jahre ins badische Land.

Angesichts der beschränkten finanziellen Mittel der Eltern schien eine höhere Schulbildung für Martin nicht infrage zu kommen. Der Stadtpfarrer Camillo Brandhuber allerdings erkannte die Begabung des Jungen und schlug den Eltern vor, ihn ins katholische Konvikt nach Konstanz zu schicken. Brandhuber ermöglichte ein Stipendium für das Konradihaus, in dem Martin zum Geistlichen herangebildet werden sollte. Nach dem Abitur begann er als Pristerseminarist das Studium der Philosophie und Theologie an der Universität Freiburg. Mit der Theologie ging es nicht lange gut, erste Zweifel meldeten sich schon zu Beginn des Studiums an, Heidegger dachte nicht daran, Priester zu werden und im Dienste der Kirche und des Glaubens sein Leben zu fristen. Nach vier Semestern gab er das Theologiestudium auf und konzentrierte sich neben Mathematik, Geschichte und Naturwissenschaften ganz auf die Philosophie. Bereits 1913 wurde Heidegger zum Doktor der Philosophie promoviert und zwei Jahre später folgte seine Habilitation, mit der er die universitäre Lehrerlaubnis erhielt. Seine sich anbahnende Karriere erfuhr 1915 eine kurze Unterbrechung, als er zum Wehrdienst eingezogen wurde. Für Kampfeinsätze untauglich, setzte man den jungen Akademiker bei der Feldpost und Wetterbeobachtung ein.

Im Jahr seiner Einberufung lernte Heidegger seine spätere Frau Elfriede Petri kennen, die an der Freiburger Universität Nationalökonomie studierte. Sie war eine emanzipierte Frau, Tochter eines sächsischen Offiziers und Protestantin. 1917 heirateten die beiden und zwei Jahre später kam ihr erster Sohn Jörg zur Welt, der im Zweiten Weltkrieg fallen wird. Der zweite Sohn Hermann wurde 1920 geboren.

Nach seiner Ausmusterung 1918 arbeitete Heidegger weiter an seiner akademischen Karriere. Er wurde als Privatdozent der Assistent von Edmund Husserl, zu dem er ein sehr enges vertrauensvolles Verhältnis aufbaute. Und es war nicht zuletzt Edmund Husserls Fürsprache zu verdanken, dass Heidegger 1923 auf den Lehrstuhl für Philosophie der Universität Marburg berufen wurde.

Ehefrau Elfriede kaufte 1923 in Todtnauberg im Schwarzwald ein Grundstück, auf dem sie nach eigenen Plänen eine Hütte errichten ließ, in die Heidegger sich immer wieder zurückzog und einen Großteil seiner Werke niederschrieb. Seine Professur in Marburg war von zwei wesentlichen Ereignissen gekennzeichnet.

Erstens lernte er in seinen Seminaren die jüdische Philosophiestudentin Hannah Arendt kennen. Es entwickelte sich unter größter Geheimhaltung eine leidenschaftliche Liebesbeziehung, die schließlich von Heidegger 1925 beendet wurde, um seine Ehe nicht zu gefährden. Die Liebe füreinander ist wohl ein Leben lang nicht erloschen, der Kontakt brach jedenfalls niemals vollständig ab, auch wenn lange Jahre Funkstille zwischen den beiden herrschte.

Das zweite Großereignis, nicht nur für Heidegger, sondern für die gesamte Geschichte der Philosophie, war das Erscheinen seines Hauptwerkes ›Sein und Zeit‹ im Jahr 1927. Heidegger legte mit diesem Werk das vielleicht bedeutendste philosophische Buch des 20. Jahrhunderts vor und eines der wichtigsten innerhalb der gesamten Philosophiegeschichte. Über Nacht wurde aus dem von seinen Studenten bereits hoch geschätzten

Lehrer ein philosophischer Megastar. Folgerichtig wurde er 1928 auf den Lehrstuhl für Philosophie der Universität Freiburg als Nachfolger von Edmund Husserl berufen.

Heidegger stand auf dem Höhepunkt seiner Karriere. Im Frühjahr 1933 wählte man ihn zum Rektor der Universität und bald darauf trat er in die NSDAP ein. Wie mehrere Quellen belegen[51], setzte Heidegger sich gut ein halbes Jahr lang in Universitätsreden und schriftlichen Äußerungen in der Studentenzeitung für Hitler und den Nationalsozialismus ein. Rassistische oder antisemitische Positionen vertrat er in diesen Texten nicht. Er widersetzte sich als Rektor der Universität der Aushängung eines diskriminierenden Judenplakates, zudem gibt es Hinweise dafür, dass er gegen den Boykott jüdischer Studenten eingetreten ist.[52] Eine Bücherverbrennung auf dem Universitätsgelände untersagte er, und als man Anfang 1934 von ihm die Absetzung zweier in Opposition zum Nationalsozialismus stehender Dekane verlangte, legte er sein Amt als Rektor der Universität nieder. Von da an wurde er von der SA bespitzelt, die Dauergast in seinen Vorlesungen war, und von nationalsozialistischen Kollegen bekämpft.

Nach 1945 wurde sein alter Freund Karl Jaspers (der wegen seiner jüdischen Frau 1933 bis 1945 nicht lehren durfte) um eine Stellungnahme zu Heideggers NS-Vergangenheit gebeten und plädierte für ein (befristetes) Lehrverbot. Heidegger wurde die Lehrerlaubnis entzogen, die er sechs Jahre später, am Tage seiner Emeritierung, wieder erhielt. Er nahm sogleich seine Vorlesungen wieder auf, die unter großem Zulauf ein breites Echo in der Öffentlichkeit fanden. Während seines Lehrverbotes traten französische Offiziere an Heidegger heran, um ein Treffen mit seinem langjährigen Bewunderer Jean-Paul Sartre zu arrangieren. Bedauerlicherweise kam die Begegnung nicht zustande, aber Heidegger korrespondierte mit Sartre und freundete sich mit dem französischen Heideggerianer Jean Beaufret an. Zudem erneuerte er die Freundschaft mit Hannah Arendt, die ihn 1950 besuchte. Bereits 1947 nahm der Zürcher Psychiater Medard Boss Kontakt zu Heidegger auf, eine lebenslange, sehr intensive Freundschaft entwickelte sich. Von 1959 bis 1969 hielt Heidegger im Hause von Medard Boss die berühmten »Zollikoner Seminare«, in denen er Schweizer Psychiater in seine Daseinsanalytik einwies, die bis heute in dieser Richtung der Psychotherapie eine große Rolle spielt. 1962 und 1967 reiste Heidegger nach Griechenland, in jenes Land, dessen frühen Denkern er eine prominente Stellung in seiner Philosophie eingeräumt hat. 1966 gab er dem ›Spiegel‹ ein Interview (das nach seinem Tod veröffentlicht wurde), in dem auch sein Engagement während der Nazizeit zur Sprache kam. Seine letzten Jahre verbrachte Heidegger meistenteils in seiner »Hütte« in Todtnauberg, beschäftigt mit der Vorbereitung einer Gesamtausgabe seiner Schriften, deren erster Band 1975 erschien. Heidegger starb am 26. Mai 1976 in Freiburg und wurde zwei Tage später in seiner Heimatstadt Meßkirch beigesetzt. Sein Denken entfaltete eine weltweite Wirkung, die bis heute anhält.

Lehre

»Haben wir heute eine Antwort auf die Frage nach dem, was wir mit dem Wort ›seiend‹ eigentlich meinen? Keineswegs. Und so gilt es denn, *die Frage nach dem Sinn von Sein* erneut zu stellen.«[53]

In seinem Hauptwerk ›Sein und Zeit‹ macht Heidegger gleich auf der ersten Seite deutlich, worum es im Folgenden gehen soll. Es gilt, »die Frage nach dem Sinn von Sein neu zu stellen«. Warum? Wurde diese Frage nicht in der gesamten abendländischen Metaphysik immer wieder gestellt? Ist sie nicht gleichsam das Zentrum aller philosophischen Bemühungen von Platon bis heute? Was haben die Philosophen vor Heidegger falsch gemacht, dass nach zweieinhalbtausend Jahren Philosophiegeschichte ein Heidegger kommen muss, um diese Frage erneut zu stellen?

Heideggers Grundthese ist, dass die abendländische Philosophie zwar das Sein bedacht habe, aber in der Art, wie sie es behandelte, dafür gesorgt hat, das Sein in Vergessenheit geraten zu lassen, anstatt es zu erhellen. Wie konnte das passieren? Wie kann etwas in Vergessenheit geraten, das im Denken einer jeden Epoche ständig präsent ist? Dem Vergessen fällt doch nur das anheim, woran ich lange nicht mehr gedacht, womit ich mich lange nicht mehr beschäftigt habe. Fragt mich heute jemand nach einer altgriechischen Vokabel, die ich vor zwanzig Jahren gelernt habe, so werde ich sie heute mit einiger Sicherheit nicht mehr wissen, weil ich mich seit geraumer Zeit mit dem Altgriechischen nicht mehr befasst habe. Die Vokabel ist so in Vergessenheit geraten. Aber das Sein als ein ständig Bedachtes, als ein eigenes Fachgebiet, nämlich die Ontologie (Lehre vom Sein), das ständig beackert worden ist, gerät in Vergessenheit? Während ich darüber nachdenke, sitze ich an meinem Schreibtisch, greife nach der Kaffeetasse, schaue aus dem Fenster, erblicke den alten Gartenstuhl auf der Terrasse, den Apfelbaum, der in diesem Jahr eine reiche Ernte verspricht. All diese Dinge, die ich erblicke, sind als Gegenstände für mich da. Diese Kaffeetasse ist, wie auch dieser Schreibtisch ist, oder der Apfelbaum im Garten. Wenn ich all diese seienden Dinge betrachte oder über sie nachdenke, stelle ich mir zunächst nicht die Frage, worin denn das Sein dieser Dinge besteht. Überall begegne ich Seiendem, ohne den Grund dieses Seienden zu bedenken. Ganz ohne Zweifel müssen die seienden Dinge sein, um überhaupt zu sein. Das Sein, das die Dinge allererst sein lässt, gerät aber auf der Ebene des Seienden gerade nicht in den Blick. Wenn ich einen Apfel sehe, rieche, betaste, schmecke, so ist er mir als ein seiendes Ding gegeben, ohne dass ich mich schon gefragt hätte, was das denn überhaupt ist, was diesen Apfel sein lässt. Das Sein des Apfels, also dass er überhaupt ist, bleibt mir verborgen.

Die Frage nach dem Sinn von Sein neu zu stellen heißt, dass nunmehr gefragt werden soll nach dem Grund dafür, dass Seiendes ist. Oder anders gesagt, der Apfelbaum gibt von sich aus keinen Grund für sein Sein an. Zwar hat die abendländische Metaphysik verstanden, dass Seiendes ohne Sein nicht sein kann, aber sie hat sodann das Sein wie ein Seiendes behandelt.

Da liegt für Heidegger der entscheidende Fehler. Das Sein ist eben gerade kein Seiendes und darf folglich auch nicht wie ein solches behandelt werden. Indem aber das Sein wie ein Seiendes bedacht wurde, ist der eigentliche Charakter des Seins verdunkelt worden und in Vergessenheit geraten. Der Mensch hält sich nach Heidegger immer nur an das Seiende, sowohl im Alltäglichen wie auch in der Geschichte des Denkens.

Wenn etwas in Vergessenheit geraten ist, so muss es vormals gewusst worden sein. Heidegger geht auf die Vorsokratiker, besonders auf Heraklit und Parmenides, zurück. Bei ihnen, meint er, sei noch ein ursprüngliches Fragen nach dem Sein auszumachen. Die Frage nach dem Sein des Seienden ist die Frage nach dem Ist. Was bedeutet es, wenn ich sage, dieser Apfelbaum *ist*? Was also ist der Sinn von *ist*, der Sinn von Sein? Diese Frage, mit der Heidegger sein Werk ›Sein und Zeit‹ einleitet, wird allerdings von einer viel tieferen Frage provoziert, die keine Philosophie lehren kann: »Warum ist überhaupt Seiendes und nicht vielmehr Nichts? Das ist die Frage. Vermutlich ist dies keine beliebige Frage. ›Warum ist überhaupt Seiendes und nicht vielmehr Nichts?‹ – das ist offensichtlich die erste aller Fragen. Die erste, freilich nicht in der zeitlichen Aufeinanderfolge der Fragen. Der einzelne Mensch sowohl wie die Völker fragen auf ihrem geschichtlichen Gang durch die Zeit vieles. Sie erkunden und durchsuchen und prüfen Vielerlei, bevor sie auf die Frage stoßen ›Warum ist überhaupt Seiendes und nicht vielmehr Nichts?‹ Viele stoßen überhaupt nie auf diese Frage, wenn das heißen soll, nicht nur den Fragesatz als ausgesagten hören und lesen, sondern die Frage fragen, d. h. sie zustande bringen, sie stellen, sich in den Zustand dieses Fragens nötigen.«[54]

Warum ist Seiendes? Heidegger zielt in seiner Frage auf den Grund, den Sinn des Ist. Es interessiert ihn zuerst eben nicht das Seiende, sondern das Sein dieses Seienden. Er macht einen Unterschied zwischen Sein und Seiendem und bezeichnet diesen Unterschied als die ontologische Differenz. Um nun auch eine Antwort geben zu können auf die Frage nach dem

Sinn von Sein entwickelt Heidegger keine abstrakte Seinslehre, wie es in der Geschichte der Philosophie vor ihm üblich war, sondern er setzt bei demjenigen Seienden an, das diese Frage stellt. Wer also fragt nach dem Sinn von Sein? Wir Menschen und nur wir. Da wir dies tun, hebt Heidegger die Seinsart des Menschen vom Seienden ab und nennt sie Dasein. Um dieses Dasein zu beschreiben, bedarf es einer anderen Terminologie als der bereits vorhandenen, die ja nur das Seiende beschrieben und das Sein vergessen hat. Diese neue Terminologie ist extrem eigenwillig und erschwert das Verständnis von Heidegger-Texten ungemein. Worte aus dem alltäglichen Sprachgebrauch erhalten plötzlich eine Bedeutungstiefe, die man ihnen zunächst nicht zugetraut hätte. Zur Veranschaulichung nehmen wir das für jeden verständliche Verb »rufen«. In Bezug auf das Dasein verwendet Heidegger dieses simple Wort so: »Das Dasein selbst ruft als Gewissen aus dem Grunde dieses Seins. Das ›es ruft mich‹ ist eine ausgezeichnete Rede des Daseins. Der durch die Angst gestimmte Ruf ermöglicht dem Dasein allererst den Entwurf seiner selbst auf sein eigenstes Seinkönnen.«[55]

Heidegger bestimmt Dasein wesentlich als »In-der-Welt-Sein« und als »Sein-zum-Tode«, daraus ergeben sich die beiden Seinsweisen der »Eigentlichkeit« und der »Uneigentlichkeit«. »Uneigentlich« ist das alltägliche »Verfallen« an das »Man«, »eigentlich« dagegen ist die in der Grundstimmung der »Angst« sich eröffnende Möglichkeit der »Entschlossenheit«, die Heidegger auch als »Freiheit-zum-Tode« bezeichnet. Denn der Gestaltungsspielraum unseres individuellen Lebens erschließt sich erst in einem bewussten Verhältnis zu unserem eigenen Tod.

Wenn in ›Sein und Zeit‹ noch die Seinsweise des Menschen im Mittelpunkt der Untersuchung stand, so ist für Heidegger ab 1930 nicht der Mensch das Wesentliche, sondern das Sein. Der *Bezug* des Menschen zum Sein rückt in den Mittelpunkt der Betrachtung, wobei der Mensch nicht als Subjekt der Geschichte interpretiert wird, sondern das Sein selbst erhält quasi Subjektstatus, indem es sich verhüllt und in seinem »Entbergen« noch verbirgt. Inwiefern der Mensch auf dieses Geschehen wirklich Einfluss nehmen kann, ist fraglich, aber auf jeden Fall ist er ihm ausgeliefert. Der Mensch kann das Sein nicht zwingen, in der Weise wie er das Seiende überall in seine Gewalt gebracht und so von sich aus für jene »Seinsverlassenheit« gesorgt hat, die sich im Überhandnehmen der Technik und des Fortschritts dokumentiert. Ein angemessener Bezug des Menschen zum Sein ist die »Hörigkeit«, die bereit ist für den Zuspruch des Seins. »Aber der Zuspruch des Feldweges spricht nur so lange, als Menschen sind, die, in seiner Luft geboren, ihn hören können. Sie sind Hörige ihrer Herkunft, aber nicht Knechte von Machenschaften. Der Mensch versucht vergeblich, durch sein Planen den Erdball in eine Ordnung zu bringen, wenn er nicht dem Zuspruch des Feldweges eingeordnet ist. Die Gefahr droht, dass die Heutigen schwerhörig für seine Sprache bleiben. Ihnen fällt nur noch der Lärm der Apparate, die sie fast für die Stimme Gottes halten, ins Ohr. So wird der Mensch zerstreut und weglos.«[56] Der Mensch soll sich als »Hüter des Seins«, als dessen »Hirte« verstehen. Hütend, bewahrend, schonend soll er auf den »Anruf des Seins« hören und sich so für die Frage aller Fragen »Warum ist überhaupt Seiendes und nicht vielmehr Nichts?« offenhalten.

Diagnose

»Das Dasein spricht von ihm selbst, es sieht sich so und so, und doch ist es nur eine Maske, die es sich vorhält, um nicht vor sich selbst zu erschrecken«[57], sagt Heidegger. Claudia fehlt es an Entschlossenheit – sie treibt auf der Welle der Alltäglichkeit. Ihr Grundirrtum besteht in der Annahme, dass sich, wenn sie nur erst einmal den »Richtigen« gefunden hat, ihr Dasein zum Besseren wendet. Viel Energie vertut sie mit der Suche nach dem Richtigen und scheitert doch immer wieder, weil sie den Falschen wählt. Worum geht es Claudia bei der Suche nach dem »Richtigen«? In ihren Aussagen reduziert sie diese Suche auf den richtigen Partner. Tatsächlich dürfte allerdings gemeint sein, dass sie *das* Richtige überhaupt für sich sucht. Es werden ja nicht nur die falschen Partner beklagt, sondern auch der Arbeitsplatz, der ihr keine weiteren Aufstiegsmöglichkeiten bietet. Also ist auch die Arbeit, zumindest unter den Umständen wie Claudia sie verrichtet, wohl nicht die richtige. Beziehungs- und Arbeitswelt sind ganz wesentliche Bereiche des Daseins. Da es für Claudia über diese Bereiche hinaus faktisch kaum noch erschlossene Daseinsbereiche gibt, empfindet sie ihr ganzes Dasein als irgendwie nicht stimmig. »Irgendetwas stimmt mit meinem Leben nicht.«

Diese Formulierung gibt schon einen Hinweis darauf, was denn mit ihrem Leben nicht stimmt und warum es nicht stimmt. Schaut man sich die Aussage genauer an, so gibt zu denken, dass der Gegenstand der Unstimmigkeit auffallend abstrakt gehalten wird. Ein »Irgendetwas« kann alles sein, alles ist irgendein Etwas. Irgendetwas ist die höchste Form der Unbestimmtheit. Man kann damit alles meinen und zugleich nichts von allem. Es geht bei diesem unbestimmten »Irgendetwas« um ein vermeintliches Offenhalten für die Bestimmung dieses Etwas. Diese Bestimmung wird aber prinzipiell ausgeschlossen, indem das »Irgendetwas« zugleich auf alles und nichts zielt. Diese Unbestimmtheit ist dabei gleichzeitig Ausdruck der daseinsmäßigen Unentschiedenheit, die Claudias Leben durchzieht (deutlich wird dies z. B. in dem Umstand, dass sie mehrere Partner gleichzeitig hat).

Weiter gibt zu denken, dass das unbestimmte »Irgendetwas« mit dem konkreten »mein Leben« in Verbindung gebracht wird. Zwar weiß Claudia offensichtlich, dass es sich um *ihr* Leben handelt, sie tut aber so, als würde irgendetwas dieses Leben leben und bestimmen, etwas, womit sie eigentlich nichts zu tun hat. Denn was alles und nichts zugleich meint, von dem brauche ich mich nicht wirklich angesprochen zu fühlen. Irgendetwas lebt dieses Leben, irgendetwas macht, dass es ist wie es ist. Das vermeintliche Offenhalten für eine Bestimmung des »Irgendetwas« verdeckt so die Möglichkeit der Einsicht, dass es niemand anders als Claudia selbst ist, die dieses Leben lebt, es entscheidet und durch ihr Handeln bestimmt. »Irgendetwas« will sich gerade nicht für die Bestimmung offenhalten, es will sie vermeiden. In der umgreifenden Unbestimmtheit einerseits und der Ahnung, dass es sich mit dem Dasein um ihr ureigenes Dasein handelt, ist Claudias Leben zwischen »Uneigentlichkeit« und »Eigentlichkeit« aufgespannt.

Dabei ist ihr Unbehagen wesentlich Ausdruck der gegensätzlichen Ansprüche eines »eigentlichen Seinkönnens« und des uneigentlichen »Man«. Was »man« so sagt, was »man« so für richtig und geboten hält, wie »man« so sein Leben lebt, darauf legt Claudia viel Gewicht. Andere sind beruflich weiter gekommen als sie (die haben es richtig gemacht), andere haben bereits den passenden Partner gefunden (warum ich nicht? Auch für mich ist es jetzt an der Zeit). Indem sie sich an das »Man« ausliefert, verfehlt sie ihr eigenes Dasein. Zwar könnte man noch meinen, dass der Wunsch, sich beruflich weiterzuentwickeln und aufzusteigen, wie auch der Wunsch nach einem passenden Partner etwas ist, was Claudias eigentlichem Dasein entspricht, also dass wirklich sie es ist, die dies wünscht. Dafür müsste aber allererst die eigene Entschlossenheit auszumachen sein, die eine Grundbedingung für die ureigene Entscheidung ist. An dieser echten Entschlossenheit im Sinne einer Selbstbestimmung mangelt es Claudia aber, sodass nicht angenommen werden kann, dass diese Wünsche Ausdruck ihrer ureigenen Entscheidung sind. Diese Wünsche werden wesentlich von der Uneigentlichkeit des »Man« gesteuert und müssen so in Bezug auf das geahnte eigentliche Seinkönnen für Claudia immer wieder unerfüllt bleiben.

Abgesehen davon, dass Claudia im Modus des »Man« das Richtige im Sinne des Eigentlichen nicht wählen kann, ist die Wahl des Falschen in der »Verfallenheit« an das »Man« aber auch Ausdruck einer Vermeidungsstrategie. Claudia wählt das Falsche, um das Richtige zu verhindern. Diese Strategie erschließt sich bei einer genaueren Analyse ihrer Angst vor dem

Tod. Wir haben bereits festgestellt, dass das Richtige nur in den Blick geraten kann, wenn Claudia aus der umfassenden Unbestimmtheit und Unentschiedenheit von sich aus zu einer ihr eigenen Selbstbestimmtheit findet. Was verhindert diese Selbstbestimmung? Claudias Todesangst, die ein bewusstes Verhältnis weder zu ihrer Angst noch zu ihrem eigenen Tod zulässt. Der Tod als die letzte, feststehende Grenze bestimmt das Dasein wesentlich. Erst in der Bewusstwerdung dieser Grenze ist eine echte Selbstbestimmung möglich. Da Claudia aber alles vermeidet, sich konstruktiv mit der Endlichkeit ihres Daseins auseinanderzusetzen, muss sie sich auch ihre ureigenste Selbstbestimmung versagen. Das Ausbleiben des Richtigen in der Wahl des Falschen ist unbewusst im Letzten gewollt. Denn das Richtige erweist sich nur in Bezug auf die Endlichkeit und Begrenztheit des Lebens und verweist immer auf den Tod.

Therapie

»Den letzten Ernst (wie auch die mögliche ›Leichtigkeit‹) des Lebens begreift man nur, wenn man Endlichkeit und Einmaligkeit des eigenen Lebens begreift. Nur so wird ja einsichtig, welche Bedeutung weichenstellende Entscheidungen haben, welche Tragweite dem Eingreifen von – und damit gleichzeitig dem Nicht-Eingreifen vieler anderer – Möglichkeiten zukommt, wie kostbar Momente der Erfüllung sind.«[58] Claudias Angst vor dem Tod äußert sich in ihrer Angst vor dem Leben. Ihr ungelebtes Leben stellt eine Bedrohung für sie dar und mahnt sie zugleich, sich ihrer eigentlichen Aufgabe zu erinnern. In der genaueren Betrachtung der Angst kann Claudia der Ruf des Gewissens überkommen, der sie auffordert, ihrer freien Entfaltung nachzukommen. Es geht im daseinsanalytischen Gespräch nicht darum, Claudia Angst zu machen, die hat sie ja schon; es kann auch nicht darum gehen, ihr die Angst zu nehmen, sondern nur darum, die Angst als etwas verständlich und ertragbar zu machen, das zum Dasein dazugehört. Die Flucht vor der Angst in die Uneigentlichkeit des »Man« führt in die Verlorenheit und verstärkt nur noch die Angst. Diese wird nur gemildert, wenn Claudia sich ihr konkret stellt, das heißt, eine Beziehung entwickeln kann zu ihrer Endlichkeit, zu ihrem Tod. Claudias Angst muss in ein konstruktives Element ihres Daseinsvollzuges umgesetzt werden, das auf eine letzte Grenze verweist. Erst im Bewusstsein dieser Grenze ist Claudia in der Lage, ihrem Dasein Kontur zu verleihen. Erst im Zulassen der Angst kann sie ihr Dasein in aller Ernsthaftigkeit und Einmaligkeit erfassen. So gelingt der Sprung aus der Unbestimmtheit des »Man« in die freie Selbstbestimmung eines selbst gewählten Lebensvollzugs.

In der Selbstbestimmung angesichts der eigenen Endlichkeit verliert die Angst vor dem Tod ihren bedrohlichen Charakter und wird als Teil eines eigentlichen Lebensvollzugs in das Dasein integriert. Die Angst ist kein Gegner des Daseins, nicht dessen Feind, den es zu bekämpfen oder vor dem es zu fliehen gilt. Sie ist ein Existenzial, das die Grenzerfahrung allererst ermöglicht, angesichts derer die eigene Ausformung von Grenzen und Bestimmungen des Daseins gelingen kann. Der Philosoph könnte vielleicht in diesem Sinne etwa die sanfte Aufforderung wagen: »Claudia, lassen Sie mal die Angst. Versuchen Sie nicht, sie zu verscheuchen, ihr aus dem Weg zu gehen, sie zu bekämpfen. Lassen Sie sie einfach.« So gelassen wird Claudia merken, dass ihre Angst sie nicht umbringt, sondern vor eine letzte Grenze stellt, an der sie frei wird für den Ruf des Gewissens, der sie in ihr eigenes Dasein ruft. Diesem Ruf zu folgen heißt ihr eigenstes Seinkönnen in Freiheit zu ergreifen. Mit Heideggers Worten: »Die Angst offenbart im Dasein das Sein zum eigensten Seinkönnen, das heißt das Freisein für die Freiheit des Sich-selbst-Wählens und -Ergreifens.«[59] Claudia muss nun nicht mehr das Falsche wählen. Das Richtige gerät jetzt im richtigen, ernsthaften Gerichtetsein auf das Dasein in den Blick. Dasein wird jetzt nicht mehr bloß verrichtet, sondern gegen die alltägliche Vertrautheit mit der Welt und ihren Geschäften eingerichtet und bewohnt. Bewohnt heißt, anwesend sein, heißt in seinem Dasein auch wirklich und vornehmlich da zu sein und nicht wie in der bloßen Verrichtung ständig außer Haus zu sein. Im permanenten »Weg-sein« kann es nicht gelingen, Herr im eigenen Haus zu werden. Erst sofern das Dasein sich gegen das bloße, routinemäßige, geschäftige Verrichten vollzieht, kann es nach dem Erschrecken vor der existenziellen »Unbehaustheit« auch wieder neu bewohnt werden. In diesem Bewohnt-Sein wird es als »In-der-Welt-Sein« fassbar. Dasein erschließt so Welt und damit zugleich die Möglichkeit eigentlichen »Mitseins«. So eingelassen in die Welt erschließt sich Claudia auch das »Miteinander-Sein«, das sie jetzt in Freiheit ergreifen und so weitere Fehlgriffe vermeiden kann.

Albert Camus
Stein und Sein

Die Menschen sterben und sind nicht glücklich.[60]

Leben

Albert Camus (1913–1960) war gerade ein Jahr alt, als sein Vater Lucien Auguste in den ersten Tagen des Ersten Weltkrieges schwer verletzt wurde und in einem Lazarett in Saint-Brieuc starb. Albert sowie sein älterer Bruder Lucien wuchsen vaterlos auf und erlebten eine Kindheit, in der die Mutter Catherine Sintès eine dominierende Rolle spielte. Alberts Eltern kamen aus ärmlichen Verhältnissen. Der Vater stammte von französischen Auswanderern ab, die sich 1871 in Algerien ansiedelten. Die Familie Sintès, ursprünglich auf der Baleareninsel Menorca beheimatet, wanderte bereits 1850 nach Algerien aus. 1909 heirateten Catherine und Lucien Auguste, der bald danach Arbeit in einer Weinfirma in der Nähe des Dorfes Monadavi in Ostalgerien fand. Dort kam Albert am 7. November 1913 zur Welt.

Nach dem Tod des Vaters zog Catherine mit ihren beiden Kindern zu ihrer Mutter ins Armenviertel von Algier. Mit einer äußerst dürftigen Witwenrente sowie schmalen Einkünften aus ihrer Tätigkeit als Putzfrau versuchte sie, die Familie über Wasser zu halten. Die Wohnverhältnisse im Proletarierviertel Belcourt waren elend und düster. Insgesamt lebten sechs Personen in der kleinen Dreizimmerwohnung, neben Catherine und ihren beiden Kindern noch zwei ältere Brüder von Catherine sowie die Großmutter. Sie war despotisch und grausam. Ihre beiden Enkelkinder züchtigte sie mit der Peitsche, mit ihrer Tochter wechselte sie kaum ein Wort. Ein stummer Fatalismus, pessimistisch, eng und finster prägte die Atmosphäre, in der Albert aufwuchs. Keine emotionale, materielle oder geistige Zuwendung. Alberts Mutter war taub, litt an Sprachstörungen und war Analphabetin, seine Großmutter ein kalter Tyrann. Für Albert eine prägende Erfahrung, die sein Frauenbild entscheidend mitbestimmen sollte. 1918 wurde er in die École communale eingeschult. Der Grundschullehrer Louis Germain, der mehr und mehr die Rolle eines Ersatzvaters für Albert übernahm, erkannte dessen Begabung und versuchte ihn nach Kräften zu fördern. Er bereitete Albert auf eine Prüfung für die Bewerbung als Stipendiat fürs Gymnasium vor, die sein Zögling prompt bestand. Albert wechselte aufs Gymnasium, wo er sich besonders für den Philosophieunterricht seines verehrten Lehrers Jean Grenier interessierte. Neben der Philosophie fesselte Albert das Fußballspiel leidenschaftlich. Er war ein ausgezeichneter Torwart und erwarb sich so im Fußballverein Racing-Universitaire d'Algier großen Respekt. Nach einem harten Spiel erkrankte Albert 1930 an einer Lungenentzündung, die sich zu einer Lungentuberkulose entwickelte und ihm lebenslänglich schwer zu schaffen machen sollte. Nach einem Klinikaufenthalt zog Camus zu seinem Onkel, einem wohlhabenden Metzger mit Vorliebe für französische Literatur. In Verbindung mit Jean Grenier und Louis Germain brachen nun etwas lichtere Zeiten für Camus an. 1932 bestand er das Abitur und begann das Studium der Philosophie an der Universität von Algier, wo er gleich zu Beginn seine erste Frau Simone Hié kennenlernte. Simone war stark morphinsüchtig, was die Ehe der beiden von Anfang an sehr belastete. Trotz zahlreicher Aufenthalte in Entzugskliniken war Simone nicht von ihrer Sucht zu kurieren, sodass Camus sich 1940, nach sechs Jahren Ehe, von ihr scheiden ließ. Mit einer Arbeit über »Christliche Metaphysik und Neoplatonismus« beendete Camus 1936 sein Studium.

Nach zwei Jahren wechselnder Jobs und ständiger Geldnot bekam er 1938 eine Stelle bei der Zeitung ›Alger Républicain‹, die er allerdings zwei Jahre später, nachdem die Zeitschrift verboten wurde, wieder verlor. 1940 heiratete Camus Francine Faure, die mit ihrem Lehrergehalt den arbeitslosen Camus durchfüttern musste. 1941 vollendete Camus sein erstes philosophisches Hauptwerk ›Der Mythos des Sisyphos‹[61] und ein Jahr später seinen ersten Roman ›Der Fremde‹[62]. In Paris erhielt er eine Anstellung bei der Zeitung ›Paris Soir‹. Seine Frau blieb in Algerien zurück, und als die Alliierten 1942 in Nordafrika landeten, war Camus die Rückkehr versperrt. Während seiner Zeit in Paris schloss er sich der Résistance an und arbeitete als Lektor für den Verlag Gallimard, eine Stellung, die er bis zu seinem Tode innehatte.

Nach der Befreiung 1944 lernte Camus jenen Kreis von Existenzialisten kennen, in dem der seinerzeit schon berühmte Jean-Paul Sartre die tonangebende Rolle spielte. Man traf sich im Café de Flore, trank literweise Kaffee, rauchte Kette und diskutierte bis spät in die Nacht. Eine Zeit lang wurde Camus in einem Atemzug mit den Existenzialisten um Sartre genannt, obwohl Camus sich selbst niemals als Existenzialist bezeichnet hat. Die Freundschaft zu Sartre betrachtete er von Beginn an mit einer gewissen Skepsis, und bei allen durchdiskutierten Nächten wahrte Camus stets eine gewisse Distanz zu dem Starphilosophen der Pariser Szene. 1952 kam es zum offenen Bruch der beiden, nachdem Camus 1951 sein zweites philosophisches Hauptwerk ›Der Mensch in der Revolte‹[63] veröffentlicht hatte. Sartre warf Camus in hässlichen öffentlichen Auseinandersetzungen vor, ein Klassenfeind zu sein und die Arbeiterklasse verraten zu haben.

Ende des Zweiten Weltkrieges wurde Camus Vater von Zwillingen. Während er seinem Sohn den Namen Jean gab, nannte er seine Tochter nach seiner Mutter Catherine. Camus war viel unterwegs. 1946 unternahm er eine Vortragsreise durch die USA, wo er von der studentischen Jugend mit großer Begeisterung empfangen wurde. Nach der Veröffentlichung seines zweiten Romans ›Die Pest‹[64] begab er sich auf eine Vortragstournee durch Südamerika, die ihn gesundheitlich stark mitnahm. Camus war mittlerweile durch den Verkauf seiner Bücher in einer finanziell komfortablen Situation. Er inszenierte und schrieb Theaterstücke, arbeitete weiter als Lektor und Journalist und setzte sich im Algerienkrieg in den fünfziger Jahren für seine Heimat ein, indem er versuchte, zwischen den verfeindeten

Gruppen zu vermitteln. Allerdings stießen seine Bemühungen, insbesondere bei Algerienfranzosen, auf erbitterten Widerstand, sodass Camus unter dem Schutz von Leibwächtern nach Frankreich zurückkehren musste. Er gab sein politisches Engagement auf, setzte sich aber noch weiter für politische Gefangene ein. In beschwörenden Appellen traktierte er den mittlerweile zum Minister avancierten André Malraux, indem er sich für inhaftierte algerische Liberale und Nationalisten einsetzte.

Bei der Verleihung des Nobelpreises für Literatur am 17. Oktober 1957 hatte jeder mit Sartre gerechnet, und so war die Überraschung umso größer, als die Wahl des Nobelpreiskomitees auf Camus fiel. Er ist der Jüngste unter den neun Franzosen, denen dieser Preis bislang zugesprochen wurde. 1958 fand Camus nach langer Suche in Lourmarin, einem kleinen Ort in der Nähe von Avignon in Südfrankreich, ein Haus, das ihm fortan als Rückzugsort diente, um in Ruhe schreiben zu können. Frau und Kinder lebten weiter in Paris, verbrachten die Ferien aber regelmäßig in Lourmarin. Camus war jetzt Philosoph und Schriftsteller von internationalem Rang. Weihnachten 1959 kam die Familie zusammen mit den Gallimards in Lourmarin zu Besuch. Es sollte Camus' letztes Weihnachtsfest sein. Michel Gallimard saß am Steuer, als der Wagen am 4. Januar bei Petit Villeblevin ins Schleudern geriet und gegen einen Baum prallte. Albert Camus war sofort tot. Michel Gallimard erlag sechs Tage später seinen Verletzungen. Die beiden Frauen auf dem Rücksitz, Gallimards Frau und seine Tochter, blieben unverletzt. Am 6. Januar wurde Albert Camus auf dem Friedhof von Lourmarin beigesetzt.

Lehre

»Die Götter hatten Sisyphos dazu verurteilt, einen Felsblock unablässig den Berg hinaufzuwälzen, von dessen Gipfel der Stein kraft seines eigenen Gewichts wieder hinunterrollte. Sie meinten nicht ganz ohne Grund, es gäbe keine grausamere Strafe, als unnütze und aussichtslose Arbeit.«[65] Albert Camus ist der Dichter und Denker des Absurden. Was ist das Absurde? Wenn wir uns die großen metaphysischen Spekulationen der abendländischen Philosophie von Platon bis Hegel anschauen, so haben alle Entwürfe bei aller Verschiedenheit doch eines gemeinsam: Sie sind um eine Einheit bemüht. Egal, ob es sich wie bei Platon um die »Idee des Guten und Schönen«, bei Plotin um das »hen«, bei Meister Eckhart um das »Seelenfünklein«, bei Spinoza um die »Substanz« oder bei Leibniz um die »Monade« handelt, alle großen metaphysischen Systeme versuchen einer als chaotisch empfundenen Wirklichkeit kraft der Vernunft und des Geistes Ordnung und Einheit zu verleihen, gleichsam eine von den widersprüchlichen Regionen des Wirklichen unantastbare Instanz, mittels derer der Mensch den Sinn und Zweck seines Daseins ableiten kann.

Die Welt verliert ihre Einheit und Zweckmäßigkeit mit dem Auftritt Nietzsches. Sein Ausspruch vom Tod Gottes hat eine Welt philosophisch illustriert, die auf alle widerspruchsheilenden Letztbegründungsinstanzen verzichtet. Der Mensch ist ohne Jenseits ins Diesseits gestellt und muss aus sich heraus Sinn und Wert seines Lebens schaffen. Die Menschen selbst müssen Götter werden. Insbesondere in Nietzsches ›Zarathustra‹ setzt eine Vergöttlichung des gottlosen Menschen ein. Camus folgt Nietzsche in der Feststellung, dass Gott tot ist, dass es keine die Wirklichkeit überschreitenden Sinn- und Ordnungsinstanzen gibt, er verfällt aber nicht der Schlussfolgerung, dass es nunmehr dem Menschen obliege, selbst Gott zu werden.

Anders als Nietzsche glaubt Camus, dass das menschliche Bedürfnis nach Einheit, Ordnung und Sinn erhalten bleibt. Die menschliche Vernunft wird stets darauf zielen, der chaotischen Wirklichkeit ein Sinn- und Ordnungsschema überzuordnen. Ebenso sicher wie sie das tut, wird sie aber auch daran scheitern. Dieses Scheitern ist der entscheidende Punkt. Es ist eine existenzielle Grunderfahrung des menschlichen Daseins, angesichts derer er sich der Absurdität seiner Existenz bewusst wird. Das Absurde ist für Camus ein Synonym für den Bruch zwischen der Vernunft, die auf eine sinn- und ordnungsstiftende absolute Einheit zielt einerseits, und einer Wirklichkeit andererseits, die an sich unvernünftig ist. Das Absurde liegt nicht in der Welt und auch nicht in der Vernunft, sondern in dem Widerspruch zwischen dem Anspruch der Vernunft auf Einheit und einer an sich unvernünftigen Welt. »Das Absurde ist im wesentlichen eine Entzweiung. Es ist weder in dem einen noch in dem anderen der verglichenen Elemente enthalten. Es entsteht durch deren Gegenüberstellung. – Auf der Ebene des Verstandes kann ich sagen, das Absurde liegt weder im Menschen [...] noch in der Welt, sondern in ihrer gemeinsamen Präsenz.«[66] Das Absurde gibt es also nicht außerhalb des Geistes oder außerhalb der Welt, es ist das, was beide verbindet. Camus geht auch nicht davon aus, dass es lediglich an der Schwäche des Geistes liege, der unvernünftig erscheinenden Welt eine vernünftige Ordnung abzuringen. Das Absurde ist kein Kriterium geistigen Unvermögens, sondern eines ihm innewohnenden Anspruchs, Einheit schaffen zu wollen, wo von sich aus keine sinnvolle Einheit sich bietet.

Wie begegnet uns das Absurde? »Das Gefühl der Absurdität kann an jeder beliebigen Straßenecke jeden beliebigen Menschen anspringen.«[67] Das hört sich an wie eine tödliche Bedrohung, als ob eine wilde Bestie auf Schritt und Tritt im Hintergrund lauert, einen beliebigen Zeitpunkt abzupassen, um ein ahnungsloses Opfer anzuspringen und zu zerfleischen. Camus will damit vor allem eines klarmachen: Bei dem Begriff des Absurden handelt es sich nicht um eine blutleere Abstraktion, die als Frucht philosophischer Spekulation in den Gehirnwindungen eines an sich unbeteiligten Denkers entstanden ist. Das Absurde ist eine faktische Krise des Menschseins. In unserem konkreten Leben sind wir in die Plötzlichkeit des Absurden hineingestellt, das uns existenziell ergreift und die Fundamente unseres Daseins abgrundtief erschüttert. Irgendwann stellt sich die Frage: Warum das alles? »Manchmal stürzen die Kulissen ein. Aufstehen, Straßenbahn, vier Stunden Büro oder Fabrik,

Essen, Straßenbahn, vier Stunden Arbeit, Essen, Schlafen, Montag, Dienstag, Mittwoch, Donnerstag, Freitag, Samstag, immer derselbe Rhythmus – das ist meist ein bequemer Weg. Eines Tages aber erhebt sich das ›Warum‹, und mit diesem Überdruss, in den sich Erstaunen mischt, fängt alles an.«[68] Leere, Überdruss, Grauen und Ekel sind vier Arten, in denen sich das Absurde präsentiert, das eine jeweils als Steigerung des anderen.

Camus' Antwort auf das Absurde ist die Revolte. In der Auflehnung gegen das Absurde findet der Mensch zu sich selbst und schließlich zu seiner Freiheit. Weder Schicksal noch Götter diktieren seinen Weg. Sisyphos ist Herr seines eigenen Schicksals. »Darin besteht die verborgene Freude des Sisyphos. Sein Schicksal gehört ihm. Der Fels ist seine Sache. […] Der Kampf gegen Gipfel vermag ein Menschenherz auszufüllen. Wir müssen uns Sisyphos als einen glücklichen Menschen vorstellen.«[69]

Diagnose

Die vier Modifikationen des Absurden haben sich in unterschiedlicher Intensität in Claudias Leben bereits vollzogen. Leere, Überdruss, Grauen und Ekel sind stete Begleiter ihrer als nicht stimmig empfundenen Existenz.

Die Leere. – Sie manifestiert sich besonders augenfällig in Claudias Arbeitswelt. Sie beklagt die ungenutzten Chancen, die angenommenerweise dazu geführt hätten, Karriere zu machen. Jetzt sitzt sie fest, sieht keine Möglichkeit mehr, dass sich in Zukunft an ihrer Arbeit etwas ändert. Die Arbeitsabläufe sind zur Routine geworden, jeden Tag die gleichen Vorgänge, jeden Tag die gleichen oder ähnliche Gespräche, immer die gleichen Wege zu immer derselben Zeit. Ein sinnloses Auf-der-Stelle-Treten. Das Bereuen, ihre Chancen verpasst zu haben, macht deutlich, wie leer und sinnlos sie ihr derzeitiges Berufsleben empfindet. Was einstmals Bedeutung besaß, ist in seiner Werthaftigkeit zusammengebrochen und hat ein großes Loch hinterlassen, das angesichts neuer Perspektiven nicht gefüllt werden kann. Die tagtäglichen Abläufe sind infrage gestellt worden und in ihrer Sinnlosigkeit entlarvt. Die Ordnungsmechanismen, die Claudia täglich in das gleiche Prozedere zwingen, werden nur noch notgedrungen (»man muss ja Geld verdienen«) bedient.

Die entstandene Leere durch das Infrage-Stellen der alltäglichen Routinen versucht Claudia durch Korrekturen an ihrem äußeren Erscheinungsbild aufzufüllen. Hier findet sie viel Ungenügen, Anlass zur Klage. Wie es ist, reicht es nicht, es muss besser sein. Die innere Leere setzt sich ins Äußere fort und Claudia versucht durch Ersatzhandlungen das Loch zu schließen, das die Erschütterung der Selbstverständlichkeiten in der Welt der Arbeit gerissen hat. Sie versucht, die eingestürzte Ordnung durch ein besonders korrektes Erscheinungsbild aufzufangen. Aber gerade auf dieser Ebene wirkt sie wie erstarrt, perfekt, aber grau und streng, organisiert und peinlich geordnet. Stets pünktlich, stets korrekt, keine Abweichung zulassend. Das äußere Ordnungsmuster wird dabei umso strenger, je weniger es eine innerliche Deckung besitzt. Ein weiterer Trugschluss besteht darin, dass Claudia meint, ihre innere Leere durch Partnerschaft, Familie, Kinder kompensieren zu können. Die Kulissen sind eingestürzt, und so sehr Claudia sich auch bemüht, die alten Kulissen aufrechtzuerhalten und im Scheitern ihre Hoffnungen in neue investiert, umso weniger werden sie ein tragendes Gerüst ihres Lebens sein.

Der Überdruss. – Claudia ist der ständigen Wiederholungen in ihrem Leben überdrüssig. Sie hat es satt, immer dasselbe durchleben zu müssen. Jeden Tag die mehr oder weniger gleichen Arbeitsabläufe, bei jeder Beziehung das gleiche Strickmuster und die Wiederholung ihres Scheiterns. Claudia befindet sich in einer Endlosschleife, ihr Leben spielt Tag für Tag immer dasselbe Lied. Ihre Arbeit, ihre Partnerschaften sind »absehbar«. Die Vergangenheit gleicht der Gegenwart und wirft ihren Schatten in die Zukunft. Eine umgreifende Langeweile wird spürbar, ein Gefühl für das immerwährende Umsonst des ewig Gleichen.

Das Grauen. – »So trägt uns im Alltag eines glanzlosen Lebens die Zeit. Stets aber kommt der Augenblick, da wir sie tragen müssen. Wir leben auf die Zukunft hin: ›morgen‹, ›später‹, ›wenn du eine Stellung haben wirst‹, ›mit den Jahren wirst du's verstehen‹. Diese Inkonsequenzen sind bewundernswert, denn schließlich geht es ums Sterben. Es kommt gleichwohl ein Tag, da stellt der Mensch fest oder sagt, dass er dreißig Jahre alt ist. Damit beteuert er seine Jugend. Zugleich aber situiert er sich im Verhältnis zur Zeit. Er nimmt in ihr seinen Platz ein. Er erkennt an, sich an einem bestimmten Punkt einer Kurve zu befinden, die er eingestandenermaßen durchlaufen muss. Er gehört der Zeit, und bei jenem Grauen, das ihn dabei packt, erkennt er in ihr seinen schlimmsten Feind.«[70] Diese Feindschaft hat Claudia schon in aller Deutlichkeit zu spüren bekommen. Sie schaut auf ihre Lebensuhr und stellt dabei mit Erschrecken fest, wie ihre Zeit, an deren Ende der Tod steht, unerbittlich verrinnt. Claudias Angst vor einer negativen ärztlichen Diagnose ist eine verschobene Angst, die eigentlich dem Erschrecken darüber Ausdruck verleiht, was sie heimlich schon weiß: »Die Lösung der Gleichung von Zeit und Existenz ist der Tod und die Summe unseres Lebens das Nichts.«[71] Eine »blutige Mathematik«. Die Diagnose des Lebens ist letzthin immer der Tod. Die Verdrängung dieses Wissens führt Claudia in einen hektischen Aktionismus, in eine verkrampfte Suche nach dem erlösenden Ereignis, das ihrer Unstimmigkeit ein Ende bereiten könnte. Sie macht sich vor, dass der existenzielle Bruch in ihrem Leben durch ein äußeres Geschehen kurierbar sei.

Der Ekel. – Er ist das stärkste Existenzial des Absurden, von dem Claudia allerdings bislang am wenigsten ergriffen ist. Dennoch finden sich Hinweise darauf, dass der Ekel bereitsteht, in Claudias Leben Einzug zu halten. Wenn Claudia über das Scheitern ihrer letzten Beziehung das Resümee zieht, dass sie jetzt auch schon von »Idioten« verlassen werde, so drückt sich darin nicht nur eine tief gehende Verletzung aus, sondern auch eine fundamentale Abwehrhaltung, die bereits eine gewisse Nähe zum Ekel aufweist. Das Verlassenwerden erzeugt ein Gefühl der

Fremdheit. Die Bezüge zu ihrem Partner sind gebrochen, die Verbindungen gekappt. Seine Motive sind Claudia unerklärlich und fremd. Neben diese Fremdheit tritt das Gefühl, überflüssig zu sein, nicht gebraucht zu werden. Ihr Partner lebt jetzt ohne sie weiter. Die Illusion zerbricht, dass der eine nur in Bezug auf den anderen überhaupt leben kann. Auch hier brechen die Kulissen zusammen. Die von ihren Ansprüchen in Bezug auf ihren Partner verstellten Kulissen werden wieder, was sie wirklich sind, unabhängig von Claudias Bedürfnissen und Vorstellungen. Ihr Partner entfernt sich von ihr. Das Vertrauen ist gebrochen und mit zunehmender Entfernung wird der »Idiot« (von Altgriech. *idios* – eigen, eigentümlich, eigenartig, seltsam) fremder und fremder. Langsam beginnt sich eine Ahnung von der Geschlossenheit der Welt einzuschleichen. Claudia spürt, mit welcher Intensität Menschen sie verneinen können.

Therapie

»Am Abend holte Maria mich ab und fragte, ob ich sie heiraten wolle. Ich antwortete, das wäre mir einerlei, aber wir könnten heiraten, wenn sie es wolle. Da wollte sie wissen, ob ich sie liebe. Ich antwortete, wie ich schon einmal geantwortet hatte, daß das nicht so wichtig sei, daß ich sie aber zweifellos nicht liebe. ›Warum willst du mich dann heiraten?‹ fragte sie. Ich erklärte ihr, das sei ganz unwichtig; [...] Sie meinte, die Ehe sei etwas sehr Ernstes. Ich antwortete: ›Nein.‹«[72]

Am Anfang steht die Frage nach dem Warum. Claudia stellt sich diese Frage bereits seit geraumer Zeit: »Warum klappt es bei anderen und bei mir nicht?« Dieser Frage ist nachzugehen, und zwar nicht um einer Beantwortung willen, sondern im Sinne einer kritischen Prüfung: »Wie kommt es, Claudia, dass Sie sich diese Frage überhaupt stellen? Warum hat diese Frage einen solchen Stellenwert in Ihrem Leben erlangt? Und was erhoffen Sie sich von der Lösung dieser Frage?« Die Antwort auf die erste Frage liegt zunächst auf der Hand. Andere haben offensichtlich Erfolg in all jenen Bereichen, von denen Claudia glaubt, dass sie wesentlich sind, um ein gelingendes Leben zu führen. Es ergibt sich scheinbar zwangsläufig die Frage, warum anderen gelingt, was Claudia nicht gelingt. Allerdings stehen hinter dieser scheinbar so zwangsläufig sich ergebenden Frage einige Grundannahmen, die im Gespräch genauer geprüft werden müssen.

In der Weise zu fragen, wie Claudia es tut, setzt die Auffassung voraus, dass ihr irgendetwas fehlt, dass sie etwas falsch macht. Claudia geht in dieser Frage prinzipiell von einem Mangel, einem Defizit an sich selbst aus. Die Frage nach dem Warum in Bezug auf die »anderen« entspringt einer Selbstabwertung. Die Frage kann also erst entstehen, weil Claudia sich selbst als mangelhaft empfindet. Die Fragerichtung bedarf einer Umwendung. Es geht nicht darum herauszufinden, was Claudia nicht hat, was sie in Bezug auf andere und deren Lebensentwürfe falsch macht, sondern darum, ihr Bewusstsein dafür zu entwickeln, dass ihre Menschlichkeit als solche vollkommen ausreichend ist, ein erfüllendes Leben zu führen. Die Fragerichtung zu verändern heißt auch, den Stellenwert der Frage, »warum es bei anderen klappt«, zu unterminieren und so deren Herrschaft über Claudias Leben zu brechen. Hinter dem vermeintlich offensichtlichen Defizit, das Claudia an sich im Vergleich zu den anderen ausmacht, versteckt sie in ihrer Frage nach dem Warum eine viel tiefer liegende Frage. Mit der Umwendung der Fragerichtung werden diese Tiefenschichten offenbar.

Die Frage nach dem Warum zielt jetzt nicht mehr auf das Warum des eigenen Misslingens, sondern darauf, warum sie überhaupt fremde Lebensvollzüge zum Maßstab ihres eigenen Lebens macht. Dabei kann herauskommen, dass Claudia den anderen braucht, um einer eigenen Antwort auf die Art und Weise ihres Daseins aus dem Wege zu gehen, aus Angst, diese Antwort könnte nie erfolgen. In der Umwendung der Fragerichtung auf das, was sie in Absehung von anderen selbst ist, wird sich Claudia vorerst einer leeren Ratlosigkeit ausgesetzt sehen. Dieser gefürchtete Zustand kann klären, warum der andere und dessen Lebensentwurf so notwendig für sie ist. Es zeigt sich dabei, dass es gar nicht um das Was dieses Entwurfes ging, also nicht um beruflichen Erfolg, um Kinder, Familie, Partnerschaft, sondern die Orientierung am Wertekanon der anderen dient nur dazu, der in den Tiefenschichten des eigenen Daseins gefürchteten Sinnlosigkeit zu entfliehen. Wenn sie dies erkannt hat, kann sich Claudia auf die Frage, was sie sich von der Beantwortung der Frage »Warum klappt es bei anderen« erhofft, in neuer Perspektive die Antwort selbst geben: »Dass von außen mein Leben mit Sinn aufgefüllt wird, den ich mir selbst zu geben nicht imstande bin.«

Hier zeigt sich ein Defizit ganz anderer Art, das wesentlich von dem ersten, aus dem heraus Claudia ihre Frage gestellt hat, verschieden ist. Während Claudia bisher bei sich einen Mangel in Bezug auf den anderen konstatiert hat, erkennt sie jetzt ein Ungenügen, das unabhängig von anderen in ihr selbst begründet liegt. Das erste Defizit muss prinzipiell unauffüllbar bleiben, das neu entdeckte Ungenügen dagegen ist verwindbar. Denn auf der Ebene der Außenorientierung mit den notwendig damit einhergehenden Hierarchisierungen findet die Selbstabwertung kein Ende. Im Zustand der leeren Ratlosigkeit hingegen ist der Prozess der Selbstabwertung zum Erliegen gekommen. Von jetzt an kann Claudia jenseits aller Auf- und Abwertungen ein neues Verhältnis zu sich entwickeln. Dabei diente die Demontage und Demaskierung der alten Frage als eine erste Einübung der Revolte. Denn tatsächlich lehnt Claudia sich mit der Umwendung der Fragerichtung gegen ihre alten Ordnungsmechanismen auf, von denen sie hoffte, sie würden ihr Dasein tragen. Von dieser Hoffnung befreit, ist sie vor und auf sich selbst gestellt. Von dort aus fällt die Erkenntnis leicht, dass alle Versuche, der Welt Ordnung zu verleihen, im Letzten immer scheitern müssen. Claudia kann jetzt sehen, dass nicht sie etwas falsch macht oder etwas nicht hat, sondern dass der Zusammenprall von ordnungs- und sinnstiftenden Ansprüchen mit einer sich diesen Ansprüchen versagenden Welt prinzipiell absurd ist. In der Leere des Daseins anzukommen heißt auch, gleichsam bei null anfangen können. Überhaupt erst einmal anfangen können! Darum ist diese Leere ein verwindbares Defizit, sie bietet Claudia die Chance, mit ihrem Leben wirklich zu beginnen. Auch wenn sie schwere Steine wälzen muss, es sind *ihre* Steine. Und sie wird ihr Dasein zu tragen verstehen, solange es ihre Steine bleiben. »Ein Kampf gegen Gipfel vermag ein Menschenherz zu erfüllen.« Diese Erfüllung erwächst aus dem revoltierenden Anfangen, in dem die Dinge in einer »göttlichen Gleichwertigkeit« den Charakter einer erdrückenden Last verlieren. Befreit von der Hoffnung auf zukünftige Erfüllung, sieht Claudia die Zufälligkeit allen Daseins, aber eben auch das ihr Zufallende, das sie jetzt an- und aufnehmen kann, weil es ihr Eigenes ist.

Emmanuel Lévinas
Odysseus gegen Abraham

> *Er hat mich verlangt,*
> *bevor ich gekommen bin.*[73]

Leben

Emmanuel Lévinas wurde am 12. Januar 1906 im litauischen Kaunas, 200 Kilometer südöstlich von Königsberg, als Sohn eines jüdischen Buchhändlers geboren. Seine Eltern waren strenggläubig, hielten die Speisegebote ein und besuchten regelmäßig die Synagoge. Emmanuels Kindheit war von den Erfahrungen einer doppelten Unterdrückung gekennzeichnet. Als Jude unter einer mehrheitlich christlichen Bevölkerung musste er sowohl die Unterdrückung durch die litauischen Katholiken wie auch durch die orthodoxen Russen ertragen, zu deren Staatsgebiet Litauen seinerzeit gehörte. Für die litauischen Juden bedeutete diese zweifache Ausgrenzung eine Verdrängung an den Rand der Gesellschaft, von dem es praktisch kein Entrinnen gab. Zudem war Kaunas zu Beginn des 20. Jahrhunderts ein armseliges Provinznest, das ganz im Schatten der litauischen Hauptstadt Vilnius stand. Auch aus diesem Grunde waren den Zukunftsperspektiven des jungen Emmanuel sehr enge Grenzen gesetzt. Seine Kindheit stand ganz unter dem Einfluss jüdischen Gemeindelebens und dem Geist der jüdischen Orthodoxie. Die Beschäftigung mit den literarischen Schwergewichten der russischen Literatur, wie Dostojewski, Tolstoi, Puschkin und Turgenjew, gestatteten dem Jüngling einen ersten Blick über die Grenzen von Kaunas und des orthodoxen Judentums. Dass er seine Heimatstadt überhaupt verlassen konnte, liegt ironischerweise in exakt jener Unterdrückung begründet, die den Juden die Teilnahme am gesamtgesellschaftlichen Leben verwehrte.

In der Zeit des Ersten Weltkrieges und der russischen Revolution wurde die Familie 1917 in die Ukraine zwangsumgesiedelt. Dort gelang es Emmanuel, als einem der ganz wenigen

Juden, die Aufnahmeprüfung für das russische Gymnasium zu bestehen. Nach dem Abitur zog es Lévinas nach Westeuropa, er wollte Philosophie studieren. Beim Versuch, sich an einer deutschen Universität zu immatrikulieren, setzte sich die Kindheitserfahrung der Ausgrenzung fort. Als Jude hatte Lévinas bereits Mitte der zwanziger Jahre in Deutschland keine Chance, einen Studienplatz zu erhalten. So wurde die Straßburger Universität seine erste Anlaufstelle, um das Philosophiestudium aufzunehmen. 1928/29 setzte er dennoch über den Rhein, um als Gasthörer zwei Semester an der Universität Freiburg zu studieren. Dort erlebte er die letzte Vorlesung von Edmund Husserl und die erste von Martin Heidegger. Der Eindruck war gewaltig und bleibend. Mit beiden Denkern, insbesondere aber mit Heidegger, wird Lévinas sich ein Leben lang auseinandersetzen. Mit einer viel beachteten und preisgekrönten Dissertation schloss Lévinas sein Studium an der Universität Straßburg ab. Mit dieser Dissertation über Husserls Phänomenologie und einigen Beiträgen in Zeitschriften über Heideggers Fundamentalontologie machte Lévinas die beiden Freiburger Philosophen in Frankreich bekannt und ebnete ihnen den Weg, entscheidenden Einfluss auf die französische Philosophie zu nehmen, der bis heute anhält.

Auf eigenen Wunsch erhielt Lévinas 1930 die französische Staatsbürgerschaft, zwei Jahre später heiratete er in Kaunas die Musikerin Raissa Levi, die im gleichen Haus aufgewachsen war wie er. Ihre beiden Kinder, Simone und Michael, wurden 1935 und 1949 geboren. Das Ehepaar Lévinas hatte seinen Lebensmittelpunkt in Paris. 1940 wurde Lévinas als französischer Staatsbürger zum Militärdienst eingezogen und in den Krieg gegen Deutschland geschickt. Er geriet schon bald in deutsche Kriegsgefangenschaft. Im Lager Stuckenbostel zwischen Hannover und Bremen in der Lüneburger Heide bis Kriegsende interniert, erlebte er dort fünf Jahre lang, was Menschen an Grausamkeiten einander antun können. Seine Frau und seine Tochter befanden sich derweil in Sicherheit. Ein Freund von

Lévinas aus der Straßburger Zeit, Maurice Blanchot, hatte dafür Sorge getragen, dass sie in einem christlichen Kloster in der Nähe von Orléans während der Besatzungszeit untertauchen konnten. Nach Kriegsende erfuhr Lévinas, dass alle seine Familienangehörigen in Litauen dem bestialischen Ausrottungswahnsinn der Nazis zum Opfer gefallen waren. Er schwor, Deutschland nie wieder zu betreten. Später bedauerte er diesen Schwur, hielt aber daran fest.

Die nächsten dreißig Jahre waren von seiner Lehrertätigkeit an der Alliance Israélite Universelle geprägt. Die Ausbildung jüdischer Lehrer stand im Mittelpunkt seines Schaffens sowie Bibel- und Talmudstudien. Erst im Alter von 57 Jahren begann seine akademische Karriere, die ihn über mehrere Stationen schließlich als Professor an die Pariser Sorbonne führte, wo er bis 1976 lehrte. Mit zahlreichen Veröffentlichungen auf dem Gebiet der Philosophie und Religion gelang es Lévinas vorerst nicht, aus dem Schatten des tonangebenden Philosophen dieser Tage in Frankreich, Jean-Paul Sartre, herauszutreten. Erst im Laufe der siebziger und achtziger Jahre begann man, mehr und mehr auf Lévinas aufmerksam zu werden, indem man zur Kenntnis nahm, dass hier ein Denker wirkte, der über Heidegger und Sartre hinaus ganz neue Wege des Philosophierens beschritt. 1995 starb Lévinas kurz vor seinem 90. Geburtstag in Paris.

Lehre

»Einem Menschen begegnen heißt, von einem Rätsel wachgehalten werden.«[74] Levinas' Philosophie kreist um die Rätselhaftigkeit der Begegnung von Mensch zu Mensch. Das mag auf den ersten Blick nicht sonderlich aufsehenerregend sein. Wir begegnen täglich Menschen bei allen möglichen Gelegenheiten, bei der Arbeit, im Kino, auf der Straße, im Gespräch, in der Familie. Meistens werden diese Begegnungen nicht problematisiert. Sie erscheinen uns ganz selbstverständlich. Tauchen Probleme im menschlichen Miteinander auf, versuchen wir sie in der Regel irgendwie zu lösen. Das kann gelingen oder scheitern. Zuweilen können uns Menschen als rätselhaft erscheinen und wir werden bemüht sein, das Geheimnis, das diesen Menschen umgibt, zu lüften oder zumindest Erklärungen zu finden, die dieses Rätsel weniger rätselhaft machen. Wir versuchen diesen Menschen, wenn uns irgend an ihm liegt, zu verstehen, was meist gleichbedeutend ist mit dem Umstand, dass wir ihn so behandeln, als wäre er prinzipiell verstehbar. Hat mich ein guter Freund belogen, so stellt sich sogleich die Frage, warum er das getan hat. Ich werde nach den Gründen suchen, die ihn dazu veranlasst haben, mir nicht die Wahrheit zu sagen. Ich will seine Beweggründe begreifen und ordne seine Motivationen in Kategorien, die mir vertraut sind und die schon immer zu meinem Weltverständnis notwendig waren. So wird der Freund aus der rätselhaften Unberechenbarkeit in die Ordnung von Begriffen gesetzt, mittels derer ich die Kontrolle über den in der Lüge mir kurzzeitig entschwundenen Freund zurückgewinne. Ich begreife ihn jetzt, was heißt, ich habe seine Beweggründe in eine Ordnung gebracht, die es mir gestattet, im Urteil über diese Gründe zu verfügen. Auf diese Weise verfüge ich über den Freund gleich mit, sofern seine Motivation mit ihm untrennbar verbunden ist. So wird er durch mich gleichsam vergegenständlicht und gerät dadurch in eine Seinsdimension, die er mit beliebigen anderen Gegenständen meiner Welterfahrung teilt. In dem verfügenden Begreifen ist er zum Ding unter Dingen geworden, derer ich mich jetzt bemächtigen kann.

Mit dem Machtzuwachs beginnt die Herrschaft. Ob ich will oder nicht, jedes Begreifen als Verbegrifflichung konstituiert die Herrschaft des Menschen über den Menschen. Ich habe ihn gleichsam im Verstehen gezähmt, indem ich seine Unerklärlichkeit und damit seine risikobehaftete Unberechenbarkeit in einem Begriffssystem domestiziert und damit die Gefahr gebannt habe, von dem Anderen in meinem Dasein erschüttert und immer wieder aufs Neue erschüttert zu werden. Die

Rätselhaftigkeit ist getilgt, die kurzzeitig akute Wachsamkeit sinkt ab in die gewohnte Selbstverständlichkeit der Begegnung. Alles ist wieder gut, geordnet, verstehbar, begreifbar, kontrollierbar, beherrschbar. Für den täglichen Umgang der Menschen miteinander hat eine solche Methodik durchaus ihre Vorteile, dennoch sieht Lévinas in ihr eine Grundbedingung dafür, der Unmenschlichkeit Tür und Tor zu öffnen.

Wie soll das eigentlich möglich sein, von einem Rätsel wachgehalten zu werden im Moment der Begegnung mit einem Menschen? Wer ist dieser Mensch, dem ich begegne? Für Lévinas ist der Mensch, wer auch immer es sei und wie auch immer die Begegnung stattfindet, schlicht der »Andere«. Und zwar ist er so sehr der Andere, dass er in seiner Andersheit mit *mir* keine Berührungspunkte hat. Der Andere ist absolut der Andere. Absolut heißt hier losgelöst von allen Vergleichsmöglichkeiten mit mir. Ich und der Andere gleichen sich in keiner Weise. Dieses Sich-in-keiner-Weise-Gleichen schließt auch aus, dass der Andere sich lediglich darin von mir unterscheidet, dass er anders denkt, wahrnimmt, sich anders kleidet, anders bewegt, anderen Geschlechts und Alters ist, woanders wohnt, eine andere Sprache spricht oder eine andere Hautfarbe hat. Diese Kennzeichnungen sind für Lévinas keine Andersheit, die den Anderen charakterisiert. Denn diese Andersheit könnte ich immerhin noch in Bezug auf und im Vergleich mit mir selbst feststellen. Der Andere ist kein bloß relativ anderes Ich. Er ist in diesem Sinne nicht von mir verschieden, denn dann wäre er noch zumindest in seiner Gegensätzlichkeit auf mich bezogen. Der Andere ist die radikale Unbezüglichkeit, die mich von ihm vollkommen trennt.

Das heißt vor allem, dass der Andere meinem Verstehen entzogen ist. Nach Lévinas lässt das Verstehen die Alterität, also die Andersheit, verschwinden. Ein Verstehen, das das Sein zum Gegenstand hat, eignet sich den Gegenstand an. In dieser Aneignung wird er mir in Bezug auf meine Weise des Verstehens gleich. Aneignung ist so Angleichung. In dieser Angleichung wird der Gegenstand seiner Andersheit beraubt. Bei Gegenständen ist das die gängige Weise des Verstehens: das Andere, mir Fremde, Unerklärliche, wird im Prozess des Verstehens geklärt, aus der Fremdheit in ein mir Bekanntes verwandelt und damit aller Andersheit entledigt. Diese Vorgehensweise auf den Menschen übertragen führt zur Unmenschlichkeit. Im Prozess des begreifenden Verstehens wird der Andere gleichsam verglichen, angeglichen und schließlich seine Andersheit beglichen, sodass nichts mehr von ihr übrig bleibt. So darf der Andere auch nicht als eine Ergänzung verstanden werden, als Synthese oder eine Art Verschmelzung, seine »Exteriorität« ist unaufhebbar.

Daraus ergibt sich sogleich die Frage, wie ich überhaupt in Verbindung zu einem Anderen treten kann, ohne dessen Andersheit aufzuheben. Oder anders gefragt: Wie muss die Beziehung beschaffen sein, die meine Trennung von dem absolut Anderen nicht aufhebt? Nach Lévinas kommt eine solche Beziehung durch das gesprochene Wort, die Rede (*langage*), das Gespräch (*discours*) zustande. Im Gespräch tritt das Ich aus sich heraus, bleibt allerdings gleichzeitig in seinem Ich verkapselt. Ich bleibt Ich, auch wenn das Ich an den Anderen das Wort richtet. Gerade das Gespräch setzt ja das Trennende voraus. Gäbe es dieses Trennende nicht, käme ein Gespräch gar nicht erst zustande. Besonderes Gewicht kommt dabei dem Antlitz zu, das sich in der Rede unmittelbar an mich wendet. »Das Andere des Anderen ist nicht eine verstehbare Form, […] sondern ein Antlitz, die proletarische Nacktheit, die Mittellosigkeit; […] das Herausgehen aus sich selbst ist die Annäherung an den Nächsten; […] die Nähe ist Verantwortung für den Anderen, Stellvertretung für den Anderen, Sühne für den Anderen«.[75] In diesem Sinne spricht Lévinas von einer vorausliegenden Verpflichtung, die noch vor jedem Werturteil, jeder moralischen Wahrheit und jeder ausformulierten Ethik liegt. Ein konkretes Ich als endliches Subjekt kann dieser unendlichen Forderung der Verpflichtung unmöglich entsprechen, da seine Endlichkeit unüberwindbar ist. In der Bewegung zum Anderen hin ist diese Endlichkeit allerdings transzendierbar, insofern sich das endliche Subjekt dem Anspruch des Anderen unterwirft. Nur in dieser Unterwerfung, die frei von Herrschaft und Macht ist, werden die Höhe und Erhabenheit, die Größe und die Würde des Anderen offenbar. Gerade die Andersheit des Anderen, die in der Unterwerfung gewahrt bleibt, lässt eine echte Begegnung zustande kommen.

Lévinas hat seine Überlegungen in einem treffenden Bild veranschaulicht, in dem er dem homerischen Odysseus den Abraham des Alten Testaments gegenüberstellt. Odysseus ist zwar aus Ithaka aufgebrochen, hat zahlreiche Abenteuer und Wandlungen erlebt, kehrt jedoch nach seiner Irrfahrt in seine ihm vertraute Heimat zurück. Abraham dagegen verlässt seine Heimat, um ein vollständig unbekanntes Land aufzusuchen, in der Gewissheit, niemals wieder zurückzukehren. Die Andersheit des Anderen ist dieses gänzlich unbekannte Land, dessen Rätsel wir nicht lösen werden, das uns aber gleichwohl für das Fremde wachhält.

Diagnose

»So bedeutet die Anwesenheit des Antlitzes eine nicht abzulehnende Anordnung, ein Gebot, das die Verfügungsgewalt des Bewusstseins einschränkt. Das Bewusstsein wird durch das Antlitz infrage gestellt. [...] Die Epiphanie des absolut Anderen Antlitz, in dem mich der Andere anruft und mir durch seine Nacktheit, durch seine Not, eine Anordnung zu verstehen gibt. Seine Gegenwart ist eine Aufforderung zur Antwort. [...] Von daher bedeutet Ichsein, sich der Verantwortung nicht entziehen zu können.«[76]

Claudias Leben vollzieht sich linear auf der immer gleichen Ebene. Dabei trifft sie die generelle Feststellung, dass etwas mit diesem Leben nicht stimmt. Sie ist immer auf der Suche nach etwas oder jemandem, der oder das sie ergänzt und erfüllt. Sofern dies scheitert, wird das Fehlende schmerzlich bemerkt und als Lebensfehler eingeordnet. Dieses »stimmt nicht« wird behandelt wie eine mathematische Gleichung, die irgendwie nicht aufgegangen ist, weil irgendwo im Zuge der Rechenoperation ein Fehler aufgetreten ist. Damit die Gleichung stimmt, muss dieser Fehler behoben werden. Hinter Claudias festgestellter Unstimmigkeit steckt der unbedingte Anspruch, zu verstehen, zu begreifen, wo der Fehler steckt, was für ein Fehler das ist und auf der Grundlage dieses Verständnisses den Fehler zu beheben, damit das Leben endlich »klappen« kann. »Claudias Leben vollzieht sich linear auf der immer gleichen Ebene« bedeutet, dass Claudias Daseinsvollzug ganz überwiegend auf Bedürfnisbefriedigung angelegt ist. Linear heißt, dass Claudia so lebt, als könnten sich ihre Bedürfnisse im fortschreitenden Prozess des richtigen Verstehens und des richtigen Handelns realisieren.

Ein gutes Beispiel für die Linearität ihres Lebens ist Claudias Einschätzung ihrer Arbeitssituation. Sie glaubt, nicht von der Stelle zu kommen, weil sie nicht frühzeitig genug die Weichen für eine befriedigende Karriere gestellt hat. Strikt nach dem Ursache-Wirkungs-Schema wird hier ein Versäumnis analysiert, das sie in eine Situation manövriert hat, aus der sie sich jetzt kaum noch befreien kann. Das Fortschreiten aus dem beengenden Arbeitsverhältnis ist linear jetzt nicht mehr möglich, weil in der Linearität vergangenen Geschehens ein Fehler gemacht wurde, der sich nunmehr rächt. Bezeichnend sind in diesem Zusammenhang die Worte Karriere und Erfolg. Die *Karriere* als der *Karren*, vor den sie gespannt ist auf ein Ziel hin. Hindernisse auf dem Weg müssen als solche erkannt und beiseite geräumt werden, damit der Erfolg als Folge erfolgen kann. Das ist Linearität des Daseinsvollzuges im striktesten Sinne. Die Lebenslinie führt linear von A über B nach A'. Wie Odysseus, der seine Heimat (A) verlässt, über fremde Meere in fremde Länder (B) reist, zahlreiche Abenteuer erlebt und große Gefahren erfolgreich besteht, um schließlich an Erfahrungen und Erkenntnissen reicher in seine Heimat (A') zurückzukehren, wo er die Freier erschlägt, die seine geliebte Penelope belagern und bedrängen.

Sein Lebensweg war erfolgreich, er führt mit Penelope und als König von Ithaka fortan ein glückliches Leben.

Zweifellos verfolgt Claudia ein ähnliches Lebensideal. Dabei neigt sie durchaus zu einer gewissen Abenteuerlust und Risikobereitschaft, die sich nicht zuletzt in ihrem einjährigen Italienaufenthalt zeigen. Aber dem Odysseus gleich kehrt sie wieder in ihre vertraute Heimat zurück. Zwar ist die Beziehung damals in Italien gescheitert, aber die Suche nach Erfüllung ist erhalten geblieben. An dieser Erfüllung hängt Claudias ganzes Lebensglück. Gleichzeitig ist es aber gerade dieses Streben nach Erfüllung, das sie dazu zwingt, ein Leben an der horizontal-linearen Oberfläche zu führen, ohne je die vertikalen Tiefendimensionen ihres Daseins erschließen zu können. Im oberflächlichen Daseinsvollzug interpretiert sie den Fehler ihres Lebens als das, was ihr fehlt und nach Ergänzung ruft. Den Blick auf den Horizont ihres Lebens gerichtet, bricht sie auf mit der Absicht, das ihr Fehlende zu ergänzen und so vervollständigt zu sich zurückzukehren. Alle Ausfahrt kennt als Ziel immer nur sich selbst. Alles Verstehen und Erkennen dient diesem Ziel.

Auf dieser Ebene finden auch die Begegnungen mit dem Anderen statt. Der Andere gerät in Claudias Ergänzungssehnsucht in die Rolle ihres Daseinsvervollständigers, Existenzkomplettierers, Lebensergänzers. Was ihr fehlt, soll er liefern. Ihr Leben soll »klappen«, also funktionieren. Damit es funktioniert, muss der Andere auch in ihrem Sinne funktionieren, tut er das nicht, dann »stimmt« es eben nicht. Nun hat sie sich allerdings so bemüht, herauszufinden, was mit ihr, mit dem Anderen, mit ihrem ganzen Leben nicht stimmt. Vor allem den Anderen, insbesondere ihren letzten Partner, hat sie versucht zu verstehen. Wenn auch ihr Bemühen um Verständnis immer wieder scheitert, so bleibt doch der Wille, den Anderen zu verstehen, eine bestimmende Motivation ihres Verhaltens. Dieses Verstehen-Wollen ist die eigentliche Bruchstelle in Claudias Dasein. Sie glaubt fälschlicherweise, dass Verstehen konstitutiv für eine dauerhafte und stabile Bindung zum Anderen sei. Hierin spiegeln sich zwei gravierende Irrtümer. Erstens sind echte Beziehungen niemals stabil und linear dauerhaft. Zweitens ist das Verstehen-Wollen wie auch das gelingende Verstehen nicht konstitutiv für eine echte Begegnung mit dem Anderen. Claudia will im Verstehen zu dem Anderen eine Verbindung aufbauen. In Anbetracht ihres Lebensvollzuges als linear-horizontales Rückkehrprozedere ist aber jeder Verständniswille Ausdruck einer Selbstbereicherung. Den Anderen im Verstehen *erreichen* zu wollen, geschieht nur, damit der Andere ihr *reiche*. Indem der Andere verstanden wird, gerät er zum Lückenbüßer der eigenen als unerfüllt empfundenen Existenz. In dieser Selbstbezüglichkeit kann eine Begegnung mit dem Anderen nicht stattfinden. Seine Andersheit wird in der Sehnsucht nach Ergänzung eingeebnet. Im Verstehen wird er begriffen, sodass er greifbar und handlich wird und in dieser Handlichkeit funktional. Wenn er nicht funktioniert, stimmt was nicht – stimmt er nicht, stimmt was mit dem Leben nicht. Dann wird auf linearen Funktionsebenen nach Lösungen gesucht, die dort niemals zu finden sind.

Therapie

Weggehen, um niemals wiederzukommen, oder dass aus dem Bedürfnis ein Begehren wird. In einer Therapie nach Lévinas muss zunächst jedes Rollenverständnis eines therapeutischen Settings aufgebrochen werden. Wenn das Trennende durch die Andersheit des Anderen gewahrt bleiben soll, darf der Philosoph weder in der Rolle des Therapeuten noch in der des Philosophen auftreten. Beide sind ja gängigerweise darauf aus, ihren Gesprächspartner zu verstehen, ihm Verständnis entgegenzubringen, sodass eine Verbindung zustandekommen kann, die in ein Vertrauensverhältnis münden soll. Von solchen Vorstellungen muss sich ein Lévinas'scher Philosoph von vornherein verabschieden. Auch und besonders von der Vorstellung, seinem Gesprächspartner irgendwie helfen zu wollen, ihm Impulse zu geben, in der Art von Denkanstößen oder dergleichen. Jede Bezogenheit des Philosophen auf seinen Klienten ist gleich zu

Beginn des Gesprächs zu unterminieren. Eine Vorgehensweise nach Lévinas ist mit nichts vergleichbar, was auf dem Feld der Beratung bisher geleistet wurde. In diesem Sinne ist es durchaus fraglich, ob der Begriff der Therapie, der ja ohnedies durch das philosophische Vorgehen eine neue Bedeutung erhalten hat, hier überhaupt noch zur Anwendung kommen darf.

Gleich eingangs müsste diese sicher überraschende Ausgangslage deutlich gemacht werden: »Claudia, ich will Ihnen nicht vormachen, dass ich Ihnen helfen kann, indem ich mich bemühe, Sie zu verstehen. Ich will Ihnen auch niemals das Gefühl geben, Sie verstanden zu haben, sodass Sie ausgehend von diesem Gefühl Vertrauen zu mir fassen und sich mir so anvertrauen können, dass wir gemeinsam eine Lösung der Sie belastenden Probleme erarbeiten können. Es wird nicht so sein, dass ich Ihnen etwas gebe oder zeige oder zu bedenken gebe, was Sie nicht haben, wissen oder erkennen oder was Ihnen sonst wie fehlt. Ich werde Sie zu keinem Ziel begleiten, geschweige denn auf irgendein Ziel hinlenken. Ich werde nicht Ihr Versteher, Ihr Vertrauter, Ihr Helfer oder Retter sein. Ihre Hilflosigkeit, Ihr Bedürfen verpflichtet mich auf ganz andere Weise. Sie befiehlt mir, mich Ihnen zu unterwerfen.« Dies sind sicher recht ungewohnte Worte, die aber geeignet sind, die gängigen Erwartungen an Therapien oder Beratungen – welcher Couleur auch immer – zu durchbrechen. Der sogenannte Berater kommt, seiner Funktion entkleidet, plötzlich als Mensch in seiner Nacktheit getrennt von den gängigen Erwartungen und Vorstellungen als der ganz Andere zum Vorschein. Dieses Offenbarwerden der prinzipiellen Andersheit des Anderen kann Claudia dazu anregen, den sicheren Hafen ihres gewohnten Verstehens, ihres eingerichteten Daseins zu verlassen.

Bei dieser Ausfahrt ohne Wiederkehr bereist sie non-linear die Tiefenschichten ihres Seins, um letztlich die Dimensionen zu entdecken, die *vor* allem Sein und Verstehen liegen. Claudia wird offenbar, dass ihrem Sein mit allen seinen Begrifflichkeiten etwas vorgelagert ist, das sie bereits hat und nicht erst noch durch Begreifen, Verstehen-Wollen finden müsste. In dieser Dimension zeigt sich die unendliche Verpflichtung dem Anderen gegenüber, die sie dazu befähigt, den Ausdruck des Anderen in seiner Andersheit zu empfangen, ohne das Trennende zu verwischen. Ihr Bedürfnis nach Ergänzung wandelt sich in ein Begehren nach dem ganz Anderen. Dieses Begehren entfacht ein Feuer, das nicht mehr wie die Flamme des Bedürfnisses gelöscht werden will, sondern im Gegenteil umso stärker brennt, je mehr das Begehren sich realisiert. Das Bedürfnis zielt auf Befriedigung, das Begehren ist endlos, will nicht befriedet werden, sondern hält sich in steter Unruhe, die genau jene Wachheit provoziert, die in der Begegnung mit dem Anderen das Rätselhafte anzeigt. Zeit vergeht jetzt nicht mehr linear, sondern zeigt sich in der Verantwortung für den Anderen in einer Dynamik, in der Claudia sich immer aufs Neue dem Ungewissen und Rätselhaften des Anderen aussetzt. Das Gefühl des Zu-spät-dran-Seins wird in der Spontaneität getilgt. Der ganz Andere ruft Claudia an, sich ihm zu unterwerfen. Die Unterwerfung löst die Verstrickungen in vermeintliche Bedürfnisse und lässt Claudia eine Verantwortung gewahr werden, für die es nie zu spät ist.

SCHLUSSBETRACHTUNG – ERKENNE DICH SELBST!

Wir haben 18 Philosophen auf der Grundlage ihrer Lehre zu vier verschiedenen Fällen zu Wort kommen lassen. Jeder wird für sich selbst entscheiden, wessen »Praxis« er aufsuchen und wessen er eher meiden würde. So unterschiedlich die jeweiligen Ansätze der vorgestellten Philosophen auch sein mögen, eines verbindet sie alle: das Bemühen um Selbsterkenntnis. Die Eingangsfrage dieses Buches, ob Philosophie ein Therapeutikum sein kann, lässt sich eindeutig beantworten: Ja, sie kann heilsam sein. Allerdings nur dann, wenn Philosophie als etwas verstanden wird, das den Prozess der Selbsterkenntnis in Gang setzt. In diesem Sinne dienen die hier vorgestellten philosophischen Lehren bzw. Ideen lediglich als Mittel zum Zweck, als Anregung und nicht als Gebrauchsanweisung unter dem Motto: So müssen Sie es machen.

Philosophie ist kein Medikament. Dreimal täglich ausgesuchte Stellen aus Nietzsches ›Zarathustra‹ lesen und alles wird gut. So einfach ist es nicht. Der Philosoph ist kein Arzt, der seinem Klienten je nach dessen Beschwerden Platon oder Pascal verordnet. Die Rolle des Philosophen im Gespräch mit seinem Gegenüber beschränkt sich im sokratischen Sinne darauf, Geburtshelfer zu sein. Hier müssen wir allerdings gleich eine Einschränkung machen. Während Sokrates glaubte, im dialogischen Fragen die Wahrheit ans Licht zu bringen, sind wir heute in Bezug auf die Wahrheit vorsichtiger geworden. Wir sind nicht mehr der Auffassung, dass es *die eine* Wahrheit gibt, die für alle Menschen dieselbe ist. Jeder Mensch fördert im Prozess der Selbsterkenntnis seine eigene Wahrheit zutage. Dieser Umstand verändert die Rolle des Philosophen ganz entscheidend. Wenn es um die Förderung der je eigenen Wahrheit geht, kann der Philosoph *seine* Wahrheit nicht zur Grundlage dessen machen, was sein Klient zu entdecken habe. Sokrates war überzeugt, dass etwa die Tugenden gelehrt werden können und dass derjenige, der sie wirklich erkannt und verstanden hat, notwendig ein tugendhaftes und damit glückliches Leben führt. Für Sokrates und seine Nachfolger gibt es eine letzte und höchste Wahrheit. Sie ist prinzipiell erkennbar. Und weil sie erkennbar ist, ist sie auch lehrbar. Erkenne diese eine, letzte und höchste Wahrheit und dann wird alles gut. Die Tage alteuropäischer Weltgewissheit gehören der Vergangenheit an. Der philosophische Geburtshelfer von heute wird dieser Veränderung Rechnung tragen müssen, was seinen Beruf schwierig und reizvoll zugleich macht. Seine Rolle ist kaum zu definieren. Im Gespräch verlassen er und sein Klient gemeinsam das sichere Ufer und begeben sich auf eine Reise mit unbekanntem Ziel. Der Philosoph kann seinem Klienten den Weg nicht vorschreiben, er kann ihn nur begleiten und ihm die nötige Sicherheit geben, dass er nicht beim ersten Sturm über Bord springt, um in den vertrauten Hafen seiner eigenen Wahrheit zurückzuschwimmen.

Das hört sich alles sehr dramatisch und gefährlich an – und das ist es auch. Der Prozess der Selbsterkenntnis ist unberechenbar. Es ist möglich, dass kein Stein auf dem anderen bleibt, wenn die Fragen sich drängen wie Wolken am Horizont. Denn sie können einen Sturm entfachen, der das Dasein in seinen gewohnten Bezügen von Grund auf erschüttert. Der Prozess der Selbsterkenntnis ist prinzipiell nicht kalkulierbar. Er vollzieht sich sprunghaft und spontan, teils unterirdisch und unbemerkt, teils deutlich spürbar mitten in der alltäglichen Geschäftigkeit unseres Daseins. Der Philosoph in der Praxis kann versuchen, diesen geheimnisvollen Prozess der Selbsterkenntnis in Gang zu setzen, kontrollieren oder gar bestimmen kann und sollte er ihn nicht.

Das ist auch der Grund, warum philosophische Beratung definitiv keine Psychotherapie ist, auch nicht eine ihrer extravaganten Spielarten. Schon das psychotherapeutische »Setting« – hier der »gesunde« Therapeut, dort der »kranke« Patient – reflektiert eine Herrschafts- und Abhängigkeitsstruktur, die dem philosophischen Praktiker zutiefst widerstrebt. Die Suche nach Selbsterkenntnis ist keine Krankheit und bedarf deswegen auch keines Arztes oder Therapeuten, der sie heilen oder aus der Welt schaffen müsste. Sie ist eine ausgezeichnete Weise des Menschseins selbst, und sie beeinflussend in Richtung eines vorherbestimmten Zieles zu lenken wäre in diesem Sinne ein Akt der Entmenschlichung.

Selbsterkenntnis ist ein individueller Prozess des (Sich-)Infrage-Stellens, ein Schlachten heiliger Kühe. Wer ein Begleiter sein möchte in solchen Prozessen, sollte wissen, worum es geht. Das Risiko ist hoch, und wer versucht, den Selbsterkenntnisprozess zu domestizieren, zu zähmen, zu kontrollieren, sollte sich als Philosoph aus der Praxis fernhalten. Im Grunde muss ein philosophischer Praktiker kein einziges philosophisches Werk gelesen haben, um in der Praxis als Philosoph zu wirken. Meistenfalls hat er es natürlich getan und so sei ihm geraten, bei Antritt der Reise Kant und Co. erst einmal im Gepäckraum beiseitezustellen. Die Qualität des Begleiters bemisst sich nicht in erster Linie nach seinen Kenntnissen, sondern daran, wie weit sein eigenes Infrage-Stellen gediehen ist, welches Risiko er *persönlich* eingegangen ist und noch bereit ist einzugehen. Wenn er sich selbst noch an seinen heiligen Kühen festhält, wie sollte er dann in der Lage sein, sich dem Risiko der Unberechenbarkeit gemeinsam mit seinem Klienten auszusetzen? Wie sollte er den Schwankenden begleiten, wenn er selber zu schwanken nicht wagt? Wie sollte sein Klient ihm *vertrauen*, wenn er merkt, dass sein Philosoph sich gerade nicht *traut*?

Aber hat der Philosoph nicht eine Verantwortung für seinen Klienten, der er nur gerecht werden kann, wenn er in riskanten Momenten kraftvoll ins Ruder greift, um das schwankende Schiff in den sicheren Hafen zu steuern? Wenn Selbsterkenntnis eine ausgezeichnete Weise des Menschseins selbst ist, so liegt es in der Verantwortung des Philosophen, diese Weise des Menschseins nicht zu behindern. *Verantworten* bedeutet, Raum für eigene *Antworten* zu lassen und der Aufforderung »Erkenne dich selbst!« auf welchem Weg auch immer zu folgen.

Keiner der hier vorgestellten Philosophen wird Ihnen sagen, was zu tun ist. Sie können im besten Falle einen Anstoß geben, und nichts anderes soll auch dieses Buch leisten. Wer sich davon berühren lässt, wird sich möglicherweise auf den Weg machen, von dem man nur eines sagen kann: »Es gibt auf der Welt nur einen einzigen Weg, auf dem niemand gehen kann außer dir. Wohin er führt? Frage nicht. Gehe ihn.«

ANHANG

DANKSAGUNG

Danken möchte ich Dr. Veronika Povel und dem Philosophen Martin Scholz, die durch wertvolle Hinweise zum Gelingen dieses Buches ganz wesentlich beigetragen haben. Ferner meinem Freund Prof. Dr. Wilfried Engemann. In gemeinsamen Gesprächen hat sich die Idee zu diesem Buch entwickelt. Die Zürcher Psychiater und Psychotherapeuten Dr. Anja und Dr. Hanspeter Padrutt als die wenigen noch lebenden Augen- und Ohrenzeugen der Zollikoner Seminare haben wichtige Hinweise zu der Persönlichkeit Martin Heideggers geliefert. Für die Gespräche in Münster sei ihnen beiden an dieser Stelle herzlich gedankt.

Ganz besonders aber danke ich meiner Frau, Marile Mussenbrock, die mit großer Geduld und tiefem Verständnis das Entstehen des Buches erst möglich gemacht hat.

ANMERKUNGEN

1 Parmenides: Über das Sein. Übers. von J. Mansfeld. Stuttgart 1995, S. 7, Frg. 5
2 Heraklit. 89 frg. 116. Zählung nach H. Diehls u. W. Kranz (Hrsg.): Die Fragmente der Vorsokratiker. Berlin 1951, S. 176
3 Diogenes Laertius: Leben und Meinungen berühmter Philosophen. Aus dem Griechischen von O. Apelt. 2. Aufl. Hamburg 1961, S. 86
4 Platon: Sämtliche Dialoge. Bd. V: Der Staat. Hrsg. v. O. Apelt. Hamburg 1988, 6.490
5 Epikur: Briefe, Sprüche, Werkfragmente. Übers. und hrsg. v. H.-W. Krautz. Stuttgart 2000, 1.3.3
6 Plotin: Schriften. Übers. v. R. Harder. Hamburg 1956, 6. En., 9. Buch
7 Augustinus: De vera religio. Hrsg. u. übers. v. J. Lössl. Paderborn 2007, 39, 72 f.
8 Augustinus: Bekenntnisse. Übers. von J. Bernhart. Frankfurt a. M. 1987, Conf. VIII, 9, 21
9 Meister Eckhart: Deutsche Predigten und Traktate. Hrsg. u. übers. v. J. Quint. München 1969, Predigt 6
10 Ebd., S. 57
11 Ebd., S. 448–452
12 Ebd., S. 257 f.
13 Ebd., Predigt 2
14 Nikolaus von Kues: De ludo globi – Vom Globusspiel. Philosophisch-theologische Werke. Lateinisch – deutsch. Bd. 3. Hamburg 2002, S. 129
15 Spinoza: Ethik. Übers. und hrsg. v. W. Bartuschat. Hamburg 1999, S. 415
16 Spinoza: Abhandlung über die Verbesserung des Verstandes. 2. Aufl. Hamburg 2003
17 B. Russell: Philosophie des Abendlandes. Zürich 2007, S. 590
18 K. Huber: Leibniz. Der Philosoph der universalen Harmonie. München 1989, S. 9
19 G. W. Leibniz: Vernunftsprinzipien der Natur und der Gnade. Monadologie. Hrsg. von H. Herring. 2. verb. Aufl. Hamburg 1982

20 G. W. Leibniz: Die Theodizee. Hrsg. und übers. von H. Herring. Frankfurt a. M. 1996
21 Theodizee I, 23
22 Theodizee II, 20
23 I. Kant: Werke. Hrsg. von W. Weischedel. Darmstadt 1956, Bd. 6, S. 133
24 Werke, Bd. 1
25 Werke, Bd. 3, S. 98
26 Werke, Bd. 6, S. 61
27 Ebd., S. 140
28 I. Kant: Die Metaphysik der Sitten. Akademie-Ausgabe. Berlin 1968, Bd. VI, S. 436 f.
29 Werke, Bd. 6, S. 221
30 Werke, Bd. 9, S. 53
31 F. Nietzsche: Sämtliche Werke. Hrsg. v. G. Colli u. M. Montinari. München u. Berlin 1980, Bd. 4, S. 19
32 Brief an Jacob Burckhardt, datiert vom 6. Januar 1889. In: Briefwechsel. Kritische Gesamtausgabe 20 Bde. Hrsg. v. G. Colli u. M. Montinari. München u. Berlin 1975 ff.
33 Ebd., Bd. 4, S. 149
34 Sämtliche Werke, Bd. 6, S. 185
35 Sämtliche Werke, Bd. 5, S. 353
36 Ebd., S. 282
37 Sämtliche Werke, Bd. 6, S. 194
38 Ebd., S. 198
39 Sämtliche Werke, Bd. 3, S. 480 f.
40 Sämtliche Werke, Bd. 4, S. 261
41 Sämtliche Werke, Bd. 13, S. 190
42 Sämtliche Werke, Bd. 4, S. 14
43 Sämtliche Werke, Bd. 3, S. 526
44 Sämtliche Werke, Bd. 4, S. 27 ff.
45 Ebd., S. 29
46 Ebd., S. 30
47 Ebd., S. 31
48 Martin Heidegger: Der Feldweg. 10. Aufl. Frankfurt a. M. 1998, S. 4
49 Nach einem Bericht von Hannah Arendt. Vgl. Heidegger-Studien, Nr. 11, Berlin 1995, S. 228
50 Der Feldweg, S. 6
51 Vgl. G. Schneeberger: Nachlese zu Heidegger. Bern 1956

52 Vgl. G. Neske: Erinnerung an Martin Heidegger. Pfullingen 1977, S. 158
53 Martin Heidegger: Sein und Zeit. 16. Aufl. Tübingen 1986, S. 1
54 Martin Heidegger: Einführung in die Metaphysik. Tübingen 1953, S. 1
55 Sein und Zeit, S. 277
56 Der Feldweg, S. 4 f.
57 Sein und Zeit, S. 311
58 Heidegger-Handbuch. Leben – Werk – Wirkung. Hrsg. von Dieter Thomä. Stuttgart 2003, S. 71
59 Sein und Zeit, S. 188
60 Albert Camus: Der Mensch in der Revolte. Aus dem Franz. übertr. v. G. Schlocker. Reinbek 1987
61 Albert Camus: Der Mythos des Sisyphos. Deutsch u. mit einem Nachwort v. V. von Wroblewski. 8. Aufl. Reinbek 2000
62 Albert Camus: Der Fremde. Übertr. ins Deutsche v. G. Goyert und H. G. Brenner. Reinbek 1979
63 Der Mensch in der Revolte. Reinbek 1987
64 Albert Camus: Die Pest. Übertr. ins Deutsche v. Guido G. Meister. Reinbek 1983
65 Der Mythos des Sisyphos, S. 155
66 Ebd., S. 44
67 Ebd., S. 20
68 Ebd., S. 22 f.
69 Ebd., S. 159 f.
70 Ebd., S. 23 f.
71 Wolfgang Jahnke: Existenzphilosophie. Berlin 1982, S. 80
72 Der Fremde, S. 44
73 Emmanuel Lévinas: Jenseits des Seins oder anders als Sein geschieht. Aus dem Franz. übers. von T. Wiemer. 2. Aufl. Freiburg 1998, S. 199
74 Emmanuel Lévinas: Die Spur des Anderen. Übers., hrsg. und eingel. von W. N. Krewani. 4. Aufl. Freiburg 1999, S. 120
75 Emmanuel Lévinas: Wenn Gott ins Denken einfällt. Aus dem Franz. v. T. Wiemer. Freiburg 1999, S. 42 f.
76 Die Spur des Anderen, S. 223 f.

LITERATURVERZEICHNIS

Allgemeines
Christoph Helferich: *Geschichte der Philosophie. Von den Anfängen bis zur Gegenwart und Östliches Denken.* Stuttgart 1992 (Tb-Ausgabe: 7. Aufl. München 2009; dtv 30706)
Jeanne Hersch: *Das philosophische Staunen. Einblicke in die Geschichte des Denkens.* 3. Aufl. München 1989
Johannes Hirschberger: *Geschichte der Philosophie.* 2 Bde. Freiburg 1949
Historisches Wörterbuch der Philosophie. Hrsg. v. J. Ritter u.a. 13 Bde. Basel 1971–2007
Karl Jaspers: *Die großen Philosophen.* München 1957
Klassiker der Philosophie heute. Hrsg. von A. Beckermann und D. Perler. Stuttgart 2004
Lexikon der philosophischen Werke. Hrsg. von F. Volpi und J. Nida-Rümelin. Stuttgart 1988
Metzler Philosophen Lexikon. Hrsg. von B. Lutz. Stuttgart 1989
Bertrand Russell: *Philosophie des Abendlandes.* Sonderausg. Köln 2007
Richard Tarnas: *Idee und Leidenschaft. Die Wege des westlichen Denkens.* 3. Aufl. Hamburg 1998
Robert Zimmer: *Das große Philosophenportal. Ein Schlüssel zu klassischen Werken.* München 2009 (dtv 34582)

Parmenides
Parmenides: *Über das Sein.* Übers. von J. Mansfeld. Stuttgart 1995
Andreas Brzoska: *Absolutes Sein. Parmenides' Lehrgedicht und seine Spiegelung im Sophistes.* Münster 1992
Martin Heidegger: *Parmenides.* Frankfurt a.M. 1982
Jaap Mansfeld: *Die Offenbarung des Parmenides und die menschliche Welt.* Assen 1964
Hanspeter Padrutt: *Und sie bewegt sich doch nicht. Parmenides im epochalen Winter.* Zürich 1991

Heraklit
Heraklit: *Fragmente.* Griechisch und deutsch. Hrsg. von B. Snell. 5. Aufl. München 1965

Hermann Diels und Walther Kranz (Hrsg.): *Die Fragmente der Vorsokratiker*. 2 Bde. Berlin 1951
Diogenes Laertius: *Leben und Meinungen berühmter Philosophen*. Übers. von O. Apelt. Unter Mitarb. von H. G. Zekl neu hrsg. von Klaus Reich. Hamburg 2008
Martin Heidegger und Eugen Fink: *Heraklit*. Seminar Wintersemester 1966/1967. Frankfurt a. M. 1970
Die Vor-Sokratiker für Anfänger. Eine Lese-Einführung von R. Ludwig. 2. Aufl. München 2006 (dtv 30858)

Sokrates
Platon: *Sämtliche Dialoge*. Hrsg. von O. Apelt. 7 Bde. Hamburg 1988
Gernot Böhme: *Der Typ Sokrates*. Frankfurt a. M. 1988
Diogenes Laertius: *Leben und Meinungen berühmter Philosophen*. Übers. von O. Apelt. 2. Aufl. Hamburg 1967
Olof Gigon: *Sokrates*. Bern 1947
Gottfried Martin: *Sokrates*. 21. Aufl. Reinbek 2002
Xenophon: *Erinnerungen an Sokrates*. Hrsg. von P. Jaerisch. München 1962

Platon
Platon: *Sämtliche Dialoge*. Hrsg. von O. Apelt. 7 Bde. Hamburg 1988
Platon: *Der Staat*. Übers. von R. Rufener. 5. Aufl. München 2007 (dtv 30136)
Platon für Anfänger. Der Staat. Eine Lese-Einführung von Karlheinz Hülser. München 2005 (dtv 34239)
Michael Erler: *Platon*. Basel 2007
Christoph Horn u. a. (Hrsg.): *Platon-Handbuch. Leben – Werk – Wirkung*. Stuttgart 2009
Barbara Zehnpfennig: *Platon zur Einführung*. 3. Aufl. Hamburg 2005

Aristoteles
Aristoteles: *Nikomachische Ethik*. Übers. und Nachwort von F. Dirlmeier. Anmerkungen von E. A. Schmidt. Stuttgart 1987
Aristoteles. Ausgewählt und vorgestellt von Annemarie Pieper. München 1995
Otfried Höffe: *Aristoteles*. 3. Aufl. München 2006
Ursula Wolf: *Aristoteles' ›Nikomachische Ethik‹*. Darmstadt 2002

Epikur

Epikur: Briefe, Sprüche, Werkfragmente. Übers. und hrsg. von H.-F. Krautz. Stuttgart 2000

Malte Hossenfelder: *Epikur.* 3. Aufl. München 2006

Plotin

Plotin: *Schriften.* Übers. von R. Harder. 6 Bde. Leipzig 1936

Werner Beierwaltes: *Das wahre Selbst. Studien zu Plotins Begriff des Geistes und des Einen.* Frankfurt a. M. 2001

Jens Halfwassen: *Plotin und der Neuplatonismus.* München 2004

Augustinus

Aurelius Augustinus: *Bekenntnisse.* Übers. und Einführung von W. Thimme. 10. Aufl. München 2003 (dtv 30093)

Augustinus: *Bekenntnisse.* Lateinisch und deutsch von J. Bernhart. Frankfurt a. M. 1987

Christoph Horn: *Augustinus.* München 1995

Ernst Sandvoss: *Aurelius Augustinus. Ein Mensch auf der Suche nach Sinn.* Freiburg 1978

Meister Eckhart

Meister Eckhart: *Werke in zwei Bänden.* Hrsg. von N. Largier. Frankfurt a. M. 1993

Dietmar Mieth: *Meister Eckhart. Mystik und Lebenskunst.* Düsseldorf 2004

Kurt Ruh: *Meister Eckhart. Theologe, Prediger, Mystiker.* 2. Aufl. München 1989

Gerhard Wehr: *Meister Eckhart.* 6. Aufl. Reinbek 2004

Nikolaus von Kues

Nikolaus von Kues: *Philosophisch-theologische Werke.* 4 Bde. Hamburg 2002

Kurt Flasch: *Nikolaus von Kues. Geschichte einer Entwicklung.* Frankfurt a. M. 2001

Kurt Flasch: *Nikolaus von Kues in seiner Zeit.* Ein Essay. Stuttgart 2004

Karl Jaspers: *Nikolaus Cusanus.* München 1968

Erich Meuthen: *Nikolaus von Kues 1401–1464. Skizze einer Biographie.* 4. Aufl. Münster 1979

Nikolaus von Kues. Einführung in sein philosophisches Denken. Hrsg. von K. Jacobi. Freiburg 1979

Blaise Pascal

Blaise Pascal: *Gedanken über die Religion und einige andere Themen.* Hrsg. von J.-R. Armogathe. Aus dem Franz. übers. von U. Kunzmann. Stuttgart 1997

Theophil Spoerri: *Der verborgene Pascal. Eine Einführung in das Denken Blaise Pascals als eine Philosophie für den Menschen von morgen.* Moers 1984

Eduard Zwierlein: *Blaise Pascal. Eine Einführung.* Wiesbaden o.J.

Baruch de Spinoza

Baruch de Spinoza: *Ethik.* Übers. und hrsg. von W. Bartuschat. Hamburg 1999

P.-F. Moreau: *Spinoza. Versuch über die Anstößigkeit seines Denkens.* Frankfurt a.M. 1994

Theun de Vries: *Spinoza.* Reinbek 1990

Gottfried Wilhelm Leibniz

Gottfried Wilhelm Leibniz: *Metaphysische Abhandlungen.* Hrsg. von H. Herring. 2. Aufl. Hamburg 1991

Gottfried Wilhelm Leibniz: *Fünf Schriften zur Logik und Metaphysik.* Übers. und hrsg. von H. Herring. 4. Aufl. Stuttgart 1987

Gottfried Wilhelm Leibniz: *Vernunftprinzipien der Natur und der Gnade. Monadologie.* Hrsg. von H. Herring. 2. verb. Aufl. Hamburg 1982

Reinhard Finster und Gerd van den Heuvel: *Gottfried Wilhelm Leibniz.* Reinbek 1990

Kuno Fischer: *Geschichte der neuern Philosophie.* Bd. 3: Leibniz. 4. Aufl. Heidelberg 1902

H.H. Holz: *Gottfried Wilhelm Leibniz.* Frankfurt a.M. 1992

José Ortega y Gasset: *Der Prinzipienbegriff bei Leibniz und die Entwicklung der Deduktionstheorie.* München 1966

Immanuel Kant

Kant, Immanuel: *Werke in zehn Bänden.* Hrsg. von W. Weischedel. 4. Aufl. Darmstadt 1975

Kant für Anfänger. Der kategorische Imperativ. Eine Lese-Einführung von R. Ludwig. 12. Aufl. München 2009 (dtv 30144)

Lewis W. Beck: *Kants »Kritik der praktischen Vernunft«.* München 1985

Otfried Höffe: *Immanuel Kant.* München 1983

Wolfgang Schlüter: *Immanuel Kant.* 3. Aufl. München 2004 (dtv 31014)

Friedrich Nietzsche

Friedrich Nietzsche: *Sämtliche Werke. Kritische Studienausgabe.* 15 Bde. Hrsg. von G. Colli und M. Montinari. Berlin und München 1980 (dtv 59065)
Volker Gerhardt (Hrsg.): *Friedrich Nietzsche. Also sprach Zarathustra.* Berlin 2000
Volker Gerhardt: *Friedrich Nietzsche.* München 1992
Volker Gerhardt: *Pathos und Distanz. Studien zur Philosophie Friedrich Nietzsches.* Stuttgart 1988
Walter Kaufmann: *Nietzsche. Philosoph – Psychologe – Antichrist.* Darmstadt 1982
Rüdiger Safranski: *Nietzsche. Biographie seines Denkens.* München 2000
Andreas U. Sommer: *Friedrich Nietzsches »Der Antichrist«. Ein philosophisch-historischer Kommentar.* Basel 2000

Martin Heidegger

Martin Heidegger: *Der Feldweg.* 10. Aufl. Frankfurt a. M. 1998
Martin Heidegger: *Die Grundbegriffe der Metaphysik. Welt – Endlichkeit – Einsamkeit.* Frankfurt a. M. 2004
Martin Heidegger: *Sein und Zeit.* 16. Aufl. Tübingen 1986
Walter Biemel: *Martin Heidegger.* Reinbek 1984
Heidegger-Handbuch. Leben – Werk – Wirkung. Hrsg. von Dieter Thomä. Stuttgart 2003
Michael Inwood: *Heidegger.* Freiburg o. J.
Andreas Luckner: *Martin Heidegger »Sein und Zeit«.* 2. Aufl. Paderborn 2001
Thomas Rentsch (Hrsg.): *Martin Heidegger. Sein und Zeit.* Berlin 2001
Manfred Riedel, Harald Seubert und Hanspeter Padrutt (Hrsg.): *Zwischen Philosophie, Medizin und Psychologie. Heidegger im Dialog mit Medard Boss.* Köln 2003
Rüdiger Safranski: *Ein Meister aus Deutschland. Heidegger und seine Zeit.* 3. Aufl. Frankfurt a. M. 2003

Albert Camus

Albert Camus: *Der Fremde.* Übers. von U. Aumüller. Reinbek 2007
Albert Camus: *Der Mensch in der Revolte.* Aus dem Franz. übertragen von J. Streller. Neu bearb. von G. Schlocker. Reinbek 1987
Albert Camus: *Der Mythos des Sisyphos.* Deutsch und Nachwort von V. von Wroblewsky. 10. Aufl. Reinbek 2008
Stephen E. Bronner: *Albert Camus. Porträt eines Moralisten.* Berlin 2002

Annemarie Pieper: *Albert Camus*. München 1984
Asa A. Schilling-Kind: *Albert Camus zur Einführung*. Hamburg 1999
Marie Laure Wieacker-Wolff: *Albert Camus*. München 2003

Emmanuel Lévinas

Emmanuel Lévinas: *Außer sich. Meditationen über Religion und Philosophie*. Hrsg. und aus dem Franz. von F. Miething. Wien 1991
Emmanuel Lévinas: *Ethik und Unendliches. Gespräche mit Philippe Nemo*. Hrsg. von P. Engelmann. 2. Aufl. Wien 1992
Emmanuel Lévinas: *Humanismus des anderen Menschen*. Übers. und mit einer Einleitung von L. Wenzler. Hamburg 2005
Emmanuel Lévinas: *Jenseits des Seins oder anders als Sein geschieht*. Aus dem Franz. übers. von T. Wiemer. 2. Aufl. Freiburg 1998
Emmanuel Lévinas: *Die Spur des Anderen*. Übers., hrsg. und eingel. von W.N. Krewani. 4. Aufl. Freiburg 1999
Emmanuel Lévinas: *Totalität und Unendlichkeit. Versuch über die Exteriorität*. 3. Aufl. Freiburg 2008
Emmanuel Lévinas: *Die Zeit und der Andere*. Übers. und mit einem Nachwort vers. von L. Wenzler. Hamburg 1984
Wolfgang N. Krewani: *Emmanuel Lévinas. Denker des Anderen*. München 1992
Stephan Strasser: *Jenseits von Sein und Zeit. Eine Einführung in Emmanuel Lévinas' Philosophie*. Den Haag 1978
Bernhard H.F. Taureck: *Emmanuel Lévinas zur Einführung*. 4. Aufl. Hamburg 2006

Lust auf Philosophie

Gerald Benedict
Der Fünf-Minuten-Philosoph
80 gute Antworten auf
80 ewige Fragen
Übers. v. E. Heinemann
ISBN 978-3-423-24985-0

Peter Bieri
Wie wollen wir leben?
ISBN 978-3-423-34801-0

dtv-Atlas Philosophie
Von P. Kunzmann, F.-P.
Burkard und F. Wiedmann
ISBN 978-3-423-03229-2
Jubiläumsausgabe Hardcover
ISBN 978-3-423Ï-08600-4

Philipp Blom
Böse Philosophen
Ein Salon in Paris und das vergessene Erbe der Aufklärung
ISBN 978-3-423-34755-6

Nicholas Fearn
Bin ich oder bin ich nicht?
Neue philosophische
Antworten auf ewige Fragen
Übers. v. S. Held
ISBN 978-3-423-24771-9

Frieder Lauxmann
Der Umgang mit dem Bösen
Philosophische Strategien
ISBN 978-3-423-34803-4

Klassiker des philosophischen Denkens
Hg. v. Norbert Hoerster
Band 1: Platon, Aristoteles,
Thomas von Aquin,
Descartes, Spinoza, Locke,
Leibniz, Berkeley
ISBN 978-3-423-30801-4

Klassische Texte der Staatsphilosophie
Hg. v. Norbert Hoerster
ISBN 978-3-423-30147-3

Luc Ferry
Leben lernen
Eine philosophische
Gebrauchsanweisung
Übers. v. L. Künzli
ISBN 978-3-423-34537-8

John Gray
Von Menschen und anderen Tieren
Abschied vom Humanismus
Übers. v. A. Kleinschmied
ISBN 978-3-423-34726-6

Mit Kant am Strand
Ein Lesebuch für Nachdenkliche
Hg. v. Brigitte Hellmann
ISBN 978-3-423-34200-1

Mit Nietzsche auf der Gartenbank
Ein Lesebuch für Nachdenkliche
Hg. v. Brigitte Hellmann
ISBN 978-3-423-34680-1

Bitte besuchen Sie uns im Internet: www.dtv.de

Lust auf Philosophie

Der kleine Taschenphilosoph
Ein Lesebuch für Nachdenkliche
Hg. v. Brigitte Hellmann
ISBN 978-3-423-**34099**-1

Michael Hampe
Das vollkommene Leben
Vier Meditationen über
das Glück
ISBN 978-3-423-**34681**-8

**Tunguska oder
Das Ende der Natur**
ISBN 978-3-423-**34802**-7

Frédéric Lenoir
**Was ist ein geglücktes
Leben?**
Kleine philosophische Anleitung
Übers. v. E. Ranke
ISBN 978-3-423-**24927**-0

Die Seele der Welt
Von der Weisheit der
Religionen
Übers. v. E. Liebl
ISBN 978-3-423-**26012**-1

Andreas Mussenbrock
Termin mit Kant
Philosophische Lebens-
beratung
ISBN 978-3-423-**34581**-1

George Steiner
Der Meister und seine Schüler
Übers. v. M. Pfeiffer
ISBN 978-3-423-**34541**-5

Khalil Gibran
Der Prophet. Der Wanderer
Erstmalig in einem Band
ISBN 978-3-423-**19510**-2

Wilhelm Weischedel
**Die philosophische
Hintertreppe**
Die großen Philosophen in
Alltag und Denken
ISBN 978-3-423-**30020**-9

Robert Zimmer
Das Philosophenportal
Ein Schlüssel zu klassischen
Werken
ISBN 978-3-423-**34118**-9

Das große Philosophenportal
Ein Schlüssel zu klassischen
Werken
ISBN 978-3-423-**34582**-8

Arthur Schopenhauer
Ein philosophischer
Weltbürger
ISBN 978-3-423-**34750**-1

**Friedrich Nietzsche
Sämtliche Werke**
Hg. v. Giorgio Colli
Kritische Studienausgabe in
15 Bänden
ISBN 978-3-423-**59065**-5

Bitte besuchen Sie uns im Internet: www.dtv.de